# 汽车电工电子应用技术

主　编　汤忠盛　吕　娜　张秀红
副主编　张　剑　程业纯　初立强
参　编　阳　逍　曲长生　唐　月
主　审　赵厚程

北京理工大学出版社
BEIJING INSTITUTE OF TECHNOLOGY PRESS

## 内 容 简 介

本书结合高等职业教育的特点，采用模块式教学体系，以学习任务为主线进行编写，充分体现学生的学习主体位置，注重基本职业素养的培养，内容系统完整，讲解深入浅出。通过本书的学习，学生能更好地掌握汽车电工电子技术的知识和典型应用。

本书分为 7 个模块，分别为电路基本知识，正弦交流电，变压器的认知与验证，车用直流电动机的认知与检测，半导体的认知与检测，三相桥式整流滤波直流稳压电源的设计，数字电路的认知及应用。在 7 个模块中共安排了 18 个操作性较强的任务。

本书可作为高等职业院校和高等专科院校汽车及相关专业教材，也可作为从事汽车行业工作人员的业务参考书籍和培训材料。

**版权专有　侵权必究**

### 图书在版编目（CIP）数据

汽车电工电子应用技术 / 汤忠盛, 吕娜, 张秀红主编. -- 北京：北京理工大学出版社, 2025.1.
ISBN 978-7-5763-4660-2

Ⅰ. U463.6

中国国家版本馆 CIP 数据核字第 2025PZ1718 号

---

**责任编辑**：多海鹏　　**文案编辑**：多海鹏
**责任校对**：周瑞红　　**责任印制**：李志强

**出版发行** / 北京理工大学出版社有限责任公司
**社　　址** / 北京市丰台区四合庄路 6 号
**邮　　编** / 100070
**电　　话** / (010) 68914026（教材售后服务热线）
　　　　　　(010) 63726648（课件资源服务热线）
**网　　址** / http://www.bitpress.com.cn

**版 印 次** / 2025 年 1 月第 1 版第 1 次印刷
**印　　刷** / 河北盛世彩捷印刷有限公司
**开　　本** / 787 mm×1092 mm　1/16
**印　　张** / 14.75
**字　　数** / 344 千字
**定　　价** / 78.00 元

图书出现印装质量问题，请拨打售后服务热线，负责调换

# 前　言

为了贯彻落实全国教育教学改革会议的精神，实现全国教育的振兴，适应教育发展形势的要求，根据课程组长期的"汽车电工电子技术"课程的教学经验，尤其是近些年的教学实践，编写了本书。本书在结构、内容安排等方面，吸收了编者近几年在教学改革、教材建设等方面取得的经验体会，力求全面体现高等教育的特点，满足当前教学的需要。

本书贯彻以培养学生实践技能为重点，力求体现"精练"和"实用"，紧密结合现代汽车，围绕"汽车电工电子技术"等专业基础课程，以及"汽车电气设备构造与维修"等专业课程，比较系统完整地讲述了汽车电工电子技术的实践知识，体现了理论结合实际的教学模式。本书注重在汽车上的实际应用，坚持以能力为本位，重视实践能力的培养，突出理实一体化教育特色。

全书分为7个模块，模块1电路基本知识，模块2正弦交流电，模块3变压器的认知与验证，模块4车用直流电动机的认知与检测，模块5半导体的认知与检测，模块6三相桥式整流滤波直流稳压电源的设计，模块7数字电路的认知及应用。

本书的最大特色是理论与实验一体化，每个实验项目都有理论指导和实践操作，实验过程中的实验目的、实验器材、实验内容、实验步骤、注意事项、实验数据及实验思考都一一具备。

本书由吉利学院博士研究生汤忠盛、吉林科技职业技术学院副教授吕娜、吉利学院教授张秀红任主编；吉利学院张剑，吉林科技职业技术学院工程师程业纯，天津功道汽车科技咨询有限公司工程师、讲师初立强任副主编；吉利学院曲长生等参编；吉利学院副教授、院长助理赵厚程主审。全书由汤忠盛、吕娜、张秀红制定编写大纲，负责全书的编写、组织和统稿定稿。

本书的编写工作还得到了吉利学院有关领导的支持和鼓励，在此一并致以衷心的感谢，并向所有关心、支持、帮助本书出版工作的人们表示谢意！

由于学术水平、专业知识、实践经验有限，本书的疏漏和缺点在所难免，敬请有关专家和读者指正。

编　者

# 目　　录

**模块 1　电路基本知识** ·········································································· 001

1.1　数字万用表的学习 ········································································· 001
　　1.1.1　数字万用表的认知 ································································· 002
　　1.1.2　数字万用表的使用 ································································· 005
1.2　电路基本元件的认识 ······································································ 012
　　1.2.1　电阻元件的认知与检测 ·························································· 013
　　1.2.2　电容器的认知与检测 ····························································· 020
　　1.2.3　电感器的认知与检测 ····························································· 029
1.3　欧姆定律的认知与验证 ·································································· 043
　　1.3.1　欧姆定律的认知 ··································································· 043
　　1.3.2　欧姆定律的验证 ··································································· 045
1.4　基尔霍夫定律的认知与验证 ··························································· 049
　　1.4.1　基尔霍夫定律的认知 ····························································· 050
　　1.4.2　基尔霍夫定律的验证 ····························································· 051

**模块 2　正弦交流电** ············································································· 055

2.1　正弦交流电基本知识的认知 ··························································· 055
　　2.1.1　单向正弦交流电的认知 ·························································· 056
　　2.1.2　正弦交流电的应用实验 ·························································· 065
2.2　汽车交流发电机的认知与检测 ······················································· 069
　　2.2.1　交流发电机的认知 ································································ 069
　　2.2.2　交流发电机的工作原理 ·························································· 071
2.3　汽车交流发电机的拆解检测与装配 ················································ 076
　　2.3.1　汽车交流发电机的拆解 ·························································· 076
　　2.3.2　汽车交流发电机的检测 ·························································· 078
　　2.3.3　汽车交流发电机的装配 ·························································· 081

**模块 3　变压器的认知与验证** ······························································ 085

3.1　变压器基本知识的认知 ·································································· 085
　　3.1.1　电磁学基本知识的认知 ·························································· 086
　　3.1.2　变压器的认知 ······································································· 090
3.2　变压器的验证 ··············································································· 098
　　3.2.1　变压器的识别 ······································································· 098

001

3.2.2 变压器的检测 …………………………………………………………… 101
　　3.2.3 变压器的常见故障及解决措施 …………………………………………… 103

## 模块 4　车用直流电动机的认知与检测 …………………………………………… 106

### 4.1　车用起动机的认知 ……………………………………………………………… 106
　　4.1.1 车用起动机的组成、功用及种类 ………………………………………… 107
　　4.1.2 车用起动机的工作原理 …………………………………………………… 113

### 4.2　车用起动机的拆装与检测 ……………………………………………………… 116
　　4.2.1 起动机的拆装 ……………………………………………………………… 117
　　4.2.2 起动机的不解体检测 ……………………………………………………… 119
　　4.2.3 起动机的检测及注意事项 ………………………………………………… 120

## 模块 5　半导体的认知与检测 ……………………………………………………… 127

### 5.1　半导体二极管的认知与检测 …………………………………………………… 127
　　5.1.1 半导体二极管的认知 ……………………………………………………… 128
　　5.1.2 二极管的识别与检测 ……………………………………………………… 134

### 5.2　三极管的认知与检测 …………………………………………………………… 143
　　5.2.1 三极管的结构与符号 ……………………………………………………… 144
　　5.2.2 三极管的放大作用 ………………………………………………………… 144
　　5.2.3 三极管的三种工作状态 …………………………………………………… 145
　　5.2.4 三极管的主要参数 ………………………………………………………… 148
　　5.2.5 三极管的放大电路 ………………………………………………………… 148
　　5.2.6 三极管的识别与检测 ……………………………………………………… 150

### 5.3　集成运算放大器的认知 ………………………………………………………… 160
　　5.3.1 集成运算放大器的简介 …………………………………………………… 160
　　5.3.2 集成运算放大器的工作特点 ……………………………………………… 161
　　5.3.3 集成运算放大电路中负反馈的判断 ……………………………………… 162
　　5.3.4 集成运算放大器的应用 …………………………………………………… 166

## 模块 6　三相桥式整流滤波直流稳压电源的设计 ………………………………… 175

### 6.1　三相桥式整流滤波直流稳压电源的认知 ……………………………………… 175
　　6.1.1 单相整流电路 ……………………………………………………………… 176
　　6.1.2 汽车交流发电机整流器电路 ……………………………………………… 178
　　6.1.3 滤波电路 …………………………………………………………………… 180
　　6.1.4 稳压电路 …………………………………………………………………… 181

### 6.2　三相桥式整流滤波直流稳压电源的验证 ……………………………………… 184
　　6.2.1 实验原理 …………………………………………………………………… 184
　　6.2.2 实验步骤 …………………………………………………………………… 187

  6.2.3 注意事项 ……………………………………………………………… 188

  6.2.4 实验结果及数据处理 …………………………………………… 188

## 模块7 数字电路的认知及应用 …………………………………………… 191

 7.1 数字电路的认知 …………………………………………………………… 191

  7.1.1 基本逻辑关系及门电路 ………………………………………… 192

  7.1.2 逻辑代数 …………………………………………………………… 198

  7.1.3 集成门电路 ………………………………………………………… 199

  7.1.4 触发器 ……………………………………………………………… 203

  7.1.5 时序逻辑电路 ……………………………………………………… 209

  7.1.6 寄存器 ……………………………………………………………… 212

  7.1.7 计数器 ……………………………………………………………… 214

 7.2 数字电路在汽车转向灯中的应用 ………………………………………… 219

  7.2.1 汽车左转弯灯控制电路 ………………………………………… 219

## 参考文献 ……………………………………………………………………………… 226

# 模块 1 电路基本知识

### 模块描述

该模块主要描述组成电路的基本元件——电阻、电感、电容元件的性质及作用，并进一步认知、分析、计算简单电路的欧姆定律及复杂电路，分析计算基尔霍夫定律，并通过实验验证理论的准确性。而定律的验证需要通过万用表检测，因此，数字式万用表的使用也是本模块需要掌握的必要内容。

## 1.1 数字万用表的学习

### 任务导入

在电子工程的世界里，数字万用表就像是一位无所不能的"电子侦探"，它能帮助我们揭示电路中的奥秘，确保电子设备的正常运行。数字万用表的功能和性能日益完善，从简单的电压、电流测量，到复杂的电阻、电容、频率等参数的检测，数字万用表都能轻松应对。然而，要想充分发挥其性能，不仅需要了解其基本原理，更需要掌握其正确的使用方法，即从基本的测量功能入手，逐步深入，掌握各种测量参数的设置方法和读取技巧；探讨数字万用表在实际应用中的注意事项，如安全操作、误差分析等，以确保测量结果的准确性和可靠性。

### 学习目标

【知识目标】
1. 掌握数字万用表的结构、分类、特点与安全信息。

2. 熟悉数字万用表的功能与操作。

3. 掌握数字万用表的主要功能，电压挡的使用、电流挡的使用、电阻挡的使用、二极管挡的使用、电容挡的使用、晶体管挡的使用。

4. 了解数字万用表的测量范围与精度。

【能力目标】

1. 掌握数字万用表的基本操作技能。

2. 学会正确设置数字万用表的量程和测量功能。

3. 能运用数字万用表进行电路测量。

4. 学会使用数字万用表进行电路参数的测量，如电压、电流、电阻等。

【素质目标】

1. 在使用数字万用表时，应保持严谨的实验态度，确保每一步操作都准确无误。

2. 在使用数字万用表时，应始终将安全放在首位，遵守安全操作规范。

3. 学会保护自己和他人的安全，避免发生意外事故。

4. 养成独立思考和解决问题的能力。

5. 学会将理论知识与实践相结合，不断提高自己的实践能力和创新能力。

### 知识准备

数字万用表根据模拟量与数字量之间的转换来完成测量，它能用数字把测量结果显示出来。数字万用表测量电阻的误差比模拟万用表小，但用它测量阻值较小的电阻时，相对误差仍然比较大。数字万用表的种类也很多，但面板布置大致相同，都有显示屏、电源开关、功能量程选择开关和表笔插孔（型号不同，插孔的作用有可能不同）。

#### 1.1.1 数字万用表的认知

**1. 数字万用表的分类**

1）按外形分类

数字万用表按外形主要可以分为台式、手持式、钳式和笔式等类型，如图1-1所示。台式万用表属于高精确度万用表，多应用在科研、制造、通信等专业性比较强的领域。

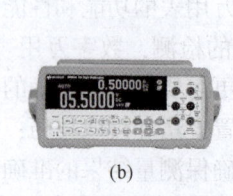

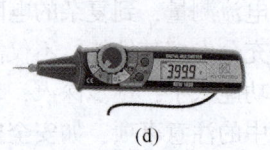

图1-1 万用表的分类（按外形）
(a) 手持式万用表；(b) 台式万用表；(c) 钳式数字万用表；(d) 笔式数字万用表

手持式万用表是目前最常用的万用表，广泛应用在电工电子、汽车电器维修的相关领域。钳式万用表也叫叉形万用表或卡式万用表，多应用在电工领域和汽车电器维修领域。笔式万用表也叫袖珍式万用表，多应用在电工领域和汽车电器维修领域。

2）按功能、量程选择方式分类

数字万用表按功能、量程的选择方式可以分为旋钮操作方式（手动、自动）和按钮操作方式两类，如图1-2所示。

**图1-2 万用表的分类**（按功能、量程选择方式）
(a) 手动转换旋钮式；(b) 自动转换旋钮式；(c) 按钮式

3）按测量功能分类

数字万用表按测量功能可分为普通型数字万用表和多功能型数字万用表两类。

（1）普通型数字万用表。

普通型数字万用表只能测量电阻、电压和电流，因此也叫三用表，且其电流挡可测量的电流强度较小。

（2）多功能型数字万用表。

早期的多功能型数字万用表仅增加了大电流测量、晶体管放大倍数测量等功能。后期的多功能型数字万用表又增加了通路/断路测量功能、电容测量功能、电源欠电压（电池电量不足）提示功能和自动延迟关机功能。部分新型多功能型数字万用表还设置了行电压、音频电平、温度、电感量和频率测量，以及红外信号检测（遥控器检测）等功能。此外，多功能型数字万用表的保护功能也越来越完善。

**2. 数字万用表的特点与安全信息**

1）数字万用表的特点

（1）采用数字化测量技术。

数字万用表采用数字化测量技术，通过A-D转换器将被测的模拟量转换成数字量，最终以数字量输出。只要仪表不发生跳数现象，测量结果就是唯一的，既保证了读数的客观性与准确性，又符合人们的读数习惯，显示结果一目了然，它不会像模拟万用表那样，出现人为的测量误差。

（2）液晶显示器。

早期的数字万用表多采用字高为12.5 mm的液晶显示器（LCD）。目前的数字万用表为提高显示清晰度，多采用字高为18 mm的大尺寸LCD，DT940C、DT960T、DT970、DT980和DT9205型等数字万用表更是采用了字高为25 mm的超大尺寸LCD。新型数字万用表大多增加了功能标志符，如单位符号mV、V、kV、μA、mA、A、Ω、kΩ、MΩ、nS、kHz、pF、nF、μF，以及测量项目符号AC、DC、LOΩ、LO BAT（低电压符号）、H（读数保持符号）、AUTO（自动量程符号）、×10（10倍乘符号）、·））（蜂鸣器符号）。

(3) 测试功能多。

数字万用表的测试功能要比模拟万用表多,它不仅可以测量直流电压(DCV)、交流电压(ACV)、直流电流(DCA)、交流电流(ACA)、电阻(Ω)、PN结导通压降(VF)和晶体管共发射极电流放大倍数(hFE),还可以测量电容量(C)、电导(S)、温度(T)、频率(f)和线路通断,并具有低功率法测电阻挡(LOΩ)。

新型数字万用表除具有上述功能外,还有一些实用测试功能:自动关断电源(AUTO OFF POWER)、读数保持(HOLD)、逻辑测试(LOGIC)、真有效值测量(TRMS)、相对值测量(REL△)、液晶条图(LCD Bargraph)显示和峰值保持(PK HOLD)等。另外,部分数字万用表还能输出50 Hz方波信号,可用作低频信号源。

(4) 测量范围宽、准确度高。

目前,新型数字万用表的测量范围比模拟万用表更宽,如电阻挡(Ω)的测量范围为 0.01~20 MΩ(或200 MΩ);直流电压挡(DCV)的测量范围为0.2~1 000 V;交流电压挡(ACV)的测量范围为0.01~700 V(或750 V);频率挡(f)的测量范围为10 Hz~20 kHz(或200 kHz)。

数字万用表的准确度(精度)远高于模拟万用表。因为数字万用表的准确度是测量结果中系统误差与随机误差的综合,它表示测量结果与真值(标准值)的一致程度,能反映测量误差的大小。一般情况下,准确度越高,测量误差就越小。

(5) 分辨力高、测量速率快。

模拟万用表的分辨力是用其刻度的最小分度(或按指针宽度和刻度宽度)来衡量的,而数字万用表的分辨力是其最低电压量程上末位所对应的电压值。

每秒内对被测量量的测量次数叫测量速率(也称取样速率),单位是"次/s",它主要取决于数字万用表A-D转换器的转换速率。

(6) 输入阻抗很高。

数字万用表的输入阻抗指其处于工作状态下,表笔所接输入电路的等效阻抗。一般情况下,数字万用表的输入阻抗较大,以保证在测量过程中,对被测电路的分流电流极小,不会影响被测电路(或信号源)的工作状态,减小测量误差。

(7) 集成度高。

数字万用表均采用单片A-D转换器,外围电路比较简单,只需要少量辅助芯片及其他元器件。近年来,业界不断开发出单片数字万用表专用芯片,采用一块芯片即可构成功能较完善的自动量程式数字万用表。

(8) 微功耗。

数字万用表普遍采用CMOS大规模集成电路的A-D转换器,因此整机功耗极低。新型数字万用表的功耗仅为几十毫瓦,只需采用9 V叠层电池供电。

(9) 抗干扰能力强。

噪声干扰大致分两类,一类是串模干扰,干扰电压与被测信号串联加至仪表的输入端;另一类是共模干扰,干扰电压同时加于仪表的两个输入端。衡量仪表抗干扰能力的技术指标也有两个,即串模抑制比(SMRR)和共模抑制比(CMRR)。数字万用表的共模抑制比可达86~120 dB。

(10) 过载能力强。

数字万用表具有较完善的保护电路,过载能力强,使用过程中只要不超过规定的极限值，即使误操作，例如用电阻挡去测量220 V交流电压，一般也不会损坏表内的大规模集成电路（A-D转换器）。不过，使用时还应尽量避免误操作，以免因熔断器、功能/量程转换开关等元器件损坏而影响正常使用。

2）数字万用表的安全信息

数字万用表仪器上及文档中的标志如表1-1所示，它们表示为保证安全操作仪器而必须采取的预防措施。

表1-1 数字万用表仪器上及文档中的标志

| 标志 | 含义 | 标志 | 含义 |
| --- | --- | --- | --- |
| ⎓ | 直流电（DC） | ○ | 关（电源） |
| ~ | 交流电（AC） | \| | 开（电源） |
| ⎓~ | 直流电和交流电两用 | ⚡ | 小心，有电击风险 |
| 3~ | 三相交流电 | ⚠ | 小心，危险 |
| ⏚ | 接地端 | ♨ | 小心，表面热 |
| ⏚ | 保护性导线端子 | ⎍ | 双稳按钮关闭 |
| ⏚ | 框架或机架端子 | ⎎ | 双稳按钮开启 |
| ▽ | 等电位 | CAT Ⅲ 1000V | Ⅲ类1 000 V过电压保护 |
| ▫ | 设备由双重绝缘或加强绝缘保护 | CAT Ⅳ 600V | Ⅳ类600 V过电压保护 |

## 1.1.2 数字万用表的使用

**1. 数字万用表的结构**

手持式数字万用表的识别：手持式数字万用表主要由显示屏、电源开关、功能/量程选择开关（手动、自动、按钮）、输入插孔、晶体管插孔和数据保持键等部分组成。

1）电源开关

数字万用表设有电源开关（POWER）或关闭挡位（OFF），控制数字万用表的电源状态。按下电源开关，打开仪表的电源，待显示屏显示的数字稳定后再进行测量，测量完毕后马上关掉电源（即再按一次"POWER"或选择开关在关闭挡位"OFF"），以免浪费电能。

2）数字万用表液晶显示屏

若显示屏上出现"🔋"符号，则表示数字万用表内的9 V电池电量低，如图1-3所示。此表在低电压下工作，读数可能出错，为避免错误的读数造成错觉而导致电击伤害，在显示低电压符号时应及时更换电池。

当被测量超过最大显示值时，显示屏显示数字"1"，如图1-4所示，表示过量程或溢出，此时应更换更高量程进行测量。在测量电阻时，若表笔开路，则显示屏也会显示过量程符号"1"。此外，在测量二极管反向状态时，也会显示过量程符号"1"，表示反向电阻很高。因此，测量时应注意区分，不能混淆。在测量时，数量的单位参见量程（选择）开关上的标注。

图1-3 显示屏上出现"⌂"符号

图1-4 显示屏显示数字"1"

3）功能/量程选择开关

（1）直流电压挡：它可以测量0~1 000 V的直流电压（DCV），分200 mV、2 V、20 V、200 V、1 000 V五挡，挡位数字指最大能测量的电压值（量程），测量时不能超过此值。

（2）交流电压挡：它可以测量0~700 V的交流电压（ACV），分200 mV、2 V、20 V、200 V、700 V五挡，挡位数字指最大能测量的电压值（量程），测量时不能超过此值。

（3）直流电流挡：它可以测量0~10 A的直流电流（DCA），分2 mA、20 mA、200 mA、10 A四挡，挡位数字指最大能测量的电流值（量程），测量时不能超过此值。

（4）交流电流挡：它可以测量0~10 A的交流电流（ACA），分2 mA、200 mA、10 A三挡，挡位数字指最大能测量的电流值（量程），测量时不能超过此值。

（5）电阻挡：它可以测量0~200 MΩ的电阻值，分200 Ω、2 kΩ、20 kΩ、200 kΩ、2 MΩ、20 MΩ、200 MΩ七挡，挡位数字指最大能测量的电阻值（量程），测量时不能超过此值。

（6）晶体二极管及蜂鸣挡：它可以测量晶体二极管的导通电压值（直流电压降），正向接时，若显示器显示"000"，则表示二极管短路；若显示"1"，则表示二极管开路；若显示的数字在200~800范围内，则表明二极管正常。

（7）电容挡：它可以测量0~20μF的电容值，分2 nF、20 nF、200 nF、2 μF、20 μF五挡，挡位数字指最大能测量的电容值（量程），测量时不能超过此值。

4）插孔

使用数字万用表测量时，需要将测量表笔插入到对应的插孔中，如图1-5所示。

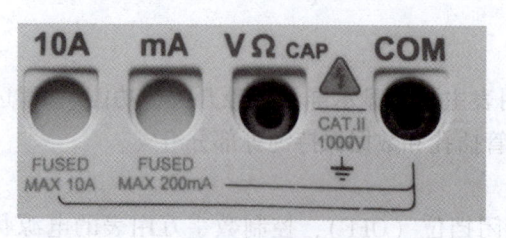

图1-5 插孔

说明："COM"插孔是接地或"—"插孔，一般情况下，黑色表笔插入该插孔中。"VΩ"插孔是测量电压、电阻、二极管和电容CAP挡的插孔，通常红色表笔插入该插孔中。"⚠ CAT.Ⅱ 1000V"用来警告输入电压不能超过1 000 V指定极限值，否则会造成仪表损坏。"mA"插孔是测量电流的插孔，一般情况下红色表笔插入该插孔中。"FUSED MAX 200mA"表示输入的测量电流最大值不能超过200 mA。"10A"插孔是测量10 A大电流的插孔，一般情况下，红色表笔插入该插孔中。"FUSED MAX 10A"表示输入的测量电流最大值不能超过10 A。

5）数据保持（HOLD）键

在测量过程中，若看不清显示器，无法读数，则可以锁定显示。H 为锁定显示读数保持开关，如图 1-6 所示，按下它后，仪表显示器上的显示值将被锁定，同时显示"H"符号，再按一次可解除读数保持状态。

钳式数字万用表：钳式万用表比普通万用表多一个表头，该表头是根据电流互感器的原理制成的，利用互感器产生的感应电流通过万用表读出，专用于测量交直流电流。其余按键功能和手持式数字万用表一样。如图 1-7 所示。

图 1-6　数据保持（HOLD）键

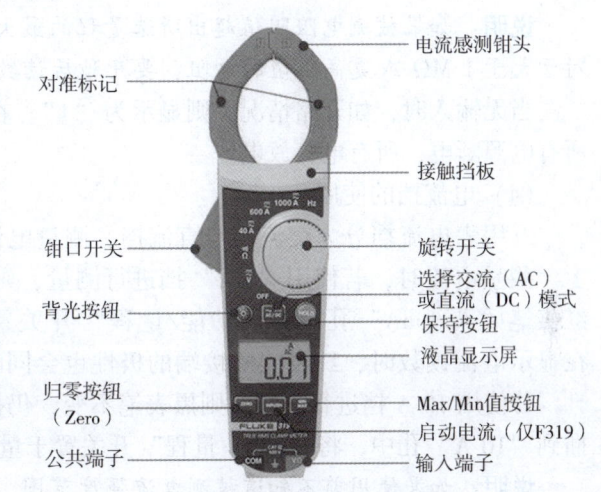

图 1-7　钳式数字万用表

## 2. 数字万用表的使用方法

1）手持式数字万用表的使用

（1）使用前的准备。

将 ON-OFF 开关置于"ON"位，检查 9 V 电池，如果电池电压不足，或显示器上显示"BAT"，则应更换电池；若无以上问题，则按以下步骤进行。

① 测试前，将"功能/量程"开关置于所需量程，同时注意指针的位置，要特别注意的是，测量过程中，若需要换挡或换插针位置，必须将两支表笔从测量物体上移开，再进行操作。

② 注意表笔插孔旁的警告符号，测试电压和电流不要超过其指示数字。

③ 在使用数字万用表进行测量前，应确保将"功能/量程"开关置于相应挡位，否则可能损坏万用表。

（2）电压挡的使用。

① 在测量电压时，必须把黑表笔插入"COM"孔，红表笔插入"VΩ"孔，万用表始终与用电器、元件或电压电源并联在一起。

② 万用表的内阻（固有电阻）越高越好，以尽可能减少万用表对待测电压的影响。

③ 若测直流电压，则将指针转到直流电压挡，将"功能/量程"开关置于直流电压量程范围，将表笔接在被测负载或信号源上，显示屏在显示电压读数时，红表笔所接端的极性也会同时显示出来。

④ 若测交流电压，则将指针转到交流电压挡，将"功能/量程"开关置于交流电压量程范围，将表笔接在被测负载或信号源上。

⑤ 如果不知道被测电压范围，则将"功能/量程"开关置于大量程，并逐渐降低量程（不能在测量中改变量程）。

**说明：** 如果显示"1"，则表示过量程，"功能/量程"开关应置于更高的量程。"!"表示不要输入高于万用表要求的电压，显示更高的电压值是可能的，但有损坏内部线路的危险。

（3）电阻挡的使用。

将万用表指针转到电阻挡，黑表笔插入"COM"孔，红表笔插入"VΩ"孔，再对被测电阻进行测量。

**说明：** 如果被测电阻阻值超出所选量程的最大值，则将显示"1"，应选择更高的量程。对于大于 1 MΩ 或更高阻值的电阻，要几秒后读数才能稳定，对于高阻值电阻这是正常的。

当无输入时，如开路情况，则显示为"1"。在检查内部线路阻抗时，要保证被测线路所有电源断电，所有电容放电。

（4）电流挡的使用。

万用表电流挡分为交流挡与直流挡，测量电流时，必须将万用表指针转到相应的挡位上。测量电流时，若使用"mA"挡进行测量，则应把万用表黑表笔插入"COM"孔，把红表笔插入"mA"孔，将"功能/量程"开关置于量程范围，测试笔串入被测电路中，在显示电流读数时，红表笔所接端的极性也会同时显示出来。

若使用 10 A 挡进行测量，则黑表笔不变，仍插在"COM"孔中，然后把红表笔拔出后插到"10 A"孔中，将"功能/量程"开关置于量程范围，并将测试笔串入被测电路中。

**说明：** 如果使用前不知道被测电流强度范围，则将"功能/量程"开关置于最大量程并逐渐降低量程（不能在测量中改变量程）。如果显示器只显示"1"，则表示过量程，"功能/量程"开关应置于更高量程。

（5）二极管挡的使用。

将万用表指针转到二极管挡，黑表笔插入"COM"孔，红表笔插入"VΩ"孔。此挡除可测量二极管外，还可测量晶体管、编码开关等。

（6）电容挡的使用。

将指针转到电容挡（"F"挡），将"功能/量程"开关置于量程范围。在数字万用表的左下方有两个孔，孔上标有"Cx"，把需要测的电容元件插到里面即可测量，对于有极性的电容要注意正负极。

（7）晶体管挡的使用。

晶体管挡位主要用于测晶体管的放大倍数 $\beta$ 值。测量之前，需确定晶体管是 PNP 型还是 NPN 型，同时确定各端子的极性。

2）钳式数字万用表的使用

钳式数字万用表可用来测量直流电压、交流电压、直流电流、交流电流、电阻、电容、频率和二极管等。电压、电阻、电容、二极管等的测量方法和手持式数字万用表类似，在此不再赘述。以下主要讲解交流电流和直流电流的测量方法。将"功能/量程"开关转到"40 A"或更高量程挡位，如图 1-8 所示。

按"SELECT"键选择交流电流或直流电流测量模式，如

图 1-8 交直流电流量程

图 1-9 所示，其在靠近电磁场的位置使用，可能导致显示不稳定或显示不正确的读数。

测量直流电流前先按 "REL" 键清零，交流电流不用清零。按住钳头扳机打开钳头，用钳头夹取待测导体，然后缓慢放开扳机，直到钳头完全闭合。确定待测导体是否被夹在钳头的中央，未置于钳头中央会产生附加误差，如图 1-10 所示。

图 1-9　交直流模式切换　　　　图 1-10　直流电流测量

### 3. 注意事项

（1）当测高压时，应特别注意避免触电。

（2）数字万用表电压挡的内阻很大，至少在兆欧级，对被测电路影响很小。但极高的输出阻抗使其易受感应电压的影响，在一些电磁干扰比较强的场合测出的数据可能是虚的。

（3）要注意避免外界磁场对万用表的影响（例如有大功率用电器件在使用）。

（4）在使用万用表的过程中，不能用手接触表笔的金属部分，这样一方面可以保证测量的准确性，另一方面可以保证人身安全。

## 任务实施

| 任务场景 | 电工电子实训室 |
| --- | --- |
| 任务分组 | 在任务实施过程中，采取分组的方式进行，每 3~5 人一组，通过自荐或推荐的方式选出组长，负责本组任务实施的组织工作，实施过程中小组成员要互相帮助，共同完成任务 |
| 实施过程 | 各小组根据以上任务描述，完成以下任务的实施过程。<br>1. 获取信息：操作前需要掌握数字万用表的结构、分类、特点与安全信息等相关知识，各组搜集相关资料。<br>2. 任务准备：明确任务内容，准备工具、设备及相关资料，做好现场防护。<br>3. 任务实施：探究万用表的结构，以及电阻挡、电压挡和电流挡的使用。<br>4. 考核评价：各组展示任务完成情况，配合指导教师完成考核评价表 |

续表

| 任务要求 | 1. 安全操作。选择适当工具，根据测量需求选择合适的万用表或专用测试仪器，并设置正确的测量范围和模式。要时刻注意安全，避免触电或设备损坏的情况发生。<br>2. 电压挡使用。<br>量程选择：根据预估的电压值选择合适的量程。<br>接线方式：将红表笔插入"VΩ"插孔，黑表笔插入"COM"插孔，将表笔与待测电路并联，确保红表笔接在被测电压的正极，黑表笔接在被测电压的负极。<br>注意观察数字显示，确保读数准确。<br>3. 电阻挡使用注意事项：如果不确定电阻值，则可以先选择较大的量程，然后根据指针偏转情况逐步调整。<br>4. 电流挡使用。<br>量程选择：<br>根据预估的电流值选择合适的量程。如果不确定电流值，可以先选择较大的量程，然后根据指针偏转情况逐步调整。<br>接线方式：将万用表串联在被测电路中，确保电流从红表笔流入、从黑表笔流出。<br>注意不要将万用表并联在电路中，以免损坏万用表。<br>读取万用表上的数值，并根据所选量程确定电流值。<br>5. 记录与报告：在整个检测过程中，需要做好详细记录，并在检测后编写检测报告，对发现的问题进行说明并提出维修建议 |
|---|---|
| 任务反思 | 1. 数字万用表的结构；<br>2. 数字万用表使用前的准备；<br>3. 注意事项 |

## 考核评价

| 序号 | 评价项目 | 评价指标 | 分值 | 自评（20%） | 互评（20%） | 师评（60%） | 合计 |
|---|---|---|---|---|---|---|---|
| 1 | 知识目标（25分） | 掌握数字万用表的结构、分类、特点与安全信息，熟悉数字万用表的功能与操作 | 5 | | | | |
| | | 掌握数字万用表的主要功能，电压挡的使用、电流挡的使用、电阻挡的使用、二极管挡的使用、电容挡的使用、晶体管挡的使用 | 10 | | | | |
| | | 了解数字万用表的测量范围与精度 | 10 | | | | |
| 2 | 能力目标（50分） | 掌握数字万用表的基本操作技能，学会正确设置数字万用表的量程和测量功能 | 10 | | | | |
| | | 能运用数字万用表进行电路测量 | 10 | | | | |
| | | 学会使用数字万用表进行电路参数的测量，如电压、电流、电阻等 | 30 | | | | |

续表

| 序号 | 评价项目 | 评价指标 | 分值 | 自评（20%） | 互评（20%） | 师评（60%） | 合计 |
|---|---|---|---|---|---|---|---|
| 3 | 素质目标（25 分） | 能保持严谨的实验态度，确保每一步操作都准确无误 | 5 | | | | |
| | | 学会保护自己和他人的安全，避免发生意外事故 | 5 | | | | |
| | | 具有独立思考和解决问题的能力 | 5 | | | | |
| | | 具备较强的安全意识和责任心，确保工作安全和设备正常运行 | 5 | | | | |
| | | 能够将理论知识与实践相结合，不断提高自己的实践能力和创新能力 | 5 | | | | |
| | | 合计 | | | | | |
| | | 综合得分 | | | | | |

**拓展阅读**

在中国古代，一个铜锣铺里的工匠师傅已年近 70 岁了，但他每天还坚持掌锤，每到锣心的时候，老工匠就会使足力气打下最后的一锤。原来，锣心的一锤与周边的锤法都不一样，锣心以外的每一锤都只是准备，最后的一锤才是定音的，或清脆悠扬，或雄浑洪亮，都因这一锤而定。这一锤打好了，就是好锣，否则这面锣就报废了。因为不论多么优质的铜料，不论剪裁的尺寸多么合理，也不论一开始打了多少锤，这都不是最重要的，最后关头那恰到好处的重要一锤，才是一面锣制造成功的关键。

## 1.2 电路基本元件的认识

### 任务导入

你们是否曾经好奇过,当我们按下电灯的开关,或者给手机充电时,电流是如何"流动"的?这个看似简单的行为背后,其实隐藏着复杂而又精彩的电路世界。今天,我们将一起踏上这个奇妙的旅程,去探寻构成电路世界的基本元素——电路基本元件。

想象一下,电路就像是我们身体内的血管系统,电流则是我们体内的血液,而电路中的基本元件就如同血管系统中的心脏、血管和细胞一样,各自扮演着不可或缺的角色,它们共同协作,确保电流能够顺畅地流动,为我们的生活带来光明和便利。

在接下来的学习中,我们将逐一认识这些电路中的"明星"元件:电阻、电容、电感、电源和开关。它们各自有着独特的"性格"和"功能",有的能够限制电流的流动,有的能够储存电能,有的则能够改变电流的方向。通过了解它们的工作原理和特性,我们将能够更好地理解电路的运行机制,掌握电路设计的基础知识。

### 学习目标

【知识目标】

1. 了解电阻器的主要功能、电阻的符号与单位、电阻器的种类和电阻器的主要技术指标。
2. 了解电容的符号与单位,电容器的种类,电容器的选用、识别和检测。
3. 掌握电感器的构成原理、电感器的主要功能、电感的符号与单位、电感器的种类和电感器的主要技术指。

【能力目标】

1. 认识电阻元件并了解它的名称和作用,熟知电阻元件的实物并与图形符号结合起来,学会电阻器的选用、识别、检测,掌握电阻器的常见故障。
2. 熟知电容元件并了解它的名称和作用,熟悉电容元件的实物并与图形符号结合起来,掌握电容器的常见故障,掌握电容器常见故障的处理方法。
3. 认识电感元件并了解它的名称和作用,熟知电感元件的实物并与图形符号结合起来,学会电感器的选用、识别、检测,掌握电感器的常见故障。

【素质目标】

1. 能通过对电阻、电感、电容等电路基本元件的学习,理性地看待和分析电路现象。
2. 能通过实验操作,提高实践能力和动手能力,并能将理论知识应用于实际电路中。
3. 具有尝试新的电路设计的思路和方法,增强其创新意识和创新精神。
4. 能在实验操作过程中,注重安全用电,增加安全意识。
5. 学会将理论知识与实践相结合,不断提高自己的实践能力和创新能力。

## 知识准备

### 1.2.1 电阻元件的认知与检测

**1. 电阻元件的认知**

认识电阻元件并了解它的名称和作用，熟知电阻元件的实物并与图形符号结合起来；熟知电容元件并了解它的名称和作用，熟悉电容元件的实物并与图形符号结合起来，掌握电容器常见故障的处理方法；熟悉电感元件的实物并与图形符号结合起来，掌握电感器常见故障的处理方法。

1）电阻的主要功能

电阻的主要物理特征是变电能为热能，也可说它是一个耗能元件，电流经过它就会产生内能。电阻在电路中通常起分压、分流的作用。对信号来说，交流与直流信号都可以通过电阻。

2）电阻的符号与单位

（1）电阻的符号为 $R$，图形符号如图 1-11 所示。

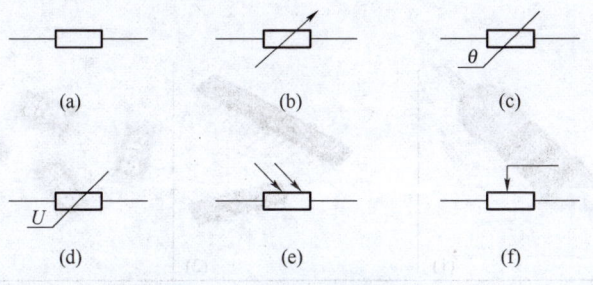

图 1-11 电阻的图形符号

电阻器是导体的一种基本性质，与导体的尺寸、材料、温度和横截面积有关。
电阻元件是对电流呈现阻碍作用的耗能元件，例如灯泡、电热炉等。
电阻定律：

$$R=\rho L/S$$

式中　$\rho$——制成电阻材料的电阻率，国际单位制为欧姆·米（$\Omega \cdot m$）；
　　　$L$——绕制成电阻的导线长度，国际单位制为米（m）；
　　　$S$——绕制成电阻的导线横截面积，国际单位制为平方米（$m^2$）；
　　　$R$——电阻值，国际单位制为欧姆（$\Omega$）。

电阻率：某种材料制成的长为 1 m、横截面积为 1 $mm^2$ 的导线的电阻，即这种材料的电阻率，其是描述材料性质的物理量。国际单位制中，电阻率的单位是欧姆·米（$\Omega \cdot m$），常用单位是欧姆·平方毫米/米（$\Omega \cdot mm^2/m$），其与导体长度 $L$、横截面积 $S$ 无关，只与物体的材料和温度有关，有些材料的电阻率随着温度的升高而增大，有些反之。

电阻与温度的关系。电阻元件的电阻值大小一般与温度有关，衡量电阻值受温度影响大小的物理量是温度系数，其定义为温度每升高 1 ℃ 时电阻值发生变化的百分数。通常"电阻"有两种含义，一种是物理学上的电阻这个物理量，另一种指的是电阻这种电子元件。

（2）电阻的单位：$\Omega$、$k\Omega$、$M\Omega$，其中，1 $k\Omega = 10^3$ $\Omega$，1 $M\Omega = 10^6$ $\Omega$。

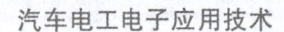

（3）电阻的标称：直标法、色环标法、文字符号法和数码表示法。

（4）电阻的方向性：无方向。

3）电阻器的种类

（1）按封装形式可分为直插式电阻器和贴片式电阻器两种，如图1-12所示。

(a)

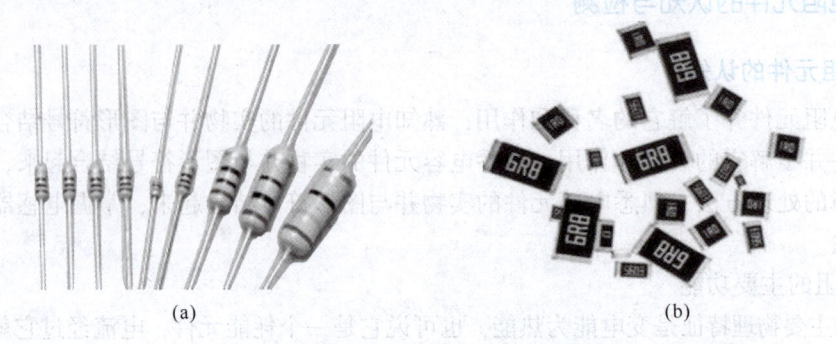

(b)

图1-12 直插式、贴片式电阻器实物
(a) 直插式；(b) 贴片式

（2）按制作材料可分为碳膜电阻器、金属膜电阻器、线绕电阻器和无感电阻器等，如图1-13所示。

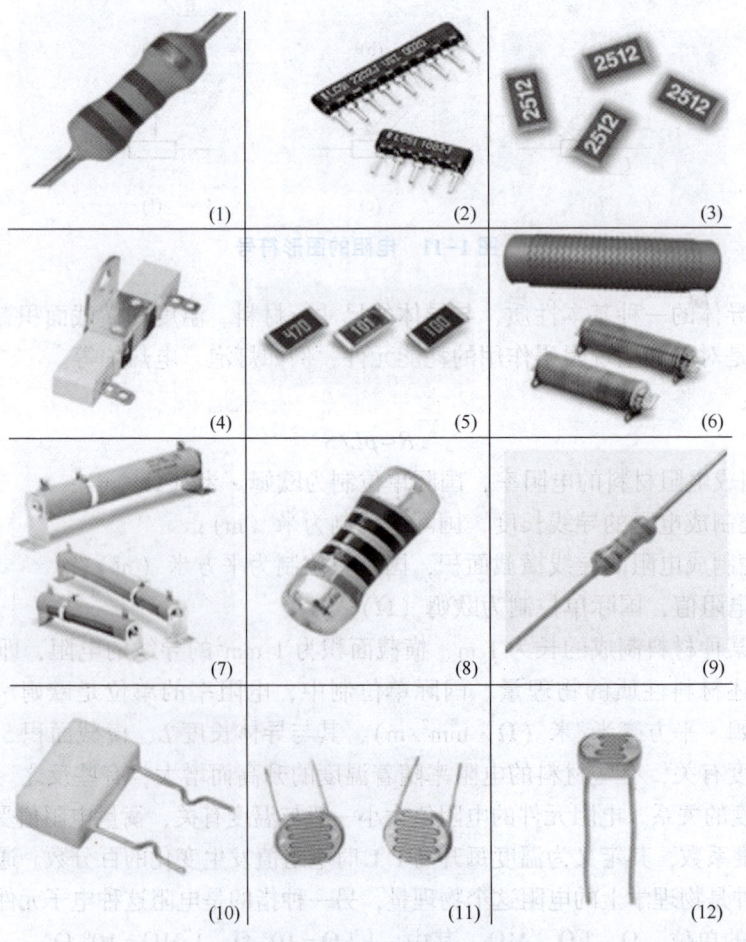

(1)　　　　　　(2)　　　　　　(3)

(4)　　　　　　(5)　　　　　　(6)

(7)　　　　　　(8)　　　　　　(9)

(10)　　　　　　(11)　　　　　　(12)

图1-13 各种电阻器的实物

① 碳膜电阻器。

碳膜电阻器（碳薄膜电阻器），常用符号 RT 作为标志，为早期最普遍使用的电阻器，利用真空喷涂技术在瓷棒上面喷涂一层碳膜，再将碳膜外层加工切割成螺旋纹状，依照螺旋纹的多寡来定其电阻值，螺旋纹越多表示电阻值越大，最后在外层涂上环氧树脂密封保护而成。碳膜电阻器的阻值误差虽然较金属薄膜电阻高，但由于价钱便宜，故仍广泛应用于各类产品上，是目前电子、电器、设备、资讯产品的最基本零部件。

② 金属膜电阻器。

金属膜电阻器常用符号 RJ 作为标志，其同样利用真空喷涂技术在瓷棒上面喷涂，只是将碳膜换成金属膜（如镍铬），在金属膜车上螺旋纹做出不同阻值，并于瓷棒两端镀上贵金属。虽然金属膜电阻器较碳膜电阻器贵，但具有低杂声、稳定、受温度影响小、精确度高等优势。因此，被广泛应用于高级音响器材、电脑、仪表、国防及太空设备等方面。

③ 绕线电阻器。

绕线电阻器用高阻合金线绕在绝缘骨架上制成，外面涂有耐热的釉绝缘层或绝缘漆。

绕线电阻器具有较低的温度系数，阻值精度高，稳定性好，耐热、耐腐蚀，主要作精密大功率电阻使用；缺点是高频性能差，时间常数大。

④ 无感电阻器。

无感电阻器常用作负载，用于吸收产品使用过程中产生的不需要的电量，或起到缓冲、制动的作用，此类电阻器常称为 JEPSUN 制动电阻器或捷比信负载电阻器。

（3）按功能可分为负载电阻器、采样电阻器、分流电阻器、保护电阻器等。

（4）按阻值特性通常分为固定电阻器［见图1-14(a)］、可变电阻器［见图1-14(b)］和特种电阻器（光敏电阻器、热敏电阻器、压敏电阻器、湿敏电阻器等）。

(a)

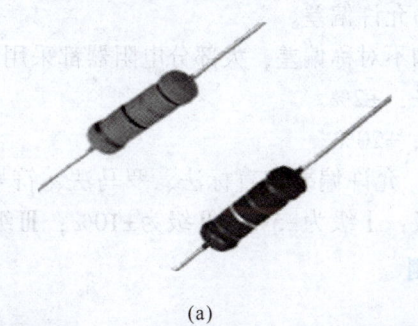

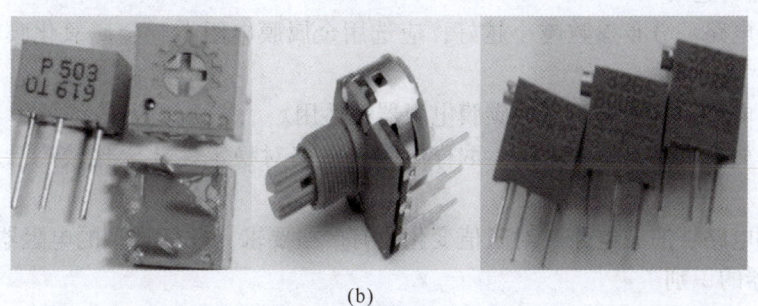

(b)

**图1-14 按阻值特性分类**
(a) 固定电阻器；(b) 可变电阻器

① 热敏电阻器：一种对温度极为敏感的电阻器，分为正温度系数电阻器和负温度系数电阻器。选用时不仅要注意其额定功率、最大工作电压、标称阻值，更要注意最高工作温度和电阻温度系数等参数，并注意阻值变化方向。

② 光敏电阻器：由硫化镉等材质制成，阻值随着光线的强弱而发生变化的电阻器，分为可见光光敏电阻器、红外光光敏电阻器、紫外光光敏电阻器，选用时应先确定电路的光谱特性。

③ 压敏电阻器：对电压变化很敏感的非线性电阻器。当电阻器上的电压在标称值内时，电阻器上的阻值呈无穷大状态；当电压略高于标称电压时，其阻值很快下降，使电阻器处于导通状态；当电压减小到标称电压以下时，其阻值又开始增加。

压敏电阻器可分为无极性（对称型）压敏电阻器和有极性（非对称型）压敏电阻器。选用时，压敏电阻器的标称电压值应是加在压敏电阻器两端电压的 2~2.5 倍。

④ 湿敏电阻器：对湿度变化非常敏感的电阻器，能在各种湿度环境中使用。它是将湿度转换成电信号的换能器件，选用时应根据不同型号的不同特点以及湿敏电阻器的精度、温度系数、响应速度及湿度量程等进行选用。

4) 电阻器的主要技术指标

（1）额定功率。电阻器在电路中长时间连续工作不损坏，或不显著改变其性能所允许消耗的最大功率，称为电阻器的额定功率。

（2）阻值和偏差。电阻器的标称值和偏差都标注在电阻器上。

（3）允许偏差。

① 允许偏差及种类。电阻器在大批量生产中，因实际值未能达到标称电阻，因而产生了误差。

$$阻值误差=（电阻实际值-标称阻值）/标称阻值×100\%$$

符合出厂标准的误差称为允许偏差。

允许偏差分为对称偏差和不对称偏差，大部分电阻器都采用对称偏差，其规定如下：

精密偏差：±0.5%；±1%；±2%。

普通偏差：±5%；+10%；+20%。

② 允许偏差的表示方法。允许偏差有直标法、罗马法、符号法和色标法四种。通用的电阻器允许偏差分为 3 个等级：Ⅰ级为±5%；Ⅱ级为±10%；Ⅲ级为±20%。

**2. 电阻元件的识别与检测**

1) 电阻器的选用

（1）高频电路：分布参数越小越好，应选用金属膜电阻器、金属氧化膜电阻器等高频电阻器。

（2）低频电路：绕线电阻器、碳膜电阻器都适用。

（3）功率放大电路、偏置电路、取样电路：电路对稳定性要求比较高，应选温度系数小的电阻器。

（4）退耦电路、滤波电路：对阻值变化没有严格要求，任何类型的电阻器都适用。

2) 电阻器的识别

（1）标称值的表示方法。

直标法、色标法、文字符号法和数码表示法。

① 直标法。

直标法是用阿拉伯数字和单位符号在电阻器表面直接标出标称电阻值，其允许偏差直接用百分数表示。

② 色标法。

色环标注法使用最多，普通的色环电阻器用 4 环表示，精密电阻器用 5 环表示，紧靠电阻体一端头的色环为第一环，露着电阻体本色较多的另一端头为末环。现举例如下：

如果色环电阻器用四环表示，则前面两环数字是有效数字，第三环是 10 的倍幂，第四环是色环电阻器的误差范围（见图 1-15）。

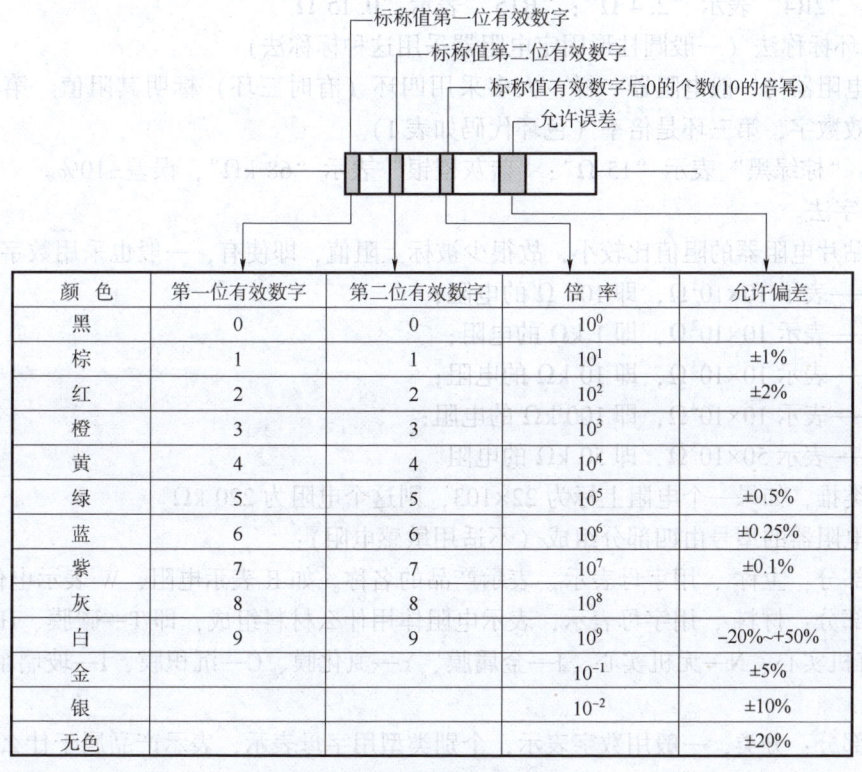

| 颜 色 | 第一位有效数字 | 第二位有效数字 | 倍 率 | 允许偏差 |
|---|---|---|---|---|
| 黑 | 0 | 0 | $10^0$ | |
| 棕 | 1 | 1 | $10^1$ | ±1% |
| 红 | 2 | 2 | $10^2$ | ±2% |
| 橙 | 3 | 3 | $10^3$ | |
| 黄 | 4 | 4 | $10^4$ | |
| 绿 | 5 | 5 | $10^5$ | ±0.5% |
| 蓝 | 6 | 6 | $10^6$ | ±0.25% |
| 紫 | 7 | 7 | $10^7$ | ±0.1% |
| 灰 | 8 | 8 | $10^8$ | |
| 白 | 9 | 9 | $10^9$ | -20%~+50% |
| 金 | | | $10^{-1}$ | ±5% |
| 银 | | | $10^{-2}$ | ±10% |
| 无色 | | | | ±20% |

图 1-15 标称值的色环表示法

如果色环电阻器用五环表示，则前面三环数字是有效数字，第四环是 10 的倍幂，第五环是色环电阻器的误差范围。

③ 文字符号法。

文字符号法是将元件的标称值与允许偏差用阿拉伯数字和文字符号组合起来标志在元器件上，注意常用电阻器的单位符号"R"作为小数点的位置标志。例如：R56 = 0.56，1R5 = 1.5。

④ 数码表示法。

数码表示法同色环电阻器，若第三位为 1，则为几百几千欧姆；若为 2，则为几点几千欧姆；若为 3，则为几十几千欧姆。

(2) 贴片电阻器的识别方法。

贴片元件具有体积小、质量轻、安装密度高、抗震性强、抗干扰能力强、高频特性好等优点，广泛应用于计算机、手机、电子词典、医疗电子产品、摄录机、电子电度表及 VCD 机等。贴片元件与一般元器件的标称方法有所不同，下面主要介绍片状电阻器的阻值标称法。片状电阻器的阻值和一般电阻器一样，在电阻体上标明，共有三种阻值标称法，但标称

方法与一般电阻器不完全一样。

① 数字索位标称法（一般矩形片状电阻采用这种标称法）。

数字索位标称法就是在电阻体上用三位数字来标明其阻值。它的第一位和第二位为有效数字，第三位表示在有效数字后面所加"0"的个数，这一位不会出现字母。

例如："472"表示"4 700 Ω"；"151"表示"150 Ω"。

如果是小数，则用"R"表示"小数点"，并占用一位有效数字，其余两位是有效数字。

例如："2R4"表示"2.4 Ω"；"R15"表示"0.15 Ω"。

② 色环标称法（一般圆柱形固定电阻器采用这种标称法）。

贴片电阻器与一般电阻器一样，大多采用四环（有时三环）标明其阻值。第一环和第二环是有效数字，第三环是倍率（色环代码如表1）。

例如："棕绿黑"表示"15 Ω"；"蓝灰橙银"表示"68 kΩ"，误差±10%。

③ 数字法。

由于贴片电阻器的阻值比较小，故很少被标上阻值，即使有，一般也采用数字法，即：

101——表示 $10×10^1$ Ω，即 100 Ω 的电阻；

102——表示 $10×10^2$ Ω，即 1 kΩ 的电阻；

103——表示 $10×10^3$ Ω，即 10 kΩ 的电阻；

104——表示 $10×10^4$ Ω，即 100 kΩ 的电阻；

503——表示 $50×10^3$ Ω，即 50 kΩ 的电阻。

依次类推，如果一个电阻上标为 22×103，则这个电阻为 220 kΩ。

国产电阻器的型号由四部分组成（不适用敏感电阻）：

第一部分：主称，用字母表示，表示产品的名称。如 R 表示电阻，W 表示电位器。

第二部分：材料，用字母表示，表示电阻体用什么材料组成，即 T—碳膜、H—合成碳膜、S—有机实心、N—无机实心、J—金属膜、Y—氮化膜、C—沉积膜、I—玻璃釉膜、X—线绕。

第三部分：分类，一般用数字表示，个别类型用字母表示，表示产品属于什么类型，即 1—普通、2—普通、3—超高频、4—高阻、5—高温、6—精密、7—精密、8—高压、9—特殊、G—高功率、T—可调。

第四部分：序号，用数字表示，表示同类产品中不同品种，以区分产品的外形尺寸和性能指标等。例如：ＲＴ１１型普通碳膜电阻器。

电阻器的识别详见表 1-2。

### 3. 电阻器的检测

1）电阻器好坏的检测

（1）用指针万用表判定电阻的好坏：首先选择测量挡位，再将倍率挡旋钮置于适当的挡位，一般 100 Ω 以下的电阻器可选"R×1"挡，100 Ω～1 kΩ 的电阻器可选"R×10"挡，1～10 kΩ 的电阻器可选"R×100"挡，10～100 kΩ 的电阻器可选"R×1k"挡，100 kΩ 以上的电阻器可选"R×10k"挡。

（2）测量挡位选择确定后，对万用表电阻挡位进行校零，校零的方法是：将万用表两表笔金属棒短接，观察指针有无到零的位置，如果不在零位置，则调整调零旋钮表针指向电阻刻度的零位置。

（3）将万用表的两表笔分别和电阻器的两端相接，表针应指在相应的阻值刻度上，如果表针不动和指示不稳定或指示值与电阻器上的标示值相差很大,则说明该电阻器已损坏。

(4) 用数字万用表判定电阻的好坏:首先将万用表的挡位旋钮调到欧姆挡的适当挡位,一般 200 Ω 以下电阻器可选 200 Ω 挡, 200 Ω ~ 2 kΩ 电阻器可选 2 kΩ 挡, 2 ~ 20 kΩ 可选 20 kΩ 挡, 20 ~ 200 kΩ 的电阻器可选 200 kΩ 挡, 200 kΩ ~ 200 MΩ 的电阻器可选 2 MΩ 挡, 2 ~ 20 MΩ 的电阻器可选 20 MΩ 挡, 20 MΩ 以上的电阻器可选 200 MΩ 挡。

表 1-2 电阻器的识别

| 第一部分 || 第二部分 || 第三部分 || 第四部分 |
|---|---|---|---|---|---|---|
| 用字母表示主称 || 用字母表示材料 || 用数字或字母表示分类 || 用数字表示序号 |
| 符号 | 意义 | 符号 | 意义 | 符号 | 意义 | |
| R | 电阻器 | T | 碳膜 | 1 | 普通 | 主称、材料相同,仅性能指标、尺寸大小有差别,但基本不影响互换使用的元件,给予同一序号;若性能指标、尺寸大小明显影响互换使用,则在序号后面用大写字母作为区别代号 |
| ^ | ^ | P | 硼碳膜 | 2 | 普通 | ^ |
| ^ | ^ | U | 硅碳膜 | 3 | 超高频 | ^ |
| ^ | ^ | H | 合成碳膜 | 4 | 高阻 | ^ |
| ^ | ^ | I | 玻璃釉膜 | 5 | 高温 | ^ |
| ^ | ^ | J | 金属膜(箔) | 6 | 精密 | ^ |
| ^ | ^ | ^ | ^ | 7 | 精密 | ^ |
| ^ | ^ | Y | 氧化膜 | 8 | 电阻:高压<br>电位器:特殊 | ^ |
| W | 电位器 | S | 有机实芯 | 9 | 特殊 | ^ |
| ^ | ^ | N | 无机实芯 | G | 高功率 | ^ |
| ^ | ^ | X | 线绕 | T | 可调 | ^ |
| ^ | ^ | C | 沉积膜 | X | 电阻:小型 | ^ |
| ^ | ^ | ^ | ^ | L | 电阻:测量用 | ^ |
| ^ | ^ | G | 光敏 | W | 电位器:微调 | ^ |
| ^ | ^ | ^ | ^ | D | 电位器:多圈 | ^ |

2) 熔断电阻器的检测

在电路中,当熔断电阻器熔断开路后,可根据经验做出判断:若发现熔断电阻器表面发黑或烧焦,可断定是其负荷过重,通过它的电流超过额定值很多倍所致;如果其表面无任何痕迹而开路,则表明流过的电流刚好等于或稍大于其额定熔断值。对于表面无任何痕迹的熔断电阻器好坏的判断,可借助万用表"R×1"挡来测量,为保证测量准确,应将熔断电阻器一端从电路上焊下。若测得的阻值为无穷大,则说明此熔断电阻器已失效开路;若测得的阻值与标称值相差甚远,则表明电阻值偏离了标称值,也不宜再使用。在维修实践中发现,也有少数熔断电阻器在电路中被击穿短路的现象,检测时也应予以注意。

3) 电位器的检测

检查电位器时,首先要转动旋柄,看旋柄转动是否平滑,开关是否灵活,开关通、断时

"喀哒"声是否清脆,并听一听电位器内部接触点和电阻体摩擦的声音,如有"沙沙"声,则说明质量不好。用万用表测试时,先根据被测电位器阻值的大小,选择好万用表的合适电阻挡位,然后可按下述方法进行检测。

(1)用万用表的欧姆挡测"1""2"两端,其读数应为电位器的标称阻值,如万用表的指针不动或阻值相差很多,则表明该电位器已损坏。

(2)检测电位器的活动臂与电阻片的接触是否良好。用万用表的欧姆挡测"1""2"(或"2""3")两端,将电位器的转轴按逆时针方向旋至接近"关"的位置,此时电阻值越小越好。再顺时针慢慢旋转轴柄,电阻值应逐渐增大,表头中的指针应平稳移动。当轴柄旋至极端位置"3"时,阻值应接近电位器的标称值。如万用表的指针在电位器的轴柄转动过程中有跳动现象,则说明活动触点有接触不良的故障。

4)压敏电阻的检测

用万用表的"R×1k"挡测量压敏电阻两引脚之间正、反向绝缘电阻,均为无穷大,否则说明漏电流大。若所测电阻很小,则说明压敏电阻已损坏,不能使用。

### 1.2.2 电容器的认知与检测

**1. 电容元件的认知**

1)电容器主要功能

电容器是衡量导体储存电荷能力的元件,电容器容量的大小表示的就是其能储存电能的大小,电容对交流信号的阻碍作用称为容抗,它与交流信号的频率和电容量有关。电容的特性主要是隔直流通交流、通低频阻高频。

电容器的基本作用:隔直流,旁路,耦合,滤波,补偿,充放电,储能等。

电容器的主要功能:充电和放电。

(1)充电。

使电容器带电(储存电荷和电能)的过程称为充电,此时电容器的两个极板总是一个极板带正电,另一个极板带等量的负电。把电容器的一个极板接电源(如电池组)的正极,另一个极板接电源的负极,两个极板就分别带上了等量的异种电荷。充电后电容器的两极板之间就有了电场,充电过程即把从电源获得的电能储存在电容器中的过程。

(2)放电。

使充电后的电容器失去电荷(释放电荷和电能)的过程称为放电。例如,用一根导线把电容器的两极接通,两极上的电荷互相中和,电容器就会放出电荷和电能。放电后电容器两极板之间的电场消失,电能转化为其他形式的能。

在一般的电子电路中,常用电容器来实现旁路、耦合、滤波、振荡、相移以及波形变换等,这些作用都是其充电和放电功能的演变。

电容器在电路中的作用:在直流电路中,电容器是相当于断路的。电容器是一种能够储藏电荷的元件,也是最常用的电子元件之一。

最简单的电容器是由两端的极板和中间的绝缘电介质(包括空气)构成的。通电后,极板带电,形成电压(电势差),但是由于中间的绝缘物质,所以整个电容器是不导电的。不过,这种情况的前提条件是没有超过电容器的临界电压(击穿电压)。我们知道,任何物质都是相对绝缘的,当物质两端的电压加大到一定程度后,物质都是可以导电的,我们称这个电压叫击穿电压。电容也不例外，电容被击穿后，就不是绝缘体了。不过在本书中所讲到的电容都是在击穿电压以下工作的，可以被当作绝缘体看。但是，在交流电路中，因为电流的方向是随时间成一定的函数关系变化的，而电容器充放电的过程是有时间的，此时就会在极板间形成变化的电场，而这个电场也是随时间变化的函数。实际上，电流是通过场的形式在电容器间通过的。

（3）旁路。

旁路电容是为本地器件提供能量的储能器件，它能使稳压器的输出均匀化，降低负载需求，就像小型可充电电池一样，旁路电容能够被充电，并向器件进行放电。为尽量减少阻抗，旁路电容要尽量靠近负载器件的供电电源管脚和地管脚，这能够很好地防止输入值过大而导致的地电位抬高和噪声。地电位是地连接处在通过大电流毛刺时的电压降。

（4）去耦。

去耦，又称解耦。从电路来说，总是可以区分为驱动的源和被驱动的负载。如果负载电容比较大，则驱动电路要把电容充电、放电，才能完成信号的跳变。当上升沿比较陡峭时，电流比较大，驱动的电流就会吸收很大的电源电流，由于电路中存在电感、电阻（特别是芯片管脚上的电感，会产生反弹），故这种电流相对于正常情况来说实际上就是一种干扰，会影响前级的正常工作，这就是所谓的"耦合"。

去耦电容实际上起到一个"电池"的作用，其满足驱动电路电流的变化，避免相互间的耦合干扰，可在电路中进一步减小电源与参考地之间的高频干扰阻抗。

若将旁路电容和去耦电容结合起来，则将更容易理解。旁路电容实际也是去耦合的，只是旁路电容一般是指高频旁路，也就是给高频的开关噪声提供一条低阻抗的泄放途径。高频旁路电容的容量一般比较小，根据谐振频率一般取 0.1 μF、0.01 μF 等；而去耦合电容的容量一般较大，可能是 10 μF 或者更大，通常依据电路中分布参数以及驱动电流的变化大小来确定。旁路是把输入信号中的干扰作为滤除对象，而去耦是把输出信号的干扰作为滤除对象，以防止干扰信号返回电源，这是它们的本质区别。

（5）滤波。

从理论上（即假设电容为纯电容）说，电容越大，阻抗越小，通过的频率也越高。但实际上超过 1 μF 的电容大多为电解电容，有很大的电感成分，所以频率高后阻抗反而会增大。有时会看到有一个电容量较大的电解电容并联了一个小电容，这时大电容通低频，小电容通高频。电容的作用就是通高阻低，通高频阻低频，电容越大，则低频越不容易通过，具体用在滤波中，即大电容（1 000 μF）滤低频，小电容（20 pF）滤高频。由于电容两端的电压不会发生突变，由此可知，信号频率越高，则衰减越大，故可很形象地说电容像个水塘，不会因几滴水的加入或蒸发而引起水量的变化，它把电压的变化转化为电流的变化，频率越高，峰值电流就越大，从而缓冲了电压。滤波就是充电、放电的过程。

（6）储能。

储能型电容器通过整流器收集电荷，并将存储的能量通过变换器引线传送至电源的输出端。通常电压额定值为 40～450 V DC、电容值为 10～220 000 μF 的铝电解电容器（如 EPCOS 公司的 B43504 或 B43505 系列以及 Yadacon 公司的 CD135、CD136 系列电容）较为常用。根据不同的电源要求，器件有时会采用串联、并联或其组合的形式，对于功率级超过 10 kW 的电源，通常采用体积较大的罐形螺旋端子电容器。

2) 电容的符号与单位

（1）电容符号：C，如图 1-16 所示。

**图 1-16 电容符号**

（2）电容单位：其基本单位为法拉，符号为 F。常用的单位还有微法（μF）、纳法（nF）、皮法（pF）（皮法又称微微法）等。它们的关系是：1 法拉（F）= 1 000 000 微法（μF），1 微法（μF）= 1 000 纳法（nF）= 1 000 000 皮法（pF）。

（3）电容器容量的标称：直标法、数字符号法、色标法和数学计数法。

（4）电感方向性：无方向。

3）电容器的种类

（1）按结构分三大类：固定电容器、可变电容器［见图 1-17（a）］和微调电容器［见图 1-17（b）］。

**图 1-17 可变电容器和微调电容器**
(a) 可变电容器；(b) 微调电容器

（2）按电解质分类：有机介质电容器、无机介质电容器、电解电容器［见图 1-18(f)］和空气介质电容器等。

（3）按用途分类：高频旁路电容器、低频旁路电容器、滤波电容器、调谐电容器、高频耦合电容器、低频耦合电容器、小型电容器。

（4）按制造材料的不同分类：瓷介电容器、涤纶电容器、钽质电容器，还有先进的聚丁烯电容器，等等。如图 1-18 所示。

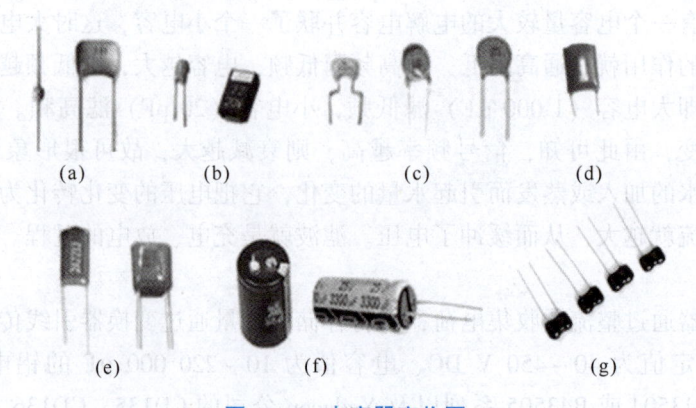

**图 1-18 电容器实物图**
(a) 独石电容器；(b) 钽质电容器；(c) 陶瓷电容器；(d) 涤纶电容器；
(e) 聚丁烯电容器；(f) 电解电容器；(g) 云母电容器

（5）按高低频可分类。

① 高频旁路：陶瓷电容器、云母电容器、玻璃膜电容器（见图1-19）、涤纶电容器、玻璃釉电容器。

② 低频旁路：纸介电容器（见图1-20）、陶瓷电容器、铝电解电容器、涤纶电容器。

图1-19 玻璃膜电容器

图1-20 纸介电容器

（6）滤波：铝电解电容器、纸介电容器、复合纸介电容器、液体钽电容器。

（7）调谐：陶瓷电容器、云母电容器、玻璃膜电容器、聚苯乙烯电容器。

（8）低耦合：纸介电容器、陶瓷电容器、铝电解电容器、涤纶电容器、固体钽电容器。

（9）小型电容：金属化纸介电容器、陶瓷电容器、铝电解电容器、聚苯乙烯电容器、固体钽电容器、玻璃釉电容器、金属化涤纶电容器、聚丙烯电容器、云母电容器。

（10）按封装形式分：直插式电容器、贴片式电容器（见图1-21）。

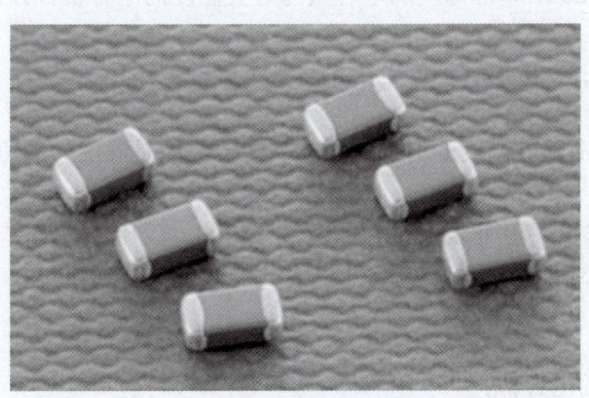

图1-21 贴片式电容器

4）电容器的主要技术指标

（1）标称电容量与允许误差。

标称电容量是标志在电容器上的电容量。

电容器的基本单位是法拉，简称法（F），但是这个单位太大，在实际标注中很少采用。

其他单位关系如下：

$$1\text{ F}=1\,000\text{ mF}, 1\text{ mF}=1\,000\text{ μF}$$
$$1\text{ μF}=1\,000\text{ nF}, 1\text{ nF}=1\,000\text{ pF}$$

电容器实际电容量与标称电容量的偏差称为误差，其允许的偏差范围称为精度。

精度等级与允许偏差对应关系：00（01）—±1%、0（02）—±2%、Ⅰ—±5%、Ⅱ—±10%、

Ⅲ—±20%、Ⅳ—（+20%~10%）、Ⅴ—（+50%~20%）、Ⅵ—（+50%~30%）。
一般电容器常用Ⅰ、Ⅱ、Ⅲ级，电解电容器用Ⅳ、Ⅴ、Ⅵ级，根据用途选取。

① 额定电压。

额定电压是指在最低环境温度和额定环境温度下可连续加在电容器的最高直流电压有效值，一般直接标注在电容器外壳上，如果工作电压超过电容器的耐压，则电容器将被击穿，造成不可修复的永久损坏。

② 绝缘电阻。

直流电压加在电容上，并产生漏电电流，两者之比称为绝缘电阻。

像陶瓷电容器、薄膜电容器，绝缘电阻越大越好；而对于铝电解电容器之类的，绝缘电阻越小越好。

电容器的时间常数：为恰当地评价大容量电容器的绝缘情况而引入了时间常数，它等于电容器的绝缘电阻与容量的乘积。

③ 损耗角正切。

在规定频率的正弦电压下，电容器的损耗功率除以电容器的无功功率为耗损角正切。在实际应用中，电容器并不是一个纯电容，其内部还有等效电阻。对于电子设备来说，要求等效电阻越小越好，也就是说要求损耗功率越小，其与电容的功率夹角越小。

电容器在电场作用下，在单位时间内因发热所消耗的能量叫作损耗。各类电容器都规定了其在某频率范围内的损耗允许值。电容器的损耗主要是由介质损耗、电导损耗和电容器所有金属部分的电阻所引起的。在直流电场的作用下，电容器的损耗以漏导损耗的形式存在，一般较小，在交变电场的作用下，电容器的损耗不仅与漏导有关，还与周期性的极化建立过程有关。

④ 温度特性。

温度特性通常以 20 ℃基准温度的电容量与有关温度的电容量百分比表示。

⑤ 频率特性。

随着频率的上升，一般电容器的电容量呈现下降的规律。

（2）使用寿命。

电容器的使用寿命随着温度的增加而减少，主要原因是温度会加速化学反应而使介质随时间而退化。

温度系数：在一定温度范围内，温度每变化 1 ℃，电容量的相对变化值。温度系数越小越好。

（3）平行板电容器电容计算公式。

$$C=\frac{\varepsilon S}{4\pi kd}$$

式中　$C$——电容器的电容值；

$\varepsilon$——电解介的介电常数，它是一个衡量材料存储电能能力的量；

$S$——电容器两个板之间的面积；

$k$——库仑常数，其值约为 $8.99\times10^9$ N·m²/C²。

这个公式表明，平行板电容器的电容值与电介质的介电常数和板面积成正比，与板间距离成反比。

### 2. 电容器的选用、识别与检测

1）电容器的选用

（1）根据电路要求选择电容器的类型。

对于要求不高的低频电路和直流电路，一般可选用纸介电容器，也可选用低频瓷介电容器。在高频电路中，当电气性能要求较高时，可选用云母电容器、高频瓷介电容器或穿心瓷介电容器。在要求较高的中频及低频电路中，可选用塑料薄膜电容器。在电源滤波、去耦电路中，一般可选用铝电解电容器。对于要求可靠性和稳定性高的电路，应选用云母电容器、漆膜电容器或钽电解电容器。对于高压电路，应选用高压瓷介电容器或其他类型的高压电容器。对于调谐电路，应选用可变电容器及微调电容器。

（2）合理确定电容器的电容量及允许偏差。

在低频的耦合及去耦电路中，一般对电容器的电容量要求不太严格，只要按计算值选取稍大一些的电容量即可。在定时电路、振荡回路及音调控制等电路中，对电容器的电容量要求较为严格，因此选取电容量的标称值应尽量与计算的电容量值相一致或接近，应尽量选精度高的电容器。在一些特殊的电路中，往往对电容器的电容量要求非常精确，此时应选用允许偏差在±0.1%～±0.5%内的高精度电容器。

（3）选用电容器的工作电压应符合电路要求。

一般情况下，选用电容器的额定电压应是实际工作电压的1.2～1.3倍。对于工作环境温度较高或稳定性较差的电路，选用电容器的额定电压应考虑降额使用，留有更大的余量才好。

若电容器所在电路中的工作电压高于电容器的额定电压，往往电容器极易发生击穿现象，使整个电路无法正常工作。

电容器的额定电压一般是指直流电压，若要用于交流电路，则应根据电容器的特性及规格选用；若要用于脉动电路，则应按交、直流分量总和不得超过电容器的额定电压来选用。

（4）优先选用绝缘电阻大、介质损耗小、漏电流小的电容器。

（5）应根据电容器工作环境选择电容器。电容器的性能参数与使用环境密切相关，因此在选用电容器时应注意：

① 在高温条件下使用的电容器，应选用耐高温的电容器；

② 在潮湿环境中工作的电容器，应选用抗湿性好的密封电容器；

③ 在低温条件下使用的电容器，应选用耐寒的电容器，这对电解电容器来说尤为重要，因为普通的电解电容器在低温条件下电解液会结冰而失效。

（6）选用电容器时应考虑安装现场的要求。

电容器的外形有很多种，选用时应根据实际情况选择电容器的形状及引脚尺寸。例如，作为高频旁路用的电容器，最好选用穿心式电容器，这样不但便于安装，又可兼作接线柱使用。

2）电容器的识别

（1）电容器容量的标示。

① 直标法。

用数字和单位符号直接标出，1 μF 表示 1 微法，有些电容用"R"表示小数点，如 R56 表示 0.56 μF。

② 文字符号法。

用数字和文字符号有规律的组合来表示容量，如 p10 表示 0.1 pF、1p0 表示 1 pF、6P8 表示 6.8 pF、2u2 表示 2.2 μF。

③ 色标法。

用色环或色点表示电容器的主要参数。电容器容量标示的色标法与电阻相同。

电容器偏差标志符号：0～100%——H、10%～100%——R、10%～50%——T、10%～30%——Q、20%～50%——S、20%～80%——Z。

④ 数学计数法。

如标值 272，容量就是 27×100 pF = 2 700 pF；如标值 473，即为 47×1 000 pF = 47 000 pF（后面的 2、3，都表示 10 的多少次方）；又如 332，即 33×100 pF = 3 300 pF。

(2) 电容器型号命名。

① 国产电容器的型号命名方法。

国产电容器的型号命名一般由四部分组成（不适用于压敏电容器、可变电容器和真空电容器），依次为名称、介质材料、类别和序号，如表1-3所示。

表1-3 国产电容器的命名方法

| 第一部分：名称 || 第二部分：介质材料 || 第三部分：类别 |||||  第四部分：序号 |
|---|---|---|---|---|---|---|---|---|---|
| 字母 | 含义 | 字母 | 含义 | 数字或字母 | 含义 ||||  |
| ^ | ^ | ^ | ^ | ^ | 瓷介电容器 | 云母电容器 | 有机电容器 | 电解电容器 | ^ |
| C | 电容器 | A | 钽电解 | 1 | 圆形 | 非密封 | 非密封 | 箔式 | 用数字表示序号，以区别电容器的外形尺寸及性能指标 |
| ^ | ^ | B | 聚苯乙烯等非极性有机薄膜（常在"B"后面再加一字母，以区分具体材料。例如"BB"为聚丙烯，"BF"为聚四氟乙烯） | 2 | 管形 | 非密封 | 非密封 | 箔式 | ^ |
| ^ | ^ | ^ | ^ | 3 | 叠片 | 密封 | 密封 | 烧结粉，非固体 | ^ |
| ^ | ^ | ^ | ^ | 4 | 独石 | 密封 | 密封 | 烧结粉，固体 | ^ |
| ^ | ^ | C | 高频陶瓷 | ^ | ^ | ^ | ^ | ^ | ^ |
| ^ | ^ | D | 铝电解 | 5 | 穿心 | — | 穿心 | — | ^ |
| ^ | ^ | E | 其他材料电解 | 6 | 支柱等 | — | — | — | ^ |
| ^ | ^ | G | 合金电解 | 7 | — | — | — | 无极性 | ^ |
| ^ | ^ | H | 复合介质 | ^ | ^ | ^ | ^ | ^ | ^ |
| ^ | ^ | I | 玻璃釉 | 8 | 高压 | 高压 | 高压 | — | ^ |
| ^ | ^ | J | 金属化纸 | ^ | ^ | ^ | ^ | ^ | ^ |
| ^ | ^ | L | 涤纶等极性有机薄膜（常在"L"后面再加一字母，以区分具体材料。例如："LS"为聚碳酸酯） | G | 高功率型 |||| ^ |
| ^ | ^ | ^ | ^ | T | 叠片式 |||| ^ |
| ^ | ^ | N | 铌电解 | W | 微调型 |||| ^ |
| ^ | ^ | O | 玻璃膜 | ^ | ^ |||| ^ |
| ^ | ^ | Q | 漆膜 | J | 金属化型 |||| ^ |
| ^ | ^ | T | 低频陶瓷 | ^ | ^ |||| ^ |
| ^ | ^ | V | 云母纸 | ^ | ^ |||| ^ |
| ^ | ^ | Y | 云母 | Y | 高压型 |||| ^ |
| ^ | ^ | Z | 纸介 | ^ | ^ |||| ^ |

第一部分：名称，用字母表示，电容器用 C。

第二部分：介质材料，用字母表示。

用字母表示产品的材料：A—钽电解、B—聚苯乙烯等非极性有机薄膜、C—高频陶瓷、D—铝电解、E—其他材料电解、G—合金电解、H—复合介质、I—玻璃釉、J—金属化纸、L—涤纶等极性有机薄膜、N—铌电解、O—玻璃膜、Q—漆膜、T—低频陶瓷、V—云母纸、Y—云母、Z—纸介。

第三部分：类别，一般用数字表示，也有个别用字母表示。

第四部分：序号，用数字表示，以区别电容器的外形尺寸及性能指标。

② 国外电容器的型号命名方法。

国外电容器的型号命名由六部分组成，各部分的含义见表 1-4。

a. 第一部分用字母表示电容器的类型。

b. 二部分用数字表示外形结构。

c. 第三部分用字母表示温度特性。

d. 第四部分用字母或数字表示耐压值。

e. 第五部分用数字表示标称容量。

f. 第六部分用字母表示允许偏差。

3）电容器的检测

（1）脱离线路时检测。

采用万用表"R×1k"挡，在检测前，先将电解电容的两根引脚相碰，以便放掉电容内残余的电荷。当表笔刚接通时，表针向右偏转一个角度，然后缓慢地向左回转，最后停下，表针停下来所指示的阻值即为该电容的漏电电阻，此阻值越大越好，最好接近无穷大。如果漏电电阻只有几十千欧，则说明这一电解电容漏电严重。

**注意：** 表针向右摆动的角度越大（表针还应该向左回摆），说明这一电解电容的电容量也越大，反之说明容量越小。

（2）线路上直接检测。

线路上直接检测主要是检测电容器是否存在已开路或已被击穿这两种明显故障，而对漏电故障由于受外电路的影响一般是测不准的。采用万用表"R×1"挡，电路断开后，先放掉残存在电容器内的电荷。测量时若表针向右偏转，则说明电解电容内部断路；如果表针向右偏转后所指示的阻值很小（接近短路），则说明电容器严重漏电或已被击穿；如果表针向右偏后无回转，但所指示的阻值不是很小，则说明电容器开路的可能性很大，应脱开电路后进一步检测。

（3）线路上通电状态时检测。

若怀疑电解电容只在通电状态下才存在击穿故障，则可以给电路通电，然后用万用表直流挡测量该电容器两端的直流电压，如果电压很低或为 0 V，则说明该电容器已被击穿。对于电解电容的正、负极标志不清楚的，必须先判别出它的正、负极，即对换万用表笔测两次，以漏电大（电阻值小）的一次为准，黑表笔所接一脚为负极，另一脚为正极。

（4）不同类型电容器的检测。

① 固定电容器的检测。

a. 检测 10 pF 以下的小电容，因 10 pF 以下的固定电容器容量太小，用万用表进行测量，只能定性地检查其是否有漏电、内部是否短路及是否存在击穿现象。测量时，可选用万用表"R×10k"挡，用两表笔分别任意接电容的两个引脚，阻值应为无穷大。若测出阻值（指针向右摆动）为零，则说明电容漏电损坏或内部被击穿。

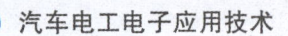

表 1-4 国外电容器的型号命名及含义

| 第一部分：类型 | | 第二部分：外形结构 | 第三部分：温度特性 | | 第四部分：耐压值 | | | | 第五部分：标称容量 | | | 第六部分：允许偏差 | |
|---|---|---|---|---|---|---|---|---|---|---|---|---|---|
| 字母 | 含义 | 数字 | 字母 | 含义 | 字母 | 含义 | | | 数字 | 含义 | | 字母 | 含义 |
| | | | | | | 0 | 1 | 2 | 3 | | 普通电容器 | 电解电容器 | | |
| CM<br>CB<br>DM | 云母电容器 | | A | +100<br>($10^{-6}$/℃) | A | 1 V | 10 V | 100 V | 1 000 V | 0R5 | 0.5 pF | 0.5 μF | G | ±30% |
| CC<br>CK<br>CKB | 瓷介电容器 | | B | +30<br>($10^{-6}$/℃) | B | 1.25 V | 12.5 V | 125 V | 1 250 V | 10 | 1 pF | 1 μF | H | ±60% |
| CE<br>CV<br>NDS | 铝电解电容器 | | C | 0 | C | 1.6 V | 16 V | 160 V | 1 600 V | 1R5 | 1.5 pF | 1.5 μF | J | ±120% |
| CS<br>CSR<br>NDS | 固体钽电解电容器 | 用数字表示的电容器外形结构 | H | −30<br>($10^{-6}$/℃) | D | 2 V | 20 V | 200 V | 2 000 V | 100 | 10 pF | 10 μF | K | ±250% |
| CL<br>CLR | 非固体钽电解电容器 | | L | −80<br>($10^{-6}$/℃) | E | 2.5 V | 25 V | 250 V | 2 500 V | 101 | 100 pF | 100 μF | — | — |
| CY<br>CYR | 玻璃釉电容器 | | P | −150<br>($10^{-6}$/℃) | F | 3.15 V | 31.5 V | 315 V | 3 150 V | 221 | 200 pF | 200 μF | — | — |
| CA<br>CN<br>CP | 纸介电容器 | | R | −220<br>($10^{-6}$/℃) | G | 4 V | 40 V | 400 V | 4 000 V | 103 | 0.01 μF | 10 000 μF | — | — |
| CH<br>CHR | 金属化纸介电容器 | | S | −330<br>($10^{-6}$/℃) | H | 5 V | 50 V | 500 V | 5 000 V | 333 | 0.03 μF | 33 000 μF | — | — |
| — | | | — | — | J | 6.3 V | 63 V | 630 V | 6 300 V | 104 | 0.1 μF | 100 000 μF | — | — |

b. 检测 10 pF～0.01 μF 固定电容器是否有充电现象，进而判断其好坏。选用万用表 "R×1k" 挡。两只三极管的 β 值均为 100 以上，且穿透电流可选用 3DG6 等型号硅三极管组成复合管。将万用表的红和黑表笔分别与复合管的发射极 e 和集电极 c 相接，由于复合三极管的放大作用，把被测电容的充放电过程予以放大，使万用表指针摆幅度加大，从而便于观察。应注意的是：在测试操作，特别是在测较小容量的电容时，要反复调换被测电容引脚接触 A、B 两点，才能明显地看到万用表指针的摆动。

c. 对于 0.01 μF 以上的固定电容，可用万用表的 "R×10k" 挡直接测试电容器有无充电过程以及有无内部短路或漏电，并可根据指针向右摆动的幅度大小估计出电容器的容量。

② 电解电容器的检测。

a. 因为电解电容的容量较一般固定电容大得多，所以在测量时，应针对不同容量选用合适的量程。根据经验，一般情况下，1～47 μF 的电容可用 "R×1k" 挡测量，大于 47 μF 的电容可用 "R×100" 挡测量。

b. 将万用表红表笔接负极、黑表笔接正极，在刚接触的瞬间，万用表指针即向右偏转较大偏度（对于同一电阻挡，容量越大，摆幅越大），接着逐渐向左回转，直到停在某一位置，此时的阻值便是电解电容的正向漏电阻，此值略大于反向漏电阻。实际使用经验表明，电解电容的漏电阻一般应在几百 kΩ 以上，否则将不能正常工作。在测试中，若正向、反向均无充电的现象，即表针不动，则说明容量消失或内部断路；如果所测阻值很小或为零，则说明电容漏电大或已被击穿损坏，不能再使用。

c. 对于正、负极标志不明的电解电容器，可利用上述测量漏电阻的方法加以判别，即先任意测一下漏电阻，记住其大小，然后交换表笔再测出一个阻值，两次测量中阻值大的那一次便是正向接法，即黑表笔接的是正极、红表笔接的是负极。

d. 使用万用表电阻挡，对电解电容进行正、反向充电，根据万用表指针向右摆动幅度的大小，可估测出电解电容的容量。

③ 可变电容器的检测。

a. 用手轻轻旋动转轴，应感觉十分平滑，不应感觉有时松时紧甚至卡滞现象。当将转轴向前、后、上、下、左、右各个方向推动时，转轴不应有松动的现象。

b. 用一只手旋动转轴，另一只手轻摸动片组的外缘，不应感觉有任何松脱现象。转轴与动片之间接触不良的可变电容器，是不能再继续使用的。

c. 将万用表置于 "R×10k" 挡，一只手将两个表笔分别接可变电容器的动片和定片的引出端，另一只手将转轴缓缓旋动几个来回，万用表指针都应在无穷大位置不动。在旋动转轴的过程中，如果指针有时指向零，则说明动片和定片之间存在短路点；如果碰到某一角度，万用表读数不为无穷大而是出现一定阻值，则说明可变电容器动片与定片之间存在漏电现象。

### 1.2.3 电感器的认知与检测

**1. 电感器的认知**

1）电感器的构成原理

电感器中用绝缘导线绕制的各种线圈称为电感，用导线绕成一匝或多匝以产生一定自感

量的电子元件常称电感线圈或简称线圈。为了增加电感量、提高品质因数（$Q$ 值）并缩小体积，常在线圈中插入磁芯。在高频电子设备中，印制在电路板上的一段特殊形状的铜皮也可以构成一个电感器，通常把这种电感器称为印制电感或微带线。在电子设备中，通常存在由许多磁环与连接电缆构成的电感器（电缆中的导线在磁环上绕几圈作为电感线圈），它是电子电路中常用的抗干扰元件，对于高频噪声有很好的屏蔽作用，故被称为吸收磁环，由于其通常使用铁氧体材料制成，所以又称铁氧体磁环（简称磁环）。

  电感器可由电导材料盘绕磁芯制成，典型的如铜线。此外，也可把磁芯去掉或者用铁磁性材料代替，比空气的磁导率高的磁芯材料可以把磁场更紧密地约束在电感元件周围，因而增大了电感。电感器有很多种，大多以外层瓷釉线圈环绕铁素体线轴制成，而有些防护电感器把线圈完全置于铁素体内。一些电感元件的芯可以调节，由此可以改变电感的大小。

  小值电感可以采用铺设螺旋轨迹的方法直接蚀刻在 PCB 板上。此外，小值电感也可采用与制造晶体管同样的工艺制造在集成电路中。在这些应用中，常用铝互连线作为传导材料。对应电感器的应用，不管采用何种方法，基于实际的情况限制，应用最多的还是一种叫作"旋转子"的电路，它用一个电容和主动元件表现出与电感元件相同的特性。用于隔离高频信号的电感元件通常由一根金属丝穿过磁柱或磁珠来构成。

  2）电感器的主要功能

  电感器是能够把电能转化为磁能而存储起来的元件，它以磁的形式储存电能，储存的电能大小可用下式表示：

$$W_L = \frac{Li^2}{2}$$

  可见，线圈电感量越大，流过的电流越大，储存的电能也就越多。

  电感器的基本作用：滤波、振荡、延迟、陷波等。

  电感器的特性：通直流、阻交流，即在电子线路中，电感线圈对交流有限流作用，它与电阻器或电容器能组成高通或低通滤波器、移相电路及谐振电路等；变压器可以进行交流耦合、变压、变流和阻抗变换等。

  电感器在电路中最常见的应用就是与电容器一起，组成 LC 滤波电路。我们已经知道，电容具有阻直流、通交流的功能，而电感则有通直流、阻交流的功能，如果把伴有许多干扰信号的直流电通过 LC 滤波电路，那么交流干扰信号将被电容变成热能消耗掉，而变得比较纯净的直流电流通过电感时，其中的交流干扰信号也被变成磁感和热能，频率较高的最容易被电感阻抗，这样就可以抑制较高频率的干扰信号。

  在线路板电源部分的电感一般是由线径非常粗的漆包线环绕在涂有各种颜色的圆形磁芯上，而且附近一般有几个高大的滤波铝电解电容，这二者组成的就是 LC 滤波电路。另外，线路板还大量采用蛇行线+贴片钽电容来组成 LC 电路，因为蛇行线在电路板上来回折行，故其也可以看作一个小电感。

  电感器的结构类似于变压器，但只有一个绕组。电感器具有一定的电感，它只阻止电流的变化。如果电感器中没有电流通过，则它阻止电流流过；如果有电流流过，则电路断开时它将试图维持电流不变。电感器又称扼流器、电抗器和动态电抗器。

电感是闭合回路的一种属性,即当通过闭合回路的电流发生改变时,会出现电动势来抵抗电流的改变,这种电感称为自感,其是闭合回路自己本身的属性。假设一个闭合回路的电流发生改变,则由于感应作用会产生电动势于另外一个闭合回路,这种电感称为互感。

3) 电感的符号与单位

电感的符号:L。

电感的单位:亨(H)、毫亨(mH)、微亨($\mu$H),1 H = $10^3$ mH = $10^6$ $\mu$H。

电感量的标称:直标式、色环标式、无标式。

电感的方向性:无方向。

检查电感好坏的方法:用电感测量仪测量其电感量;用万用表测量其通断,理想的电感电阻很小,近乎为零。

4) 电感器种类

(1) 小型固定电感器。

小型固定电感器通常是用漆包线在磁芯上直接绕制而成,主要用在滤波、振荡、陷波、延迟等电路中,有密封式和非密封式两种封装形式,两种形式又都有立式和卧式两种外形结构。

① 立式密封固定电感器:立式密封固定电感器采用同向型引脚,国产的电感量为0.1~2 200 $\mu$H(直标在外壳上),额定工作电流为 0.05~1.6 A,误差为±5%~±10%;进口的电感量、电流量范围更大,误差则更小。进口的立式密封固定电感器有TDK系列色码电感器,其电感量用色点标在电感器表面。

② 卧式密封固定电感器:卧式密封固定电感器采用轴向型引脚,国产的有LG1、LGA、LGX 等系列。

a. LG1 系列电感器的电感量为 0.1~22 000 $\mu$H(直标在外壳上)。

b. LGA 系列电感器采用超小型结构,外形与 1/2W 色环电阻器相似,其电感量为 0.22~100 $\mu$H(用色环标在外壳上),额定电流为 0.09~0.4 A。

c. LGX 系列电感器也为小型封装结构,其电感量为 0.1~10 000 $\mu$H,额定电流分为 50 mA、150 mA、300 mA 和 1.6 A 四种规格。

(2) 可调电感器。

常用的可调电感器有半导体收音机用振荡线圈、电视机用行振荡线圈、行线性线圈、中频陷波线圈、音响用频率补偿线圈和阻波线圈等。

① 半导体收音机用振荡线圈:此振荡线圈在半导体收音机中与可变电容器等组成本机振荡电路,用来产生一个比输入调谐电路接收的电台信号高出 465 kHz 的本振信号。其外部为金属屏蔽罩,内部由尼龙衬架、工字形磁芯、磁帽及引脚座等构成,在工字形磁芯上有用高强度漆包线绕制的绕组。磁帽装在屏蔽罩内的尼龙架上,可以上下旋转,通过改变它与线圈的距离即可改变线圈的电感量。电视机中频陷波线圈的内部结构与振荡线圈相似,只是其通过磁帽可调节磁芯。

② 电视机用行振荡线圈:行振荡线圈用在早期的黑白电视机中,它与外围的阻容元件

及行振荡晶体管等组成自激振荡电路（三点式振荡器或间歇振荡器、多谐振荡器），用来产生频率为 15 625 Hz 的矩形脉冲电压信号。

该线圈的磁芯中心有方孔，行同步调节旋钮直接插入方孔内，旋动行同步调节旋钮即可改变磁芯与线圈之间的相对距离，从而改变线圈的电感量，使行振荡频率保持为 15 625 Hz，与自动频率控制电路（AFC）送入的行同步脉冲产生同步振荡。

③ 行线性线圈：行线性线圈是一种非线性磁饱和电感线圈（其电感量随着电流的增大而减小），它一般串联在行偏转线圈回路中，利用其磁饱和特性来补偿图像的线性畸变。

行线性线圈是用漆包线在工字形铁氧体高频磁芯或铁氧体磁棒上绕制而成的，线圈的旁边装有可调节的永久磁铁，通过改变永久磁铁与线圈的相对位置来改变线圈电感量的大小，从而达到线性补偿的目的。

(3) 阻流电感器。

阻流电感器是指在电路中用以阻塞交流电流通路的电感线圈，它分为高频阻流线圈和低频阻流线圈。

① 高频阻流线圈：高频阻流线圈也称高频扼流线圈，它用来阻止高频交流电流通过。

高频阻流线圈工作在高频电路中，多采用空心或铁氧体高频磁芯，骨架用陶瓷材料或塑料制成，线圈采用蜂房式分段绕制或多层平绕分段绕制。

② 低频阻流线圈：低频阻流线圈也称低频扼流圈，它应用于电流电路、音频电路或场输出电路等，作用是阻止低频交流电流通过。通常，将用在音频电路中的低频阻流线圈称为音频阻流线圈，将用在场输出电路中的低频阻流线圈称为场阻流线圈，将用在电流滤波电路中的低频阻流线圈称为滤波阻流线圈。低频阻流线圈一般采用 E 形硅钢片铁芯（又称矽钢片铁芯）、坡莫合金铁芯或铁淦氧磁芯。为防止通过较大直流电流引起磁饱和，安装时在铁芯中要留有适当空隙。

图 1-22 所示为电感器实物。

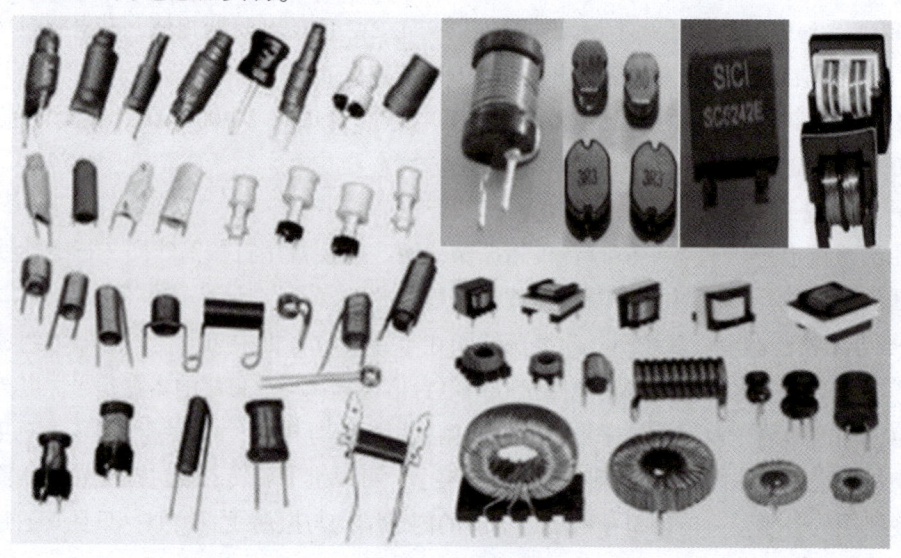

**图 1-22 电感器实物**

① 工字形电感器，如图 1-23 所示。

a. 特性。
- 储存高；
- 损耗小；
- 价格低。

b. 用途。
- 微波消除，RF 滤波；
- 输出扼流；
- EMI/RFI 滤波；
- 用于电脑、显示器、彩电及各种电子设备等。

② 棒状线圈，如图 1-24 所示。

a. 特性。
- 输出电流大；
- 价格低；
- 结构坚实。

b. 用途。
- 微波消除；
- 输出扼流；
- EMI/RFI 滤波；
- 用于各类电子电路和电子设备等。

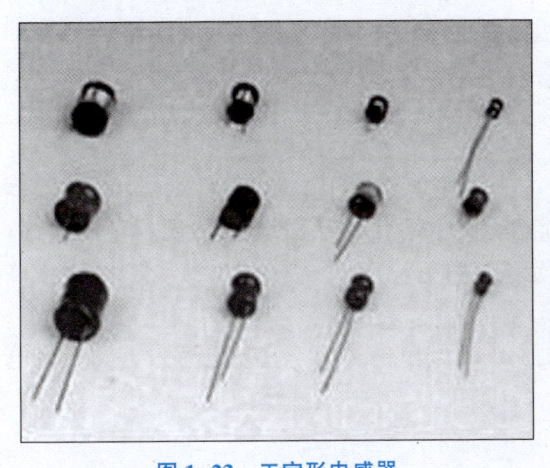

图 1-23　工字形电感器　　　　图 1-24　棒状线圈

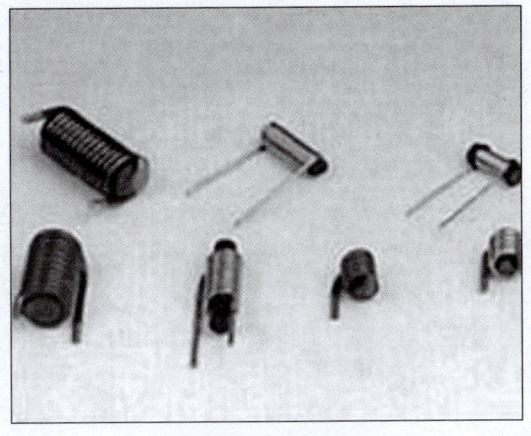

③ "尖波杀手" 电感器，如图 1-25 所示。

a. 特性。
- 高效率；
- 低温升；
- 很好的饱和特性；
- 抑制尖波能力强。

b. 用途。
- 开关电源的微波抑制；
- 电子电路中二极管的恢复特性补偿。

④ 电流感测器，如图 1-26 所示。

a. 特性。
- 感应灵敏度高；
- 绝缘性能好。

b. 用途。
- 电流传感；
- 常用于电子控制系统和电子设备等；
- 利用电感的特性：变压器、继电器等。

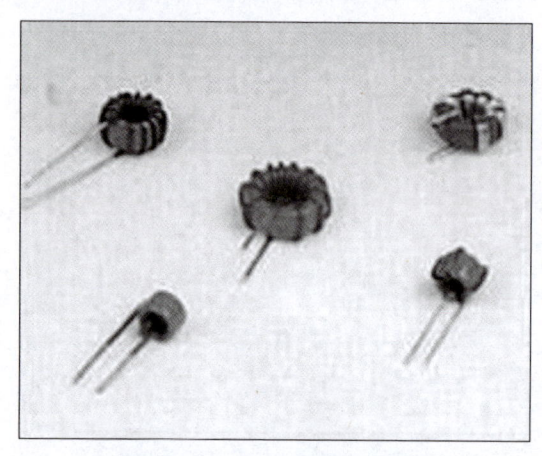

图 1-25 "尖波杀手" 电感器

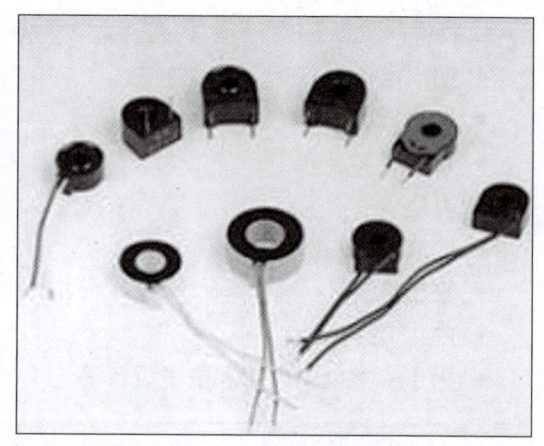

图 1-26 电流感测器

5）电感器的主要技术指标

（1）电感量 $L$。

电感量 $L$ 表示线圈本身的固有特性，与电流大小无关。除专门的电感线圈（色码电感）外，电感量一般不专门标注在线圈上，而以特定的名称标注。

（2）感抗 $X_L$。

电感线圈对交流电流阻碍作用的大小称为感抗 $X_L$，单位是 Ω。它与电感量 $L$ 和交流电频率 $f$ 的关系为

$$X_L = 2\pi f L$$

（3）品质因数 $Q$。

品质因数 $Q$ 是表示线圈质量的一个物理量，$Q$ 为感抗 $X_L$ 与其等效电阻的比值，即

$$Q = X_L / R$$

线圈的 $Q$ 值越高，回路的损耗越小。线圈的 $Q$ 值与导线的直流电阻、骨架的介质损耗、屏蔽罩或铁芯引起的损耗、高频趋肤效应的影响等因素有关。线圈的 $Q$ 值通常为几十到几百，采用磁芯线圈、多股粗线圈等均可提高线圈的 $Q$ 值。

（4）分布电容。

线圈的匝与匝间、线圈与屏蔽罩间、线圈与底板间存在的电容称为分布电容。分布电容

的存在使线圈的 $Q$ 值减小、稳定性变差，因而线圈的分布电容越小越好。采用分段绕法可减少分布电容。

（5）允许误差。

允许误差是指电感量实际值与标称值之差除以标称值所得的百分数。

（6）标称电流。

标称电流指线圈允许通过的电流大小，通常用字母 A、B、C、D、E 分别表示，标称电流值通常为 50 mA、150 mA、300 mA、700 mA、1 600 mA。

**2. 电感器的识别与检测**

1）电感器的选用

（1）频率计算，主要看其振荡回路电容值，根据公式计算。

（2）$Q$ 值计算，$Q$ 值要大。

（3）电流计算，根据输出功率和负载计算。

（4）体积选择，直流阻抗越小更好。

在选用电感器时，电流计算非常重要，如果一个电感承受电流超出范围，那它就没有感值，相当于一根导线。看电感器能否承受 1 A 的电流，最好是看它的体积，或通过样品进行电路测试，看其波形，通常到原厂看其电感测试后，再确认是否选用。

2）电感器的识别

（1）电感器电感量的标示。

① 直标法。

直标法是将电感器的标称电感量用数字和文字符号直接标在电感体上，电感量单位后面的字母表示偏差，如图 1-27 所示。

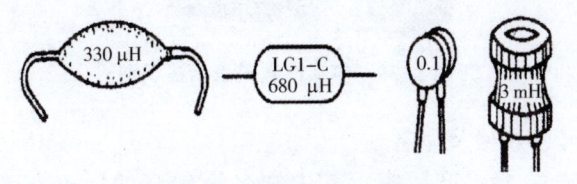

图 1-27　电感器直标法识别

② 文字符号法。

文字符号法是将电感器的标称值与偏差值用数字和文字符号按一定的规律组合标示在电感体上。当用 μH 作单位时，"R" 表示小数点；当用 "nH" 作单位时，"N" 表示小数点。如图 1-28 所示。

**注意：**采用文字符号法表示的电感通常是一些小功率电感，单位通常为 nH 或 μH。

图 1-28　电感器文字符号法识别

③ 色标法。

色标法是在电感器表面涂上不同的色环来代表电感量（与电阻类似），通常用三个或四个色环表示。在识别色环时，紧靠电感体一端的色环为第一环，露出电感体本色较多的另一端为末环。如图1-29所示。

**注意**：用这种方法读出的色环电感量，默认单位为微亨（μH）。

图1-29 电感器色标法识别

④ 数码表示法。

数码表示法是用三位数字来表示电感量的方法，常用于贴片电感器上。三位数字中，从左至右的第一、第二位为有效数字，第三位数字表示有效数字后面所加"0"的个数。如果电感量中有小数点，则用"R"表示，并占一位有效数字。例如：标示为"330"的电感为33×100=33（μH）。如图1-30所示。

**注意**：用这种方法读出的色环电感量，默认单位为微亨（μH）。

图1-30 电感器数码表示法识别

（2）电感器的型号、规格及命名。

国内外有众多的电感器生产厂家，其中知名度较高的厂家有SAMUNG、PHI、TDK、AVX、VISHAY、NEC、KEMET、ROHM等。

① 片状电感器。

电感量：10 nH～1 MH。

材料：铁氧体，绕线型，陶瓷叠层。

精度：J=±5%，K=±10%，M=±20%。

规格：0402、0603、0805、1008、1206、1210、1812，其中1008=2.5 mm×2.0 mm，1210=3.2 mm×2.5 mm。

个别示意图：贴片绕线电感器、贴片叠层电感器，如图1-31所示。

② 功率电感器。

电感量：1 nH～20 MH。

类型：带屏蔽、不带屏蔽。

规格：SMD43、SMD54、SMD73、SMD75、SMD104、SMD105；RH73、RH74、RH104R、RH105R、RH124；CD43、CD54、CD73、CD75、CD104、CD105。

个别示意图：贴片功率电感器和屏蔽式功率电感器，如图1-32所示。

(a)　　　　　　　　　　　　　(b)

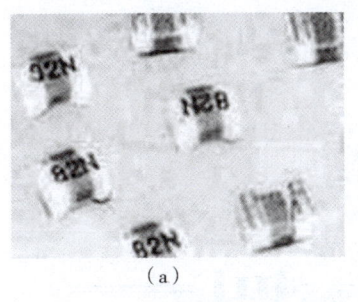

图 1-31　贴片绕线电感器和贴片叠层电感器

(a) 贴片绕线电感器；(b) 贴片叠层电感器

(a)　　　　　　　　　　　　　(b)

图 1-32　贴片功率电感器和屏蔽式功率电感器

(a) 贴片功率电感器；(b) 屏蔽式功率电感器

③ 片状磁珠。

类型：CBG（普通型），阻抗为 5 Ω~3 kΩ；CBH（大电流），阻抗为 30~120 Ω；CBY（尖峰型），阻抗为 5 Ω~2 kΩ。

个别示意图：贴片磁珠和贴片大电流磁珠，如图 1-33 所示。

(a)　　　　　　　　　　　　　(b)

图 1-33　贴片磁珠和贴片大电流磁珠

(a) 贴片磁珠；(b) 贴片大电流磁珠

规格：0402、0603、0805、1206、1210、1806（贴片磁珠）；SMB302520、SMB403025、SMB853025（贴片大电流磁珠）。

④ 插件磁珠。

规格：RH3.5×4.7×0.8，插件磁珠示意图如图 1-34 所示。

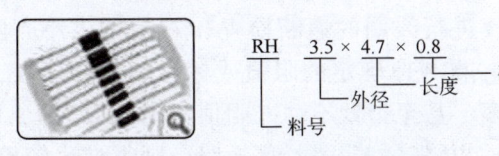

图 1-34　插件磁珠示意图

⑤ 色环电感器。

电感量：0.1 μH～22 MH。

规格：0204、0307、0410、0512。

色环电感器的读法同色环电阻的标示，如图1-35所示。

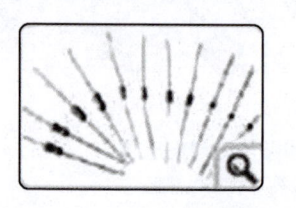

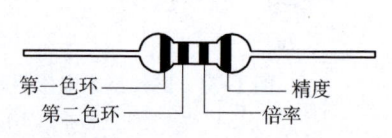

图1-35 色环电感器及读法

⑥ 豆形电感器。

电感量：0.1 μH～22 MH。

精度：J=±5%，K=±10%，M=±20%。

规格：0405、0606、0607、0909、0910。

⑦ 立式电感器。

电感量：0.1 μH～3 MH。

规格：PK0455、PK0608、PK0810、PK0912。

⑧ 轴向滤波电感器。

电感量：0.1 μH～10 mH。

额定电流：65 mA～10 A。

规格：LGC0410、LGC0513、LGC0616、LGC1019。

$Q$值高，价位一般较低，自谐振频率高。

⑨ 磁环电感器。

规格：TC3026/TC3726/TC4426/TC5026。

尺寸：3.25～15.88 mm。

⑩ 空气芯电感器。

空气芯电感器为了取得较大的电感值，往往要用较多的漆包线绕成，而为了减少电感器本身的线路电阻对直流电流的影响，要采用线径较粗的漆包线。但在一些体积较小的产品中，采用很重很大的空气芯电感器不太现实，不但会增加成本，而且限制了产品的体积。为了提高电感值而保持较轻的质量，可以在空气芯电感器中插入磁芯、铁芯，提高电感器的自感能力，借此提高电感值。目前，在计算机中，绝大部分是磁芯电感器。

3）电感器的检测

要想准确测量电感线圈的电感量$L$和品质因数$Q$，可以使用万能表。在选择和使用电感线圈时，首先要想到线圈的检查测量，然后去判断线圈的质量好坏和优劣。欲准确检测电感线圈的电感量和品质因数$Q$，一般均需要专门仪器，而且测试方法较为复杂。在实际工作中，一般不进行这种检测，仅进行线圈的通断检查和$Q$值的大小判断。可先利用万用表电阻挡测量线圈的直流电阻，再与原确定的阻值或标称阻值相比较，如果所测阻值比原确定阻值或标称阻值增大许多，甚至指针不动（阻值趋向无穷大），可判断线圈断线；若所测阻值极小，则判定是严重短路（如果是局部短路，则很难比较出来）。若出现这两种情况，则可以判定此线圈是坏的，不能用。如果检测电阻与原确定的或标称阻值相差不大，则可判定此线圈是好的。此时，我们就可以根据以下几种情况去判断线圈的质量，即 $Q$ 值的大小：线圈的电感量相同时，其直流电阻越小，$Q$ 值越高；所用导线的直径越大，其 $Q$ 值越大；当采用多股线绕制时，导线的股数越多，$Q$ 值越高；线圈骨架所用材料的损耗越小，其 $Q$ 值越高。

在电源滤波器中使用的低频阻流圈，其 $Q$ 值大小并不太重要，而电感量 $L$ 的大小却对滤波效果影响较大。要注意，低频阻流圈在使用时，多通过较大直流，为防止磁饱和，其铁芯要求顺插，使其具有较大气隙。为防止线圈与铁芯发生击穿现象，二者之间的绝缘应符合要求。所以，在使用前还应进行线圈与铁芯之间绝缘电阻的检测。

此外，使用具有电感挡的数字万用表来检测电感很方便。电感是否开路或局部短路，以及电感量的相对大小均可以用万用表做出粗略检测和判断。具体检测法如下：

（1）外观检查。

检测电感时应先进行外观检查，看其是否完好、线圈有无松散、磁性有无缺损、有无裂缝、金属部分有无腐蚀氧化、引脚有无折断、标志是否完整清晰、接线有无断裂和折伤等，以及线圈是否烧毁或外壳是否烧焦，若有上述现象，则表明电感已损坏。

（2）万用表电阻法检测。

用万用表的欧姆挡测线圈的直流电阻。电感的直流电阻值一般很小，匝数多、线径细的线圈能达几十欧姆；对于有抽头的线圈，各引脚之间的阻值均很小，仅有几欧姆。若用万用表"R×1"挡测线圈的直流电阻，若阻值无穷大，则说明线圈（或与引出线间）已经开路损坏；若阻值比正常值小很多，则说明有局部短路；若阻值为零，则说明线圈完全短路。如图1-36所示。

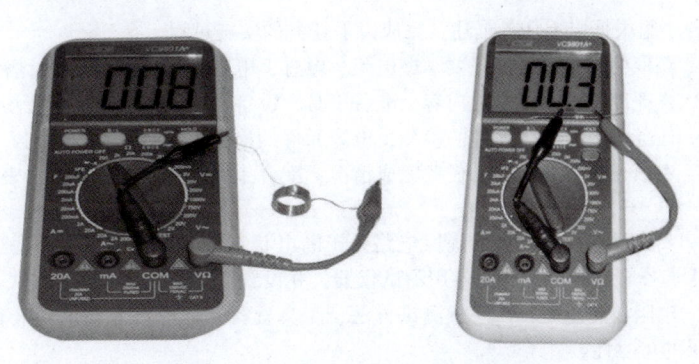

图 1-36 万用表电阻法检测示意图

（3）万用表电压法检测。

万用表电压法检测实际上是利用万用表测量电感量。以 MF50 型万用表为例进行检测，万用表的刻度盘上有交流电压与电感量相对应的刻度，如图1-37所示。

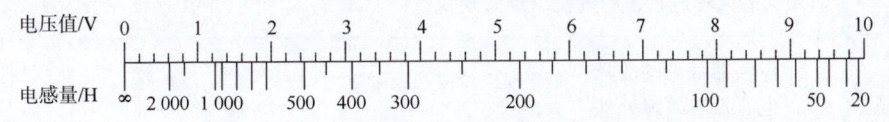

图 1-37 交流电压与电感量相对应的刻度

① 选择量程：把万用表转换开关置于交流 10 V 挡。

② 配接交流电源：准备一只调压型或输出 10 V 的电源变压器，然后按图 1-38 所示的方法进行连接测量。

③ 测量与读数：交流电源、电容器、万用表串联成闭合回路，上电后进行测量，待表针稳定后即可读数。

万用表电压法检测示意图如图 1-38 所示。

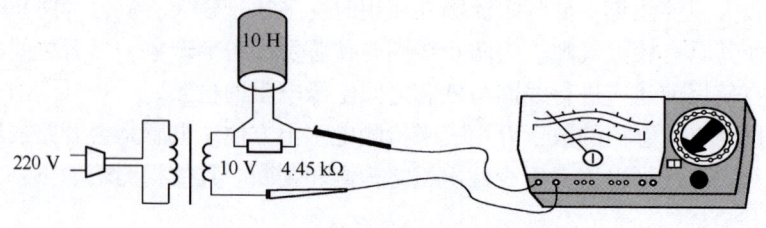

图 1-38　万用表电压法检测示意图

### 任务实施

| 任务场景 | 电工电子实训室 |
|---|---|
| 任务分组 | 在任务实施过程中，采取分组的方式进行，每 3~5 人一组，通过自荐或推荐的方式选出组长，负责本组任务实施的组织工作，实施过程中小组成员要互相帮助，共同完成任务 |
| 实施过程 | 各小组根据以上任务描述，完成以下任务的实施过程。<br>1. 获取信息：操作前需要掌握电阻、电感、电容元件的相关知识，各组搜集相关资料。<br>2. 任务准备：明确任务内容，准备工具、设备及相关资料，做好现场防护。<br>3. 任务实施：电阻元件的检测、电容元件的检测、电感元件的检测。<br>4. 考核评价：各组展示任务完成情况，配合指导教师完成考核评价表 |
| 任务要求 | 1. 安全操作：在测量前确保电路处于断电状态，关闭电源。选择适当工具，根据测量需求选择合适的万用表或专用测试仪器，并设置正确的测量范围和模式。<br>2. 电阻器测量时，需注意测试方法、工具选择、环境条件和记录准确性，以确保测量结果的可靠性。<br>3. 电容器测量时，需注意选择合适的测量工具，确保电容已充分放电，并遵循安全操作规范，避免触电风险。<br>4. 电感器测量时需选对仪器、注意环境、稳定温度、缩短引线，并全面评估其各项特性。<br>5. 记录与报告：在整个检测过程中，需要做好详细记录，并在检测后编写检测报告，对发现的问题进行说明并提出维修建议 |
| 任务反思 | 1. 电阻器常见的故障。<br>2. 电容器的故障处理。<br>3. 电感器的主要技术指标 |

考核评价

| 序号 | 评价项目 | 评价指标 | 分值 | 自评（20%） | 互评（20%） | 师评（60%） | 合计 |
|---|---|---|---|---|---|---|---|
| 1 | 知识目标（25分） | 了解电阻器的主要功能、电阻的符号与单位、电阻器的种类、电阻器的主要技术指标 | 5 | | | | |
| | | 了解电容的符号与单位，电容器的种类，电容器的选用、识别和检测 | 10 | | | | |
| | | 掌握电感器的构成原理，电感器的主要功能，电感的符号与单位，电感器的种类，电感器的主要技术指标 | 10 | | | | |
| 2 | 能力目标（50分） | 认识电阻元件并了解它的名称和作用，熟知电阻元件的实物并与图形符号结合起来，学会电阻器的选用、识别、检测，掌握电阻器常见故障的处理方法 | 10 | | | | |
| | | 熟知电容元件并了解它的名称和作用，熟悉电容元件的实物并与图形符号结合起来，掌握电容器常见故障，掌握电容器常见故障的处理方法 | 10 | | | | |
| | | 认识电感元件并了解它的名称和作用，熟知电感元件的实物并与图形符号结合起来，学会电感器的选用、识别、检测，掌握电感器常见故障的处理方法 | 30 | | | | |
| 3 | 素质目标（25分） | 能够通过对电阻、电感、电容等电路基本元件的学习，理性地看待和分析电路现象 | 5 | | | | |
| | | 能够通过实验操作，使学生的实践能力和动手能力有所提高，并能够将理论知识应用于实际电路中 | 5 | | | | |
| | | 能够尝试新的电路设计思路和方法，增强其创新意识和创新精神 | 5 | | | | |
| | | 在实验操作过程中，注重安全用电，增强安全意识 | 5 | | | | |
| | | 能够将理论知识与实践相结合，不断提高自己的实践能力和创新能力 | 5 | | | | |
| | | 合计 | | | | | |
| | | 综合得分 | | | | | |

**拓展阅读**

陶行知先生当校长的时候，有一天看到一位男生用砖头砸同学，便将其制止并叫他到校长办公室去。当陶校长回到办公室时，男生已经等在那里了。

陶行知掏出一颗糖给这位同学："这是奖励你的，因为你比我先到办公室。"接着他又掏出一颗糖，说："这也是给你的，我不让你打同学，你立即住手了，说明你尊重我。"男生将信将疑地接过第二颗糖，陶先生又说道："据我了解，你打同学是因为他欺负女生，说明你很有正义感，我再奖励你一颗糖。"

## 1.3 欧姆定律的认知与验证

### 任务导入

在电学的广袤领域中,有一个至关重要的定律,它如同电路中的指南针,为我们揭示了电流、电压和电阻之间的神秘关系。这个定律就是今天我们要深入学习和验证的——欧姆定律。

### 学习目标

**【知识目标】**

1. 理解欧姆定律的定义,知道它描述了电流、电压和电阻之间的基本关系。
2. 准确地记住并理解欧姆定律的数学表达式($I=U/R$),明白其中各符号代表的物理量及其单位。
3. 理解欧姆定律主要适用于金属导电和电解液导电,对于气体导电、半导体导电等情况,欧姆定律可能不成立。
4. 了解如何通过欧姆定律来分析和解决实际问题。

**【能力目标】**

1. 通过实验操作,学生能够熟练使用电流表、电压表等仪器,正确测量电路中的电流和电压,并根据测量数据验证欧姆定律。
2. 能够根据实验数据进行分析和归纳,得出合理的结论,并解释结论与欧姆定律的关系。
3. 能够运用所学知识进行分析和判断,提出合理的解决方案。

**【素质目标】**

1. 通过对欧姆定律的学习,学生能够用科学的眼光来看待和解释电学现象,树立科学的世界观和方法论。
2. 通过实践来验证和巩固所学知识,培养实践精神和探索精神,提高其实践能力。
3. 在理解欧姆定律的基础上,学生能够思考并探索新的电学现象和规律,提高其创新意识和创新能力。
4. 在实验中,强调安全用电的重要性,学生能够增加安全意识和自我保护能力。

### 知识准备

#### 1.3.1 欧姆定律的认知

1826年,德国科学家欧姆在实验中得到了导体电流、电压与电阻的关系,即欧姆定律。

欧姆定律在解决各种电路及相关实际问题中有着广泛的应用，是进一步学习电学知识和分析电路的基础。

**1. 定律定义**

常见简述：在同一电路中，通过某一导体的电流与这段导体两端的电压成正比，与这段导体的电阻成反比，这就是欧姆定律。

**2. 欧姆定律内容**

1）部分电路欧姆定律

一定温度下，线性电阻元件两端的电压与流过其中的电流成正比。如图1-39所示的 bc 段是只有线性电阻元件的一段电路，bc 段两端的电压为 U，流过该段电路的电流为 I，如图1-39所示的电压 U 和电流 I 的方向均为实际方向，此时欧姆定律表示为

$$I = \frac{U}{R} \tag{1-1}$$

**注意**：公式中物理量的单位，I（电流）的单位是安培（A）；U（电压）的单位是伏特（V）；R（电阻）的单位是欧姆（Ω）。

2）全电路欧姆定律

如图1-39所示的 abcda 段电路构成了一个闭合电路，该闭合电路包括电源 E、导线、负载 R 等，称为全电路。电源中有电流流过时，会产生热量而消耗电能，可以将电源中消耗电能的部分等效成一个电阻 r，r 称为电源的内电阻。全电路欧姆定律表示为

$$I = \frac{E}{R+r} \tag{1-2}$$

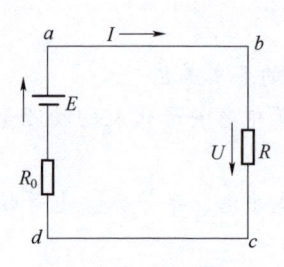

图1-39 简单电路

**3. 负载的串联与并联**

1）负载的串联

负载的串联是把负载一个接一个地依次首尾连接起来，如图1-40所示。负载串联时，电流只有一条通路，流经各个负载的电流 I 相同，则各负载电阻两端的电压分别为

$$U_1 = IR_1, U_2 = IR_2, U_3 = IR_3 \tag{1-3}$$

图1-40 电阻的串联

电源的总电压等于各负载电阻两端电压之和，即

$$U = U_1 + U_2 + U_3 \tag{1-4}$$

串联电路的总电阻为

$$R = R_1 + R_2 + R_3 \tag{1-5}$$

式（1-5）说明：串联电路的总电阻等于各串联电阻之和。将式（1-4）两边同时乘以电流 I，则得

$$P = UI = U_1I + U_2I + U_3I = P_1 + P_2 + P_3 \tag{1-6}$$

式（1-6）说明：串联电路的总电功率等于各串联电阻的电功率之和。

2) 负载的并联

负载的并联是把几个负载并列地连接起来，如图 1-41 所示。

负载并联时，电路中每个负载电阻都直接承受电源电压，即每个负载电阻两端的电压是相等的，都等于电源电压。此时，各负载电阻中的电流分别为

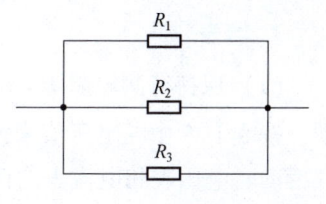

图 1-41 负载的并联

$$I_1 = \frac{U}{R_1}, \quad I_2 = \frac{U}{R_2}, \quad I_3 = \frac{U}{R_3} \tag{1-7}$$

电源输出的总电流等于流过各负载的电流之和，即

$$I = I_1 + I_2 + I_3 \tag{1-8}$$

并联电路的总电阻为

$$R = \frac{U}{I} = \frac{U}{I_1 + I_2 + I_3} \tag{1-9}$$

整理可得

$$\frac{1}{R} = \frac{1}{R_1} + \frac{1}{R_2} + \frac{1}{R_3} \tag{1-10}$$

式（1-10）说明：并联电路的总电阻的倒数等于各并联电阻的倒数之和。根据上述公式可得

$$P = UI = UI_1 + UI_2 + UI_3 = P_1 + P_2 + P_3 \tag{1-11}$$

式（1-11）说明：并联电路的总电功率等于各并联电阻的电功率之和。

有一些电路既包括串联又包括并联，称为混联电路。对于混联电路的分析，只要按串联和并联的分析方法，一步一步地把电路化简，最后就可以求出总的等效电阻了。

### 1.3.2 欧姆定律的验证

**1. 实验设备**

（1）直流稳压电源，1 台，0~30 V 可调；1 组，+15 V 固定。

（2）万用表，1 只。

（3）电阻，5 只，100 Ω×1、200 Ω×1、310 Ω×1、470 Ω×1、1 kΩ×1。

**2. 实验电路**

指导学生按图 1-42 所示信号电路连接电路，检查无误后接通电源。

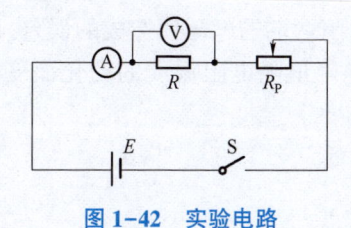

图 1-42 实验电路

**3. 填表**

（1）保持待测电阻 $R=1\ \text{k}\Omega$ 不变，通过改变滑动变阻器 $R_\text{p}$ 的阻值（为了测量、计算方便，按表 1-5 中的电压值来调整 $R_\text{p}$），从而改变 $R$ 两端的电压，分别读出每次滑动变阻器滑片滑动时电压表和电流表的读数，并记入表 1-5。

表 1-5　电压表和电流表的读数记录（一）

| 实验次数 | 1 | 2 | 3 | 4 | 5 |
| --- | --- | --- | --- | --- | --- |
| 电压/V | 3 | 6 | 9 | 12 | 15 |
| 电流/mA | | | | | |
| 电阻/Ω | | | | | |

比较实验数据，可知：_____。

（2）将待测电阻 $R$ 分别取表中各值，通过调节滑动变阻器 $R_\text{p}$ 的电阻，保持 $R$ 两端的电压不变，分别读出每次滑动变阻器滑片滑动时电压表和电流表的读数，并记入表 1-6。

表 1-6　电压表和电流表的读数记录（二）

| 实验次数 | 1 | 2 | 3 | 4 | 5 |
| --- | --- | --- | --- | --- | --- |
| 电阻/Ω | 100 | 200 | 310 | 470 | 1 000 |
| 电压/V | | | | | |
| 电流/mA | | | | | |

比较实验数据，可知：_____。

**4. 实训注意事项**

（1）实验所需的电压源，在开启电源开关前，应将电压源的输出细调旋钮调至最小，接通电源后，再根据需要缓慢调节。

（2）直流毫安表应与被测电路串联使用，并且要注意极性与量程的合理选择。

（3）在实验过程中，注意观察在电源和电阻变化时，直流毫安表的变化情况。

**5. 产生误差的原因**

（1）使用电流表和电压表时选择量程过大，造成读数误差较大。

（2）从电压表通过微量电流，导致电流表读数不为通过电阻的电流值，电流表起到分压作用，导致电压表读数不为电阻两端的电压而造成的误差（一般忽略不计）。

（3）由于电压的变化造成电阻值随电阻温度的变化而变化，故导致实验结果不符合欧姆定律。

## 任务实施

| 任务场景 | 电工电子实训室 |
|---|---|
| 任务分组 | 在任务实施过程中，采取分组的方式进行，每3~5人一组，通过自荐或推荐的方式选出组长，负责本组任务实施的组织工作，实施过程中小组成员要互相帮助，共同完成任务 |
| 实施过程 | 各小组根据以上任务描述，完成以下任务的实施过程。<br>1. 获取信息：操作前需要理解欧姆定律的定义，知道它描述的电流、电压和电阻之间的基本关系。准确地记住并理解欧姆定律的数学表达式（$I=U/R$），明白其中各符号代表的物理量及其单位等相关知识，各组搜集相关资料。<br>2. 任务准备：明确任务内容，准备工具、设备及相关资料，做好现场防护。<br>3. 任务实施：熟练使用电流表、电压表等仪器，正确测量电路中的电流和电压，并根据测量数据验证欧姆定律。根据实验数据进行分析和归纳，得出合理的结论，并解释结论与欧姆定律的关系。<br>4. 考核评价：各组展示任务完成情况，配合指导教师完成考核评价表 |
| 任务要求 | 1. 安全操作：在测量前选择适当工具，根据测量需求选择合适的万用表，并设置正确的测量范围和模式；在测量过程中，避免手指触摸导电部分，以防误操作导致触电事故；实验结束后，及时关闭电源，确保电路处于安全状态。<br>2. 实验前准备：检查万用表状态，在实验前检查万用表的旋钮、插孔和显示屏是否正常，避免使用损坏的仪器。<br>3. 连接电路：断电状态下操作，在连接电路之前，确保电源已关闭，防止电击和其他危险。正确连接引线：红色测量引线连接到万用表的"VΩ mA"插孔，黑色测量引线连接到"COM"插孔。<br>注意极性与量程：在测量电压和电流时，注意选择正确的极性和量程。<br>4. 测量过程，避免过载，在测量时，确保不超过万用表的额定最大值，防止过载导致仪器损坏。<br>测量电压时的注意事项：选择正确的电压测量模式（直流或交流），将红色测量引线连接到电路的正极，黑色测量引线连接到电路的负极。<br>测量电流时的注意事项：将万用表串联到电路中，切勿将测量引线直接连接到电源电流上，以防损坏仪器。同时，选择适当的电流测量范围。<br>测量电阻时的注意事项：在测量电阻之前，将电路断开，确保没有电流流过。<br>5. 记录与报告：在整个检测过程中，需要做好详细记录，并在检测后编写检测报告，对发现的问题进行说明并提出维修建议 |
| 任务反思 | 1. 电阻串联电路的特点。<br>2. 电阻并联电路的特点。<br>3. 测量过程中产生误差的原因 |

## 考核评价

| 序号 | 评价项目 | 评价指标 | 分值 | 自评（20%） | 互评（20%） | 师评（60%） | 合计 |
|---|---|---|---|---|---|---|---|
| 1 | 知识目标（30分） | 能理解欧姆定律的定义，知道它描述了电流、电压和电阻之间的基本关系 | 5 | | | | |
| | | 能准确地记住并理解欧姆定律的数学表达式（$I=U/R$），明白其中各符号代表的物理量及其单位 | 10 | | | | |
| | | 能理解欧姆定律，了解如何通过欧姆定律来分析和解决实际问题 | 15 | | | | |
| 2 | 能力目标（50分） | 能通过实验操作，正确测量电路中的电流和电压，并根据测量数据验证欧姆定律 | 10 | | | | |
| | | 能够根据实验数据进行分析和归纳，得出合理的结论，并解释结论与欧姆定律的关系 | 10 | | | | |
| | | 能够运用所学知识进行分析和判断，提出合理的解决方案 | 30 | | | | |
| 3 | 素质目标（20分） | 能通过对欧姆定律的学习，树立科学的世界观和方法论 | 5 | | | | |
| | | 具有实践精神、探索精神及实践能力 | 5 | | | | |
| | | 具备创新意识和创新能力 | 5 | | | | |
| | | 具备较强的安全意识和责任心 | 5 | | | | |

## 拓展阅读

有人用玻璃把一条蛇和一只青蛙在水池里隔开。开始时，蛇要吃青蛙，它一次次冲向青蛙，却一次次撞到了玻璃隔板上，它吃不着。

过了一会儿，蛇放弃了努力，不再朝青蛙冲去。当玻璃隔板被抽掉之后，蛇也不再尝试去吃青蛙了。

其实获得成功的方法很简单，别因一时的失败失去信心就可以了。

人生路上，各种各样的障碍无处不在，克服障碍难免要经历失败和困苦，屡败屡战坚持下去的是胜利者，屡战屡败最终放弃的成了失败者。

## 1.4　基尔霍夫定律的认知与验证

### 任务导入

在复杂纷扰的电路中,电流与电压似乎遵循着某种神秘而有序的法则,这些法则如同自然界的规律一样,是我们理解和掌控电路运行的关键。今天,我们将一起探索电路分析中的一个重要基石——基尔霍夫定律。

### 学习目标

【知识目标】

1. 能够理解基尔霍夫定律(包括基尔霍夫电流定律 KCL 和基尔霍夫电压定律 KVL)的定义,知道它们分别描述了电路中电流和电压的守恒关系。

2. 能够准确地记住并理解基尔霍夫定律的数学表达式,包括电流定律的节点电流方程和电压定律的回路电压方程。

3. 了解基尔霍夫定律在复杂电路分析、故障检测、电路设计和优化等方面的应用,并知道如何利用基尔霍夫定律简化电路分析过程。

【能力目标】

1. 能够运用基尔霍夫定律对给定的电路进行节点和回路分析,列出并求解节点电流方程和回路电压方程,得出电路中各支路的电流和电压。

2. 能够熟练使用电路实验设备,如万用表、示波器等,搭建和测试电路,收集实验数据,并通过实验验证基尔霍夫定律的正确性。

3. 能够根据实验数据进行分析和整理,验证基尔霍夫定律的适用性,并解释实验结果与理论预测之间的差异。

4. 能够运用基尔霍夫定律进行问题分析、建模和求解,提出合理的解决方案。

【素质目标】

1. 通过对基尔霍夫定律的学习,学生能够用科学的眼光看待和解释电路现象,理解电路分析在电子工程中的重要性。

2. 学生通过实验操作来验证和巩固所学知识,提高其实践能力。

3. 在电路分析和实验过程中,学生应能够与他人合作,共同完成学习任务,并在团队合作中培养沟通和协调能力。

4. 在理解基尔霍夫定律的基础上,学生能思考并探索新的电路分析方法和应用,提高其创新意识和创新能力。

### 知识准备

#### 1.4.1 基尔霍夫定律的认知

**1. 基本名词**

（1）支路：在电路中通过同一电流的分支电路称为支路。在图1-45所示的电路中，有三条支路，分别是 $I_1$、$I_2$ 和 $I_3$ 流过的支路。

（2）节点：有三条或三条以上支路的连接点称为节点。在图1-43所示的电路中，有 $b$、$e$ 两个节点。

（3）回路：闭合的电路称为回路。回路可由一条或多条支路组成。在图1-43所示的电路中，有 $abcdef$、$abef$ 和 $bcde$ 三个回路。

（4）网孔：只含一个闭合回路的电路称为网孔。在图1-45所示的电路中，有两个网孔，即 $abef$ 和 $bcde$。

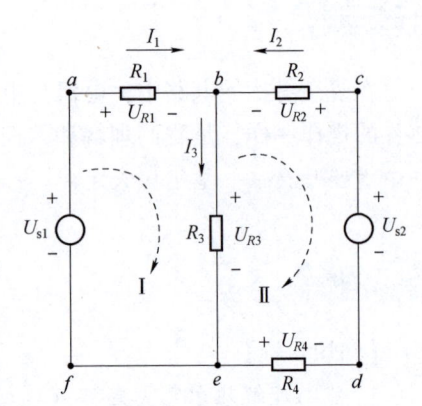

图 1-43 电路名词示意图

**2. 基尔霍夫电流定律（KCL）**

在任一时刻，流出（或流入）集中参数电路中任一可以分割开的独立部分的端子电流的代数和恒等于零，即

$$\Sigma I = 0 \text{ 或 } \Sigma I_入 = \Sigma I_出 \tag{1-12}$$

此时，若取流出节点的电流为正，则流入节点的电流为负。它反映了电流的连续性，说明了节点上各支路电流的约束关系，它与电路中元件的性质无关。

要验证基式电流定律，可选一电路节点，按图中的参考方向测定出各支路电流值，并约定流入或流出该节点的电流为正，将测得的各电流代入式（1-12），加以验证。

**3. 基尔霍夫电压定律（KVL）**

按约定的参考方向，在任一时刻，电路中任一回路上全部元件两端电压的代数和恒等于零，即

$$\Sigma U = 0 \tag{1-13}$$

它说明了电路中各段电压的约束关系，与电路中元件的性质无关。式（1-13）中，通常规定凡支路或元件电压的参考方向与回路绕行方向一致者取正号，反之取负号。

**4. 电压、电流的实际方向与参考方向的对应关系**

参考方向是为了分析、计算电路而人为设定的。实验中测量的电压、电流的实际方向，由电压表、电流表的"正"端所标明。在测量电压、电流时，若电压表、电流表的"正"端与参考方向的"正"方向一致，则该测量值为正值，否则为负值。如图1-44所示。

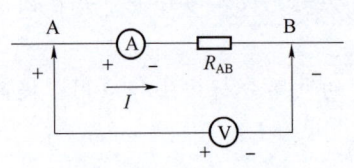

图 1-44 电压、电流的实际方向和参考方向

**5. 电位与电位差**

在电路中，电位的参考点选择不同，各节点的电位也

相应改变，但任意两节点间的电位差不变，即任意两点间电压与参考点电位的选择无关。

**6. 故障分析与检查排除**

1）实验中常见故障

（1）连线：连线错，接触不良，断路或短路。

（2）元件：元件错或元件值错，包括电源输出错。

（3）参考点：电源、实验电路、测试仪器之间公共参考点连接错误等。

2）故障检查

故障检查方法有很多，一般是根据故障类型确定部位，缩小范围，在小范围内逐点检查，最后找出故障点并给予排除。简单实用的方法是用万用表（电压挡或电阻挡）在通电或断电状态下检查电路故障。

（1）通电检查法：用万用表的电压挡（或电压表），在接通电源的情况下，根据实验原理，电路某两点应该有电压，而用万用表测不出电压；某两点不应该有电压，而用万用表测出了电压；所测电压值与电路原理不符，则故障即在此两点间。

（2）断电检查法：用万用表的电阻挡（或欧姆表），在断开电源情况下，根据实验原理，电路某两点应该导通无电阻（或电阻极小），但万用表测出开路（或电阻极大）；某两点应该开路（或电阻很大），但测得的结果为短路（或电阻极小），则故障即在此两点间。

### 1.4.2 基尔霍夫定律的验证

**1. 实验设备**

（1）直流稳压电源，1台，0~30 V可调；1组，+15 V固定。

（2）万用表，1台。

（3）电阻，4只，100 Ω×1、150 Ω×1、220 Ω×1、510 Ω×1。

（4）短接桥和连接导线若干。

（5）实验用9孔插件方板1块，297 mm×300 mm。

**2. 验证基尔霍夫定律（KCL 和 KVL）的实验电路（见图1-45）**

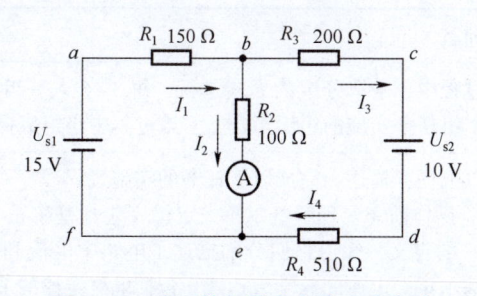

图1-45 验证基尔霍夫定律实验电路

**3. 基尔霍夫电流定律（KCL）的验证**

（1）按图1-45接线，$U_{s1}$、$U_{s2}$用直流稳压电源提供。

（2）用万用表（电流挡）依次测出电流 $I_1$、$I_2$、$I_3$（以节点 $b$ 为例），数据记入表1-7内。

（3）根据KCL定律式（1-12）计算 $\Sigma I$，将结果填入表1-7中，验证KCL。

表 1-7　验证 KCL 实验数据

| 节点 | $I_1$ | $I_2$ | $I_3$ | $\Sigma I$ |
|---|---|---|---|---|
| b |  |  |  |  |

### 4. 基尔霍夫电压定律（KVL）的验证

（1）按图 1-45 接线，$U_{s1}$、$U_{s2}$ 用直流稳压电源提供。

（2）用万用表的电压挡，依次测出回路 1（绕行方向：befa）和回路 2（绕行方向：bcde）中各支路电压值，数据记入表 1-8 内。

（3）根据 KVL 定律式（1-13），计算 $\Sigma U$，将结果填入表 1-8 中，验证 KVL。

表 1-8　验证 KVL 实验数据

| 回路 1 (befa) | $U_{be}$/V | $U_{ef}$/V | $U_{fa}$/V | $U_{ab}$/V | $\Sigma U$ |
|---|---|---|---|---|---|
|  |  |  |  |  |  |
| 回路 2 (bcde) | $U_{bc}$/V | $U_{cd}$/V | $U_{de}$/V | $U_{eb}$/V | $\Sigma U$ |
|  |  |  |  |  |  |

### 5. 注意事项

（1）使用指针式仪表时，要特别关注指针的偏转情况，及时调换表的极性，防止指针打弯或损坏仪表。

（2）验证 KCL、KVL 时，电压端的电压都要进行测量，实验中给定的已知量仅作为参考。

（3）测量电压、电位、电流时，不但要读出数值，还要判断实际方向，并与设定的参考方向进行比较，若不一致，则该数前加"-"号。

## 任务实施

| 任务场景 | 电工电子实训室 |
|---|---|
| 任务分组 | 在任务实施过程中，采取分组的方式进行，每 3~5 人一组，通过自荐或推荐的方式选出组长，负责本组任务实施的组织工作，实施过程中小组成员要互相帮助，共同完成任务 |
| 实施过程 | 各小组根据以上任务描述，完成以下任务的实施过程。<br>1. 获取信息：操作前需要理解基尔霍夫定律（包括基尔霍夫电流定律 KCL 和基尔霍夫电压定律 KVL）的定义，知道它们分别描述了电路中电流和电压的守恒关系，能够准确地记住并理解基尔霍夫定律的数学表达式，包括电流定律的节点电流方程和电压定律的回路电压方程等相关知识；各组搜集相关资料。<br>2. 任务准备：明确任务内容，准备工具、设备及相关资料，做好现场防护。<br>3. 任务实施：能够熟练使用电路实验设备，如万用表、示波器等，搭建和测试电路，收集实验数据，并通过实验验证基尔霍夫定律的正确性；能够根据实验数据进行分析和整理，验证基尔霍夫定律的适用性，并解释实验结果与理论预测之间的差异。<br>4. 考核评价：各组展示任务完成情况，配合指导教师完成考核评价表 |

续表

| | |
|---|---|
| 任务要求 | 1. 安全操作：在测量前选择适当工具，根据测量需求选择合适的万用表，并设置正确的测量范围和模式。在测量时，注意量程的选择、正负极的连接以及数据的准确记录。通过严格遵守这些安全操作注意事项，可以确保实验的顺利进行和结果的准确性。<br>2. 实验前准备：设备检查，确保万用表、电源、电阻等实验设备完好无损，特别是万用表的电池电量充足，以保证测量的准确性；设置参考方向，实验前，需明确并设定电路中各支路电流的参考方向。<br>3. 测量过程：<br>电源安全：使用稳定的直流电源，确保电源电压在万用表的测量范围内。定期检查电源连接是否牢固，避免电源端短路或接触不良。<br>万用表使用：正确连接万用表的正负极，确保测量值的准确性；选择适当的量程，避免超过万用表的测量范围导致设备损坏；在测量电流时，确保将万用表串联在电路中；在测量电压时，确保将万用表并联在电路两端。<br>测量操作：在测量电压时，将万用表的红表笔接在被测电压的正极，黑表笔接在被测电压的负极；在测量电流时，将万用表串联在待测支路中，注意电流的流向与万用表表笔的接入方向一致。<br>4. 数据处理：准确记录测量数据，包括电流、电压等参数；在数据处理时，注意单位换算和正负号的处理。<br>5. 记录与报告：在整个检测过程中，需要做好详细记录，整理实验数据，进行结果分析，验证基尔霍夫定律的正确性，在检测后编写检测报告，对发现的问题进行说明并提出维修建议 |
| 任务反思 | 1. 基尔霍夫电流定律的内容。<br>2. 基尔霍夫电压定律的内容。<br>3. 测量过程中的注意事项 |

## 考核评价

| 序号 | 评价项目 | 评价指标 | 分值 | 自评（20%） | 互评（20%） | 师评（60%） | 合计 |
|---|---|---|---|---|---|---|---|
| 1 | 知识目标（30分） | 能够运用基尔霍夫定律列方程，得出电路中各支路的电流和电压 | 5 | | | | |
| | | 能够熟练使用电路实验设备，能搭建和测试电路，收集实验数据，并通过实验验证基尔霍夫定律的正确性 | 10 | | | | |
| | | 能够根据实验数据进行分析和整理，验证基尔霍夫定律的适用性 | 15 | | | | |
| 2 | 能力目标（50分） | 能够熟练运用基尔霍夫定律 | 10 | | | | |
| | | 能够熟练使用电路实验设备 | 10 | | | | |
| | | 能够根据实验数据进行分析和整理 | 30 | | | | |

续表

| 序号 | 评价项目 | 评价指标 | 分值 | 自评（20%） | 互评（20%） | 师评（60%） | 合计 |
|---|---|---|---|---|---|---|---|
| 3 | 素质目标（20分） | 能够用科学的眼光看待和解释电路现象，理解电路分析在电子工程中的重要性 | 5 | | | | |
| | | 具备较强的实践能力 | 5 | | | | |
| | | 能够与他人合作共同完成学习任务，并在团队合作中培养沟通和协调能力 | 5 | | | | |
| | | 能够思考并探索新的电路分析方法和应用，提高其创新意识和创新能力 | 5 | | | | |

### 拓展阅读

在一片遥远的森林里，有一只小蜗牛，它每天都在为寻找食物而忙碌奔波。然而，由于它走得非常慢，其他动物们都嘲笑它。有一天，小蜗牛遇到了一只闪闪发光的萤火虫。萤火虫看着小蜗牛，温和地问："你为什么那么努力地工作呢？"小蜗牛回答："因为我想给自己和家人提供足够的食物。"萤火虫点了点头，表示赞同，并告诉小蜗牛："那你有没有想过借助他人的力量呢？"

小蜗牛想了想，觉得萤火虫的建议很有道理。于是，它开始与其他动物们合作，借助它们的力量来寻找食物。在合作的过程中，小蜗牛意识到自己的缺点，但同时也发现了其他动物的优点和帮助的重要性。它在这些互助合作中慢慢变得更加自信和坚强，并寻找到了更多的食物。

最后，小蜗牛非常感谢萤火虫的启示，它感慨道"通过与他人合作，我能够借助他们的力量来实现自己的目标，这比自己单打独斗要高效得多，也让我明白了互相帮助、合作共赢的真谛。"这个简短的小故事告诉我们，与他人合作、互相帮助是非常重要的，它能让我们更加强大和成功，也能让我们更加快乐和幸福。

# 模块 2　正弦交流电

## 模块简介

本模块旨在帮助学生深入理解正弦交流电的基本原理、特性及其在实际应用中的重要性，了解汽车交流发电机的结构、发电原理及检测。正弦交流电作为电力系统中最基本的电能形式，具有周期性变化的特点，其波形为正弦曲线。通过本模块的学习，学生能够掌握正弦交流电的基本概念、参数计算、波形分析以及在实际电路中的应用，掌握汽车交流发电机的发电原理、整流原理和调压原理。本模块将通过理论教学、实验操作和案例分析等多种方式进行讲解。

## 2.1　正弦交流电基本知识的认知

### 任务导入

正弦交流电是我们日常生活中不可或缺的电能形式。从家中的电灯、电视到工厂的机器设备，再到庞大的电网系统，正弦交流电都发挥着至关重要的作用。然而，要真正理解和利用这种电能，首先需要掌握其基本知识。在接下来的学习中，我们将一起探讨正弦交流电的基本概念、特性以及它在电路中的表现。我们将学习如何描述正弦交流电的波形、如何计算其关键参数，如电压有效值、电流有效值和功率因数等。同时，我们还将通过实验操作，亲自观察和感受正弦交流电的波形变化，加深对其特性的理解。

## 学习目标

【知识目标】
1. 掌握正弦交流电的三要素及其相量表示法。
2. 熟悉电阻、电感、电容在交流电路中的特性。
3. 掌握 RLC 串联电路，熟悉日光灯电路，了解各元件的作用。
4. 会组装日光灯电路，熟知白炽灯电路的工作原理。
5. 会组装白炽灯接线电路，了解双攻开关的结构和作用。

【能力目标】
1. 熟知正弦交流电的三要素及其相量表示法。
2. 熟悉三种基本电路元件在交流电路中体现的不同性质。
3. 能熟练运用电路的基本定律和分析方法对典型交流电路进行分析。
4. 能利用相关元器件搭建日光灯电路和白炽灯电路。

【素质目标】
1. 培养学生的科学精神和严谨态度，对正弦交流电的学习保持持续的好奇心和求知欲。
2. 增强学生的团队合作精神和沟通能力，共同完成正弦交流电的学习任务。
3. 加强学生的创新意识和实践能力，在正弦交流电的学习中积极探索、勇于创新。
4. 提高学生的职业素养和社会责任感，使学生能够认识到正弦交流电的重要作用。

## 知识准备

### 2.1.1 单向正弦交流电的认知

**1. 正弦交流电的三要素**

正弦交流电随时间按正弦规律变化，可用正弦函数或波形图表示，其任一瞬间的值称为瞬时值，通常以小写字母 $e$、$u$、$i$ 分别表示电动势、电压和电流的瞬时值。图 2-1 所示为某正弦交流电流的波形图，其瞬时值的函数表达式为

$$i = I_m \sin(\omega t + \phi) \tag{2-1}$$

由式（2-1）可见，电流（$i$）与时间（$t$）的关系由幅值（$I_m$）、角频率（$\omega$）和初相（$\phi$）决定。幅值、角频率、初相称为正弦交流电的三要素。

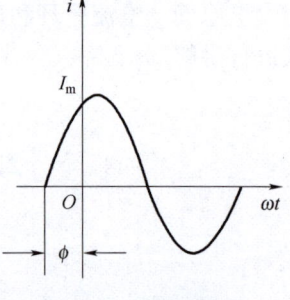

图 2-1 某正弦交流电流的波形图

1) 幅值与有效值

幅值是交流电瞬时值中的最大值，也称峰值，通常用大写字母加下标"m"表示，如 $E_m$、$U_m$、$I_m$ 等。

交流电的大小随时间变化，某一时刻的值难以作为衡量交流电大小的标准。由于电路的重要作用之一是能量的转换，所以其大小可以用交流电在一定时间内的热效应来衡量。让直流电流和交流电流分别通过阻值完全相同的电阻，如果在相同的时间内，两个电阻产生的热

量相等，就把这个直流电流的数值定义为交流电流的有效值。电动势、电压和电流的有效值分别用大写字母 $E$、$U$、$I$ 表示。

根据数学分析，正弦交流电的有效值与最大值的关系为

$$有效值 = \frac{最大值}{\sqrt{2}} \tag{2-2}$$

平时所说的交流电的大小及交流电压表、电流表的读数等，都是指有效值。

【例 2-1】 某同学为提高电路的功率因数，将一耐压为 280 V 的电压元件并接在交流电压为 220 V 的负载上。请问这种做法是否正确？

**解** 因为 220 V 正弦交流电的幅值为 311 V，超过了电容元件的 280 V 耐压值，电容元件可能被击穿，所以不能将该电容元件并接在 220 V 的负载上。

2）周期与频率

周期是正弦交流电重复变化一次所需要的时间，用字母 $T$ 表示，单位是秒（s）。正弦交流电每秒内变化的次数称为频率，用字母 $f$ 表示，单位是赫兹（Hz）。

频率和周期之间应满足以下关系：

$$f = \frac{1}{T} \tag{2-3}$$

我国和世界上大多数国家工业用电的标准频率，即工频是 50 Hz，它的周期是 0.02 s，也有少数国家（美国、日本等）的工频为 60 Hz。

正弦交流电的变化快慢除用周期和频率表示外，还可用角频率（$\omega$）来表示，角频率是交流电每秒变化的弧度数，单位是弧度/秒（rad/s）。

由于正弦交流电在一个周期（$T$）内，其电角度变化了 $2\pi$ 弧度，所以有

$$\omega = \frac{2\pi}{T} = 2\pi f \tag{2-4}$$

式（2-4）表明了角频率（$\omega$）与频率（$f$）、周期（$T$）的关系。$\omega$、$f$、$T$ 都是表示交流电变化快慢的量，只要知道其中一个，另外两个就可以求得。

3）相位与初相

由正弦交流电的瞬时表达式（2-1）可知，交流电在任一时刻的瞬时值取决于电角度 $\omega t + \phi$，这个电角度称为交流电的相位。

交流电在 $t=0$ 时所具有的相位称为初相，用 $\phi$ 表示，单位是弧度或度，规定初相的绝对值不超过 $\pi$ 弧度。显然，初相决定了 $t=0$ 时刻瞬时值（又称初值）的大小。

初相可以是正角，此时交流电在 $t=0$ 时的瞬时值为正，如图 2-2（a）中的 $u_1$ 所示。初相也可以为负角，在 $t=0$ 时交流电的瞬时值为负，如图 2-2（a）中的 $u_2$ 所示。

两同频率交流电的初相之差称为相位差，即

$$\Delta\phi = \phi_1 - \phi_2 \tag{2-5}$$

存在相位差的两个频率的交流电，在变化的过程中到达最大值（$U_m$）（或零值）的时间是不同的。如图 2-2（a）所示，$u_1$ 比 $u_2$ 先到达最大值（$U_m$），称 $u_1$ 超前 $u_2$ $\Delta\phi$ 角度或 $u_2$ 滞后 $u_1$ $\Delta\phi$ 角度。当 $u_1$ 和 $u_2$ 同时到达最大值（$U_m$）时，$u_1$ 与 $u_2$ 相同，如图 2-2（b）所示，此时 $\phi_1 = \phi_2 = \phi$。当一个交流电达到正的最大值，另一个达到负的最大值时，称 $u_1$ 与 $u_2$ 反

相，如图 2-2（c）所示，此时 $\Delta\phi=\phi_1-\phi_2=180°$。

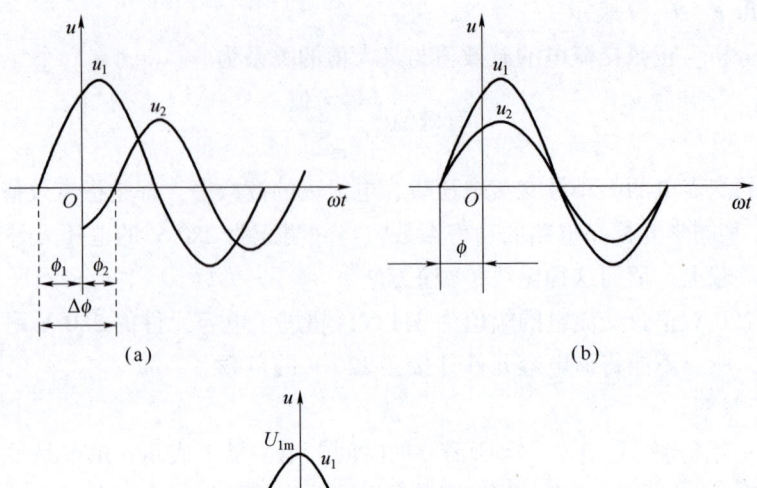

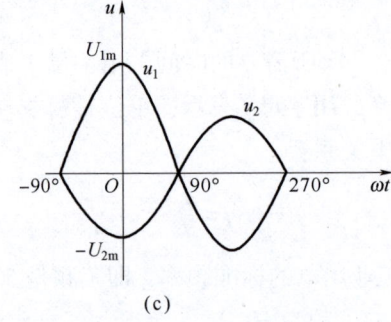

图 2-2 交流电的初相和相位差

（a）$u_1$ 超前 $u_2$（$u_2$ 滞后 $u_1$）；（b）$u_1$ 与 $u_2$ 相同；（c）$u_1$ 与 $u_2$ 反相

在同一个正弦交流电路中，电压和电流的频率是相同的，但初相不一定相同。

注意：（1）只有同频率的正弦量才能进行相位比较。

（2）为避免混乱，规定相位差在（$-\pi$，$\pi$）之间。

【例 2-2】 某电源电动势 $e=311\sin(314t+45°)$ V，该电动势的角频率、频率、周期、幅值、有效值、初相位各为多少？画出波形图。

解 由电动势的瞬时表达式可知，该电压的角频率 $\omega=314$ rad/s，最大值 $E_m=311$ V。

频率：

$$f=\frac{\omega}{2\pi}=\frac{314}{2\pi}\ \text{Hz}=50\ \text{Hz}$$

周期：

$$T=\frac{1}{f}=\frac{1}{50}\ \text{s}=0.02\ \text{s}$$

有效值：

$$E=\frac{E_m}{\sqrt{2}}=\frac{311}{\sqrt{2}}\ \text{V}=220\ \text{V}$$

初相：$\phi=45°$。

其波形图如图 2-3 所示。

图 2-3 【例 2-2】波形图

## 2. 正弦交流电的相量表示

由前面可知，正弦交流电既可以用三角函数表示，也可以用波形图表示。前者是基本的表示方法，但运算烦琐；后者直观、形象，但运算不便。为了便于分析计算正弦电路，电路中常用相量表示正弦交流电。

以正弦交流电的电流 $i=I_\mathrm{m}\sin(\omega t+\phi)$ 为例，在直角坐标系（复平面）中画一个带箭头的直线，如图 2-4 所示，该直线满足以下条件：

（1）直线长度按比例等于正弦电流的有效值（$I$）或幅值（$I_\mathrm{m}$）；

（2）直线与正横坐标的夹角等于正弦交流电的初相（$\phi$）；

（3）直线以角频率（$\omega$）按逆时针方向旋转。

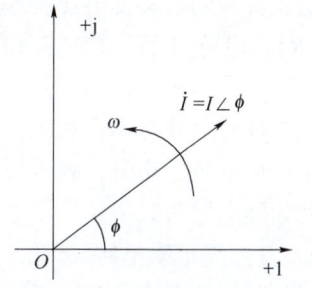

由此，这个带箭头的直线就称为相量。

图 2-4 正弦交流电的相量表示

在一个交流电路中，所有的电压和电流都是同频率的正弦交流电，它们的频率与正弦电源的频率相同，往往是已知的。因此，在使用相量分析和计算正弦交流电路时，可以不考虑相量的旋转。这样，正弦交流电的电流 $i=I_\mathrm{m}\sin(\omega t+\phi)$ 可以表示成极坐标形式 $I\angle\phi$，记为相量 $\dot{I}=I\angle\phi$。

【例 2-3】 在图 2-5 所示电路中，已知：$i_1=6\sqrt{2}\sin 314t$ A，$i_2=8\sqrt{2}\sin(314t+90°)$ A，试用相量法求总电流（$i$）。

**解** 根据基尔霍夫定律，有

$$i = i_1 + i_2$$

写成相量形式，有

$$\dot{I} = \dot{I}_1 + \dot{I}_2$$

上述相量可以用相量图法或代数法进行求和运算。

用相量图法求和的步骤如下。

分别作相量 $\dot{I}_1$ 和 $\dot{I}_2$ 的相量图，如图 2-6 所示。

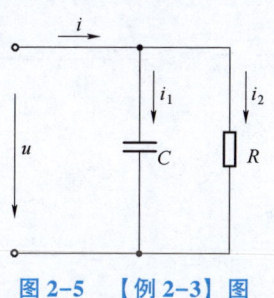

图 2-5 【例 2-3】图

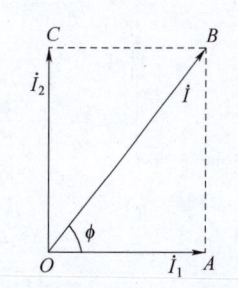

图 2-6 【例 2-3】相量图

求相量和。在相量图上求两相量之和时需遵守平行四边形法则，即以 $\dot{I}_1$ 和 $\dot{I}_2$ 作为平行四边形 $OABC$ 的两条边，对角线 $OB$ 就是相量和 $\dot{I}$。

根据三角形运算的结果，$\dot{I}=10\sqrt{2}\angle 45°$ A，因此

$$i = 10\sqrt{2}\sin(314t+45°) \text{ A}$$

### 3. 单一元件正弦交流电路

交流电路由交流电源及其负载组成，交流负载一般由电阻、电感、电容以及它们的组合按照一定的方式连接而成。由于电感中的交变电流会产生交变磁场，故会生成感应电动势；电容极板间的交变电压会引起电荷在与电容极板相连的导线中移动形成电流，因此，电阻（$R$）、电感（$L$）及电容（$C$）对交流电路中的电压、电流都会产生影响。

所谓单一元件的正弦交流电路就是指纯电阻、纯电感和纯电容电路。严格来说，只含单一参数的负载是不存在的，但如果负载中只有一个参数起主要作用，其余两个参数由于影响小而可以被忽略时，就可以把它看作单一参数负载。如电阻炉，其电感和电容较小，因而可视为纯电阻负载。

1）纯电阻电路

（1）电压和电流关系。

在如图2-7（a）所示电路中，电压和电流的参考方向一致，设电阻电压为

$$u_R = \sqrt{2}U_R \sin \omega t$$

根据欧姆定律，流过纯电阻负载的电流为

$$i_R = \frac{u_R}{R} = \frac{\sqrt{2}U_R}{R}\sin \omega t = \sqrt{2}I_R \sin \omega t \tag{2-6}$$

可见，在纯电阻电路中，电阻两端电压和电流是同频率的正弦量，并且相位相同，其有效值关系为

$$U_R = RI_R \tag{2-7}$$

即交流电路中电阻元件的电流（$I_R$）、电压（$U_R$）和电阻（$R$）之间满足欧姆定律关系。

用向量形式表示的电压和电流关系式为

$$\dot{U}_R = R\dot{I}_R \tag{2-8}$$

根据以上分析，作 $u_R$、$i_R$ 的波形图和相量图，如图2-7（b）和图2-7（c）所示。

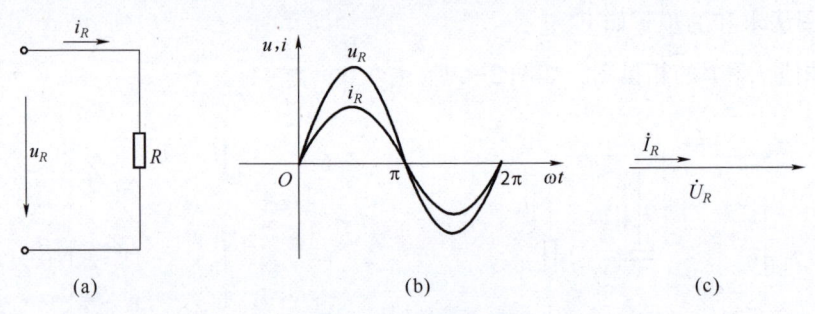

图2-7 纯电阻电路

(a) 电路图；(b) 波形图；(c) 相量图

（2）电路的功率和能量的转换。

在任意瞬间，电压瞬时值与电流瞬时值的乘积称为瞬时功率，即

$$p = ui$$

显然，瞬时功率是一个随时间变化的量。对于电阻元件，有

$$p_R = u_R i_R = U_{Rm}I_{Rm}\sin^2 \omega t = U_R I_R(1-\cos 2\omega t) \tag{2-9}$$

在实际应用中，通常用 $p$ 在一个周期内的平均值来衡量交流功率的大小，称为平均功率

或有用功率,用大写字母 $P$ 表示。由式(2-9)可得纯电阻电路的平均功率为

$$P_R = U_R I_R = I_R^2 R = \frac{U_R^2}{R} \tag{2-10}$$

**【例 2-4】** 功率为 100 W 的白炽灯,接在 $u = 220\sqrt{2}\sin(314t+120°)$ 的电源上,试求电流的有效值。

**解** 电阻电压的有效值为

$$U_R = U = \frac{220\sqrt{2}}{\sqrt{2}} = 220(\text{V})$$

根据式(2-10),电流有效值为

$$I_R = \frac{P_R}{U_R} = \frac{110 \text{ W}}{220 \text{ V}} = 0.455 \text{ A}$$

2)纯电感电路

(1)电压和电流的关系。

纯电感线圈接在直流电路中时,由于电流和磁通均为直流恒定值,所以线圈两端无感应电势,对电流无阻碍作用,线圈相当于一根短路导线。而在交流电路中,线圈中的交变电流引起交变磁通,产生自感电动势,从而在线圈两端建立起电压,阻碍电流的变化,所以电感线圈的电流变化总是滞后于电压的变化。

纯电感电路如图 2-8(a)所示,电感电流与电压参考方向一致,设电感电流为

$$i_L = \sqrt{2} I_L \sin \omega t$$

根据数学分析,电感两端的电压为

$$u_L = \sqrt{2} U_L \sin(\omega t + 90°) = \sqrt{2} \omega L I_L \sin(\omega t + 90°) \tag{2-11}$$

可见,在纯电感电路中,电感电压和电流是同频率的正弦量,并且电压超前电流 90°,其有效值关系为

$$U_L = \omega L I_L = X_L I_L \tag{2-12}$$

式中 $X_L$——电感的感抗,单位为欧姆(Ω)。

$$X_L = \omega L = 2\pi f L \tag{2-13}$$

感抗($X_L$)表示电感对电流的阻碍作用,由式(2-13)可见,$X_L$ 与交流电的频率($f$)和电感($L$)成正比,即频率越高或电感越大,感抗越大,线圈对交流电的阻碍作用越强,故电感常被用作交流电限流元件。对于直流电,$f=0$,$X_L=0$,电感相当于短路,因此电感具有阻交流、通直流的作用,在电子电路中常被用作选频和滤波元件。

$u_L$ 和 $i_L$ 的波形图、相量图分别如图 2-8(b)和图 2-8(c)所示。

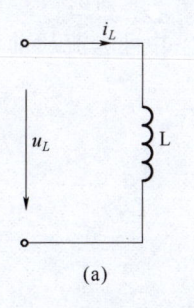

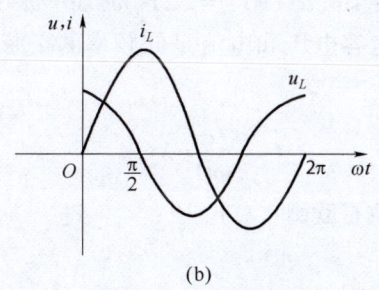

图 2-8 纯电感电路
(a)电路图;(b)波形图;(c)相量图

(2）电路的功率和能量转换。

根据交流电路瞬时功率的关系式 $p=ui$，有

$$p_L=u_Li_L=U_{Lm}I_{Lm}\sin(\omega t+90°)=U_LI_L\sin 2\omega t \tag{2-14}$$

由以上分析可知，电感线圈在交流电路中虽无能量消耗，但存在电源之间的能量交换。通常用瞬时功率的最大值来衡量能量交换的速率，称为无功功率，用 $Q_L$ 表示，其单位是乏（var）。

$$Q_L=U_LI_L=I_L^2X_L=\frac{U_L^2}{X_L} \tag{2-15}$$

【例2-5】 一个电感为 0.2 H 的线圈，接到频率为 50 Hz、电压为 10 V 的正弦交流电源上，求线圈的感抗、电流和无功功率。若电源电压不变，频率提高到 5 000 Hz，求这时的感抗和电流。

**解** 当 $f=50$ Hz 时，

$$X_L=2\pi fL=2\times3.14\times50\times0.2 \ \Omega=62.8 \ \Omega$$

$$I_L=\frac{U_L}{X_L}=\frac{10}{62.8} \ \text{A}\approx0.159 \ \text{A}$$

$$Q_L=U_LI_L=10\times0.159 \ \text{var}=1.59 \ \text{var}$$

当 $f=5 000$ Hz 时，

$$X_L=2\pi fL=2\times3.14\times5 000\times0.2 \ \Omega=6 280 \ \Omega$$

$$I_L=\frac{U_L}{X_L}=\frac{10}{6 280}\text{A}\approx0.001 59 \ \text{A}=1.59 \ \text{mA}$$

可见，对于同样的电感，当频率提高 100 倍时，感抗增大 100 倍，而在相同的电压下，电流减小为 1/100。

3）纯电容电路

（1）电压和电流的关系。

在直流电路中，电容只有在接通电源与切断电源时有充电电流和放电电流，电路稳定后，电流就等于零。在交流电路中，电容两端电压的大小和方向不断变化，因而电容不断地充电和放电，从而形成大小和方向不断变化的电流。

纯电容电路如图 2-9（a）所示，电容电压与电流参考方向一致，设电容两端的电压为

$$u_C=\sqrt{2}U_C\sin \omega t$$

根据数学分析，电容中的电流为

$$i_C=\sqrt{2}I_C\sin(\omega t+90°)=\sqrt{2}U_C\omega C\sin(\omega t+90°) \tag{2-16}$$

可见，在纯电容电路中，电容电压和电流是同频率的正弦量，并且电流超前电压 90°，其有效值的关系为

$$U_C=\frac{I_C}{\omega C}=X_CI_C \tag{2-17}$$

式中 $X_C$——电容的容抗，单位是欧姆（Ω）。

显然

$$X_C=\frac{1}{\omega C}=\frac{1}{2\pi fC} \tag{2-18}$$

容抗（$X_C$）表示电容对交流电的阻碍作用。由式（2-18）可见，$X_C$与交流电的频率和电容量成反比，频率越高或电容量越大，则容抗越小，对交流电的阻碍作用越弱，所以高频电流易于从电容通过。对于直流电，$f=0$，$X_C=\infty$，电容器相当于开路，电流不能通过，因此电容具有阻直流、通交流的作用，在电子电路中常用作高频电流的电路，作选频和滤波的电路元件。$u_C$和$i_C$的波形图、相量图如图2-9（b）和图2-9（c）所示。

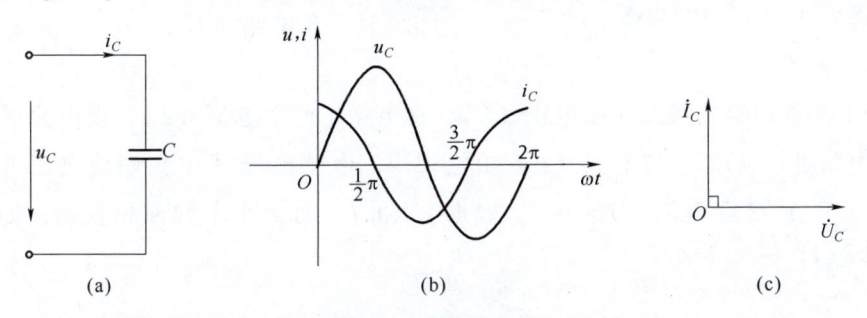

图2-9 纯电容电路

（a）电路图；（b）波形图；（c）相量图

（2）电路的功率和能量转换。

电容器的瞬时功率为

$$p_C = u_C i_C = U_{Cm} I_{Cm} \sin(\omega t + 90°) = U_C I_C \sin 2\omega t \tag{2-19}$$

电容元件是一种储能元件，它与电源之间的能量的最大速率，即电容元件的无功功率（$Q_C$）为

$$Q_C = U_C I_C = I_C^2 X_C = \frac{U_C^2}{X_C} \tag{2-20}$$

【例2-6】 一个电容为10 μF的电容元件，接到频率为50 Hz、电压为50 V的正弦交流电源上，求容抗、电流和无功功率。若电源电压不变，频率提高到5 000 Hz，求此时的容抗和电流。

**解** 当$f=50$ Hz 时，

$$X_C = \frac{1}{2\pi fC} = \frac{1}{2 \times 3.14 \times 50 \times 10 \times 10^{-6}} \Omega \approx 319 \ \Omega$$

$$I_C = \frac{U_C}{X_C} = \frac{50}{319} \ A \approx 0.157 \ A$$

$$Q_C = U_C I_C = 50 \times 0.157 \ var = 7.85 \ var$$

当$f=5 000$ Hz 时，

$$X_C = \frac{1}{2\pi fC} = \frac{1}{2 \times 3.14 \times 5\ 000 \times 10 \times 10^{-6}} \Omega \approx 3.19 \ \Omega$$

$$I_C = \frac{U_C}{X_C} = \frac{5\ 000}{319} \ A \approx 15.7 \ A$$

可见，对于同样的电容元件，当频率提高100倍时，容抗减小为1/100，而在相同的电压下，电流增大为原来的100倍。

4）RLC 串联电路

只含单一参数的交流电路实际是不存在的。实际应用中的交流电路，其负载往往是电阻、电感和电容元件的组合。

(1) 电压和电流的关系。

RLC 串联电路如图 2-10 所示，取电压和电流的参考方向一致。为便于分析，电路中各量均采用相量表示，各元件也采用相量化模型。

用相量法分析电路如下。

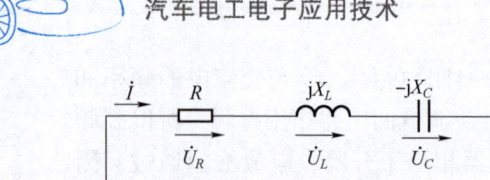

图 2-10　RLC 串联电路

① 作相量图。

在 RLC 串联电路两端加正弦电压（$\dot{U}$），在电路中产生电流（$\dot{I}$）。设电流（$\dot{I}$）的初相为 0，电阻电压（$\dot{U}_R$）与电流（$\dot{I}$）相位相同，电感电压（$\dot{U}_L$）超前电流（$\dot{I}$）90°，电容电压（$\dot{U}_C$）滞后电流（$\dot{I}$）90°，根据 $U_L$ 和 $U_C$ 的大小不同作相量图，如图 2-11（a）和图 2-11（b）所示。

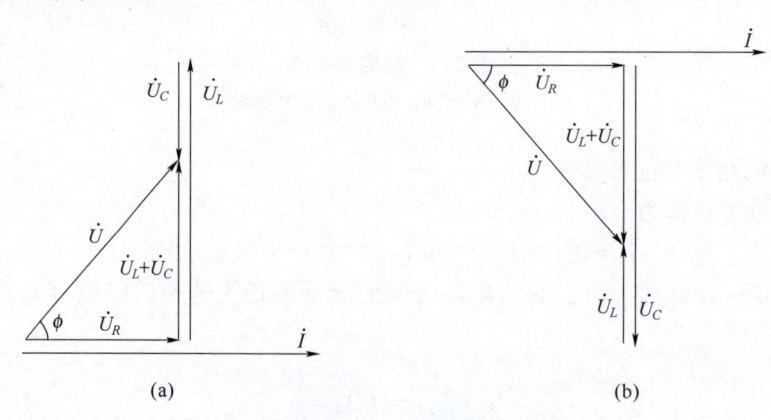

图 2-11　相量图

(a) $U_L>U_C$ 相量图；(b) $U_L<U_C$ 相量图

② 求相量和。

根据串联电路的性质，总电压为电路各部分电压之和，即 $\dot{U}=\dot{U}_R+\dot{U}_L+\dot{U}_C$。在图 2-11 所示的相量图上，按平行四边形法则作总电压（$\dot{U}$）的相量。

由相量图可见，$\dot{U}_L$ 与 $\dot{U}_C$ 反相。根据 $\dot{U}_R$、$\dot{U}_L+\dot{U}_C$ 和 $\dot{U}$ 构成的电压三角形，有

$$U=\sqrt{U_R^2+(U_L-U_C)^2}=I\sqrt{R^2+(X_L-X_C)^2}=I|Z|$$

式中　$|Z|$——RLC 串联电路的阻抗，单位为 Ω。

$$|Z|=\sqrt{R^2+(X_L-X_C)^2} \tag{2-21}$$

由以上分析可得出以下结论。

总电压与电路的相位差为 $\phi$，由图 2-11（a）所示的相量图，有

$$\phi=\arctan\frac{U_L-U_C}{U_R}=\arctan\frac{X_L-X_C}{R} \tag{2-22}$$

当 $X_L>X_C$ 时，$\phi>0°$，总电压超前电流 $\phi$，如图 2-11（a）所示，这时电路呈感性；当 $X_L<X_C$ 时，$\phi<0°$，总电压滞后电流 $\phi$，如图 2-11（b）所示，这时电路呈容性；当 $X_L=X_C$ 时，$\phi=0°$，总电压与电流同相，这时电路呈电阻性，产生串联谐振。

电压的有效值与电流有效值以及阻抗 $|Z|$ 之间满足欧姆定律关系，即

$$I=\frac{U}{|Z|} \quad (2-23)$$

**4. 电路的功率和能量转换**

1) 平均功率

在 RLC 串联电路中，只有电阻消耗电能，因此电路的平均功率为

$$P=P_R=U_R I=I^2 R$$

又由电压三角形可知

$$U_R=U\cos\phi$$

所以

$$P=UI\cos\phi \quad (2-24)$$

2) 无功功率

无功功率是表示电感、电容及电源之间的能量交换的量，由于电感电压与电容电压反相，因此，RLC 串联电路的无功功率应为电感与电容无功功率之差，即

$$Q=(U_L-U_C)I=I^2(X_L-X_C)=UI\sin\phi \quad (2-25)$$

3) 视在功率

电源电压有效值（$U$）与电流有效值（$I$）的乘积，称为视在功率，用 $S$ 表示，即

$$S=UI \quad (2-26)$$

视在功率的单位是伏安（V·A），通常用来表示电气设备的容量。例如，50 kV·A 的变压器，就是指它的视在功率（$S$）为 50 kV·A。

由式（2-24）~式（2-26）可知

$$S=\sqrt{P^2+Q^2} \quad (2-27)$$

由于电路的有功功率 $P=UI\cos\phi=S\cos\phi$，因此有

$$\frac{P}{S}=\cos\phi=\lambda \quad (2-28)$$

式中　$\lambda$——电路的功率因数。

由式（2-28）可见，$\lambda$ 越大，则电源的容量中转换成有功功率的部分越大，电源的利用率越高，当 $\lambda=1$ 时，电源的容量全部转换成有功功率。

### 2.1.2　正弦交流电的应用实验

**1. 实验器材**

(1) 电工电子实验台：若干。
(2) 日光灯元件：1套。
(3) 日光灯连接导线：5条。
(4) 日光灯连接导线：6条。
(5) 白炽灯元件：1套。

**2. 实验内容**

1) 日光灯

(1) 日光灯工作原理。

当开关接通时，电源电压立即通过镇流器和灯管灯丝加到启辉器的两极，220 V 的电压立即使启辉器的惰性气体电离，产生辉光放电，辉光放电的热量使双金属片受热膨胀，两极接

触，电流通过镇流器、启辉器触极和两端灯丝构成通路，灯丝很快被电流加热，发射出大量电子。这时，由于启辉器两极闭合，故两极间电压为零，辉光放电消失，管内温度降低，双金属片自动复位，两极断开。在两极断开的瞬间，电路电流突然被切断，镇流器产生很大的自感电动势，与电源电压叠加后作用于管两端。灯丝受热时发射出来的大量电子，在灯管两端高电压的作用下，以极大的速度由低电动势端向高电动势端运动。电子在加速运动的过程中，碰撞管内氩气分子，使之迅速电离。氩气电离生热，热量使水银产生蒸气，随之水银蒸气也被电离，并发出强烈的紫外线。在紫外线的激发下，管壁内的荧光粉发出近乎白色的可见光。

日光灯正常发光后，由于交流电不断通过镇流器的线圈，线圈中产生自感电动势，自感电动势阻碍线圈中的电流变化，这时镇流器起降压限流的作用，使电流稳定在灯管的额定电流范围内，灯管两端电压也稳定在额定工作电压范围内。由于这个电压低于启辉器的电离电压，所以并联在两端的启辉器也就不再起作用了。

日光灯各元件如图 2-12 所示，日光灯接线原理如图 2-13 所示。

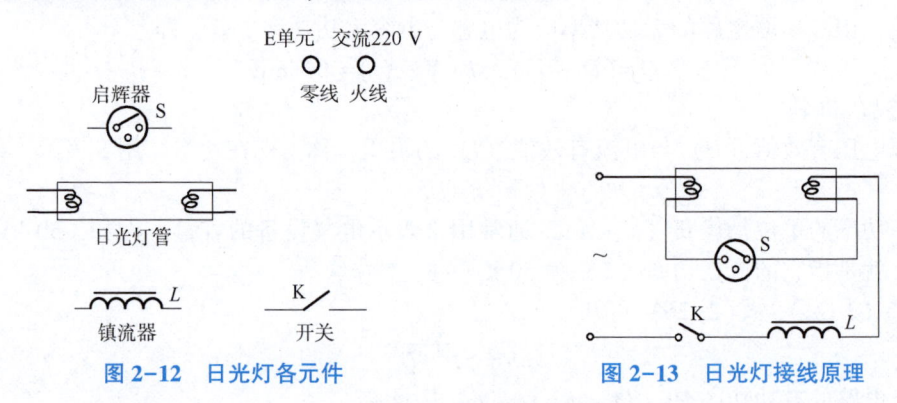

图 2-12 日光灯各元件

图 2-13 日光灯接线原理

(2) 装接日光灯电路步骤。

① 检查实验所用元件、仪表及连接线是否齐全，如有疑问，报告指导教师。

② 根据电路图装接电路，经指导教师检查后，通电观察实验现象。

③ 用指针式万用表检测有关数据，填入表 2-1。

表 2-1 电压测量与分析

| 测量项目次数 | 总电压/V | 日光灯管<br>两端电压/V | 镇流器<br>两端电压/V | 总电压与各分<br>电压之和比较 |
| --- | --- | --- | --- | --- |
| 第一次 | 220 | | | |
| 第二次 | 210 | | | |
| 第三次 | 200 | | | |

2) 白炽灯

(1) 白炽灯工作原理。

如图 2-14 所示，当开关 K1、K2 同向时，白炽灯灭；当开关 K1、K2 反向时，白炽灯亮。

(2) 装接白炽灯电路步骤。

① 检查实验所用元件、仪表及连接线是否齐全，如有疑问，报告指导教师。

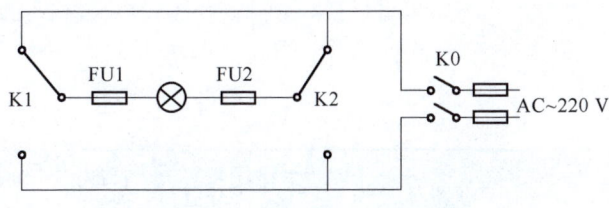

图 2-14 双功开关接线原理图

② 根据电路图装接电路，经指导教师检查后，通电观察实验现象。

### 3. 注意事项

（1）实验所用电源、元件均无正负极之分。

（2）实验台所用日光灯电路均已连接好，方便我们做实验，实验前需用电源线屏蔽掉原有电路。

### 4. 讨论与分析

## 任务实施

| 任务场景 | 电工电子实训室 |
|---|---|
| 任务分组 | 在任务实施过程中，采取分组的方式进行，每 3~5 人一组，通过自荐或推荐的方式选出组长，负责本组任务实施的组织工作，实施过程中小组成员要互相帮助，共同完成任务 |
| 实施过程 | 各小组根据以上任务描述，完成以下任务的实施过程。<br>1. 获取信息：操作前需要掌握正弦交流电的三要素及其相量表示法，电阻、电感、电容在交流电路中的特性，日光灯电路、白炽灯电路等相关知识，各组搜集相关资料。<br>2. 任务准备：明确任务内容，准备工具、设备及相关资料，做好现场防护。<br>3. 任务实施：能熟练运用电路的基本定律和分析方法对典型交流电路进行分析，能利用相关元器件搭建日光灯电路、白炽灯电路。<br>4. 考核评价：各组展示任务完成情况，配合指导教师完成考核评价表 |
| 任务要求 | 1. 安全操作：确保实验环境整洁、干燥，避免潮湿或积水导致的触电风险；在连接电路时，确保电源处于关闭状态，以避免触电的危险。实验结束后，及时关闭电源，并断开所有与电源的连接；要时刻注意安全，避免触电或设备损坏的情况发生。<br>2. 检查元件和设备：在实验开始前，仔细检查所有电气元件（如电线、开关、灯泡等）是否完好无损，避免使用破损或不合格的元件；使用万用表等工具测试电路元件的电阻等参数，确保其正常工作。<br>3. 导线连接：注意导线的颜色标识，确保正确连接不同功能的导线；检查导线连接是否牢固，避免电流过大时因导线松动导致的短路或火灾。<br>4. 调试和测试：在连接完电路后，进行必要的调试和测试，确保电路工作正常且安全；在调试过程中，注意观察灯泡的亮灭情况、开关的工作状态等，及时发现并解决问题。<br>5. 实验结束后，先关闭开关，再断开电源，避免直接拔插电源插头导致的触电风险。<br>6. 记录与报告：记录实验数据，包括电压、电流、电阻值等，以便后续分析，并在检测后编写检测报告，对发现的问题进行说明并提出维修建议 |
| 任务反思 | 1. 纯电感电路电压和电流的关系。<br>2. 日光灯工作原理。<br>3. 装接白炽灯电路步骤 |

## 考核评价

| 序号 | 评价项目 | 评价指标 | 分值 | 自评（20%） | 互评（20%） | 师评（60%） | 合计 |
|---|---|---|---|---|---|---|---|
| 1 | 知识目标（30分） | 掌握正弦交流电的三要素及其相量表示法，熟悉电阻、电感、电容在交流电路中的特性 | 5 | | | | |
| | | 掌握 RLC 串联电路，熟悉日光灯电路，了解各元件的作用 | 10 | | | | |
| | | 掌握日光灯、白炽灯的工作原理 | 15 | | | | |
| 2 | 能力目标（50分） | 能够运用电路的基本定律和分析方法对典型交流电路进行分析 | 10 | | | | |
| | | 能利用相关元器件搭建日光灯电路 | 10 | | | | |
| | | 能利用相关元器件搭建白炽灯电路 | 30 | | | | |
| 3 | 素质目标（20分） | 具备科学精神和严谨态度 | 5 | | | | |
| | | 具备团队合作精神和沟通能力 | 5 | | | | |
| | | 具备创新意识和实践能力 | 5 | | | | |
| | | 具有职业素养和社会责任感 | 5 | | | | |

## 拓展阅读

好学不倦：在一个漆黑的晚上，老鼠首领带领着小老鼠外出觅食，在一家人的厨房内，垃圾桶中有很多剩余的饭菜，对于老鼠来说，就好像人类发现了宝藏。正当一大群老鼠在垃圾桶及附近范围大挖一顿之际，突然传来了一阵令它们肝胆俱裂的声音，那是一只大花猫的叫声。它们震惊之余，各自四处逃命，但大花猫毫不留情，穷追不舍，终于有两只小老鼠逃避不及，被大花猫捉到，在大花猫正要将它们吞噬之际，突然传来一连串凶恶的狗吠声，这令大花猫手足无措，狼狈逃命。大花猫走后，老鼠首领施施然从垃圾桶后面走出来说："我早就对你们说，多学一种语言有利无害，我就因此救了你们一命。"

感悟：多一门技艺，多一条路。不断学习，实在是成功人士的至理名言。

## 2.2 汽车交流发电机的认知与检测

### 任务导入

出示手摇发电机模型,摇动转轮,观察灯泡。电是从哪来的?汽车电源系统由哪些组成?汽车上的蓄电池和发电机是怎样配合工作的?

### 学习目标

**【知识目标】**
(1) 掌握汽车交流发电机的结构及各部分的作用。
(2) 掌握汽车交流发电机的特性参数。
(3) 理解汽车交流发电机的工作原理。

**【能力目标】**
(1) 培养学生对交流发电机原理、特性和应用的理解能力。
(2) 培养学生设计和分析交流发电机电路的能力。

**【素质目标】**
(1) 具备良好的学习能力,能够不断学习与更新三相异步电动机的相关知识和技术。
(2) 具备较强的分析和解决问题的能力,能够独立分析与解决交流发电机的故障和性能问题。
(3) 具备较强的安全意识和责任心,能够正确使用和维护交流发电机,确保工作安全和设备正常运行。

### 知识准备

#### 2.2.1 交流发电机的认知

**1. 汽车交流发电机的结构**

交流发电机由定子、转子、整流桥和电压调节器组成,如图 2-15 所示。
1) 转子
转子是由滑环、爪极等组成的,如图 2-16 所示。
转子的作用:产生旋转磁场。
2) 定子
定子是由定子铁芯和定子绕组等组成的,如图 2-17 所示。

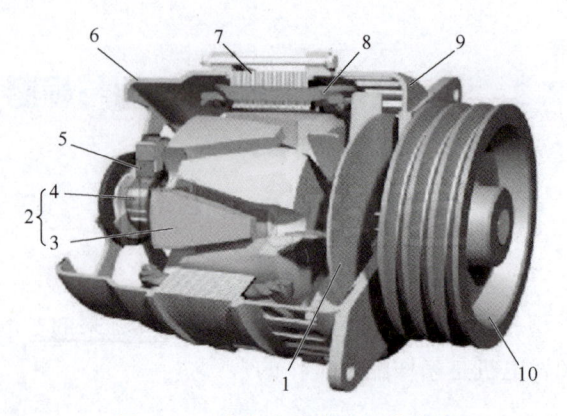

图 2-15 汽车交流发电机的结构

1—风扇；2—转子；3—滑环；4—爪极；5—电刷；6—端盖；7—定子铁芯；8—定子绕阻；9—端盖（机座）；10—皮带轮

图 2-16 汽车交流发电机转子的结构

1—轴；2—滑环；3—爪极；4—风扇

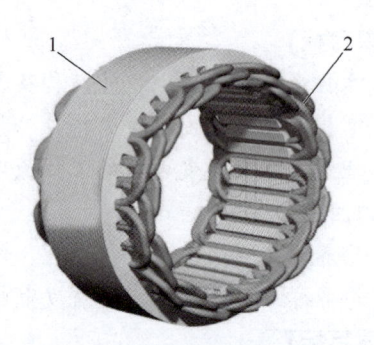

图 2-17 汽车交流发电机定子的结构

1—定子铁芯；2—定子绕组

定子的作用：产生交流电。

3）整流桥

整流桥由 6 只硅整流二极管及散热板组成，固定 3 只正二极管的散热板称为正整流板，固定 3 只负二极管的散热板称为负整流板，如图 2-18 所示。

整流桥的作用：将定子绕组的三相交流电变为直流电。

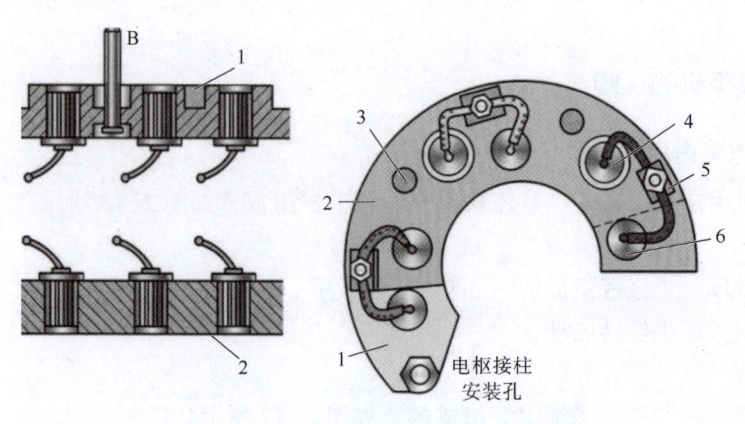

图 2-18 汽车交流发电机整流桥的结构

1—正整流板；2—负整流板；3—安装孔；4—正极管；5—绝缘垫；6—负极管；7—电枢接柱安装孔

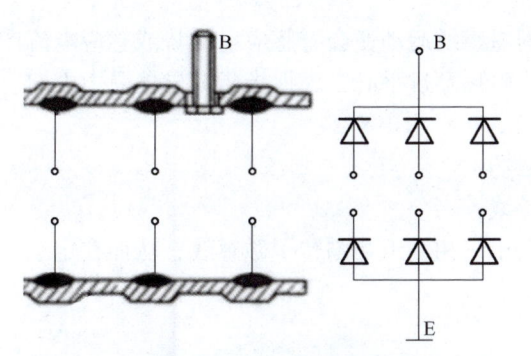

图 2-18　汽车交流发电机整流桥的结构（续）

4）电压调节器

电压调节器的结构如图 2-19 所示。

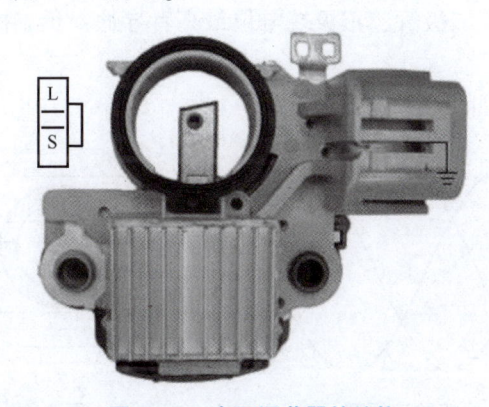

图 2-19　电压调节器的结构

电压调节器的作用：使其输出电压在发动机所有工况下基本保持在 14 V。

## 2.2.2　交流发电机的工作原理

**1. 发电原理**

汽车交流发电机的发电原理如图 2-20 所示。

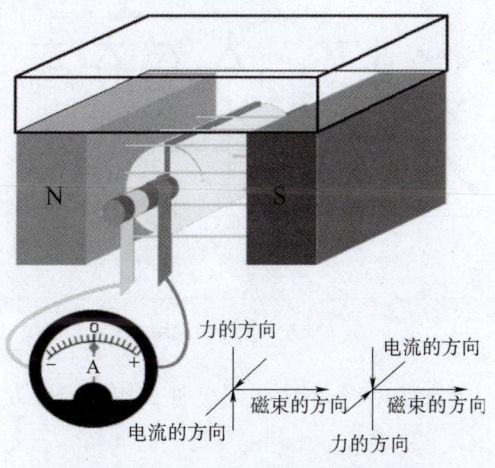

图 2-20　汽车交流发电机的发电原理

导线在磁场中做切割磁感线运动便会有感应电动势或感应电流产生，利用右手定则可判断感应电动势的方向：让磁场穿过手心，大拇指指向导体受力方向，则四指指向即产生感应电动势的方向。

磁场：转子相当于磁场；

导线：定子相当于导线；

运动：转子旋转，定子三相绕组切割转子磁感线，从而在定子三相绕组中产生感应电动势，进而产生交流电。

**2. 整流原理**

作用：将定子三相绕组产生的交流电转变成直流电，图2-21所示为汽车交流发电机整流原理图。

整流原理：利用二极管的单向导电性，将交流电变为直流电。

二极管的导通原则：正二极管，正极端电位最高者导通；负二极管，负极端电位最低者导通。

（1）六管整流电路，如图2-22所示。

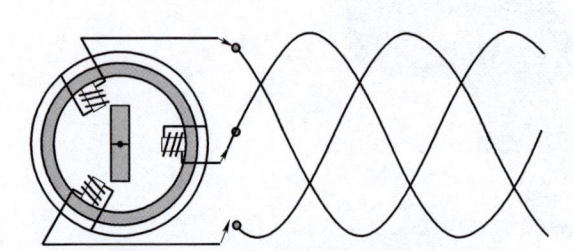

图2-21 汽车交流发电机整流原理

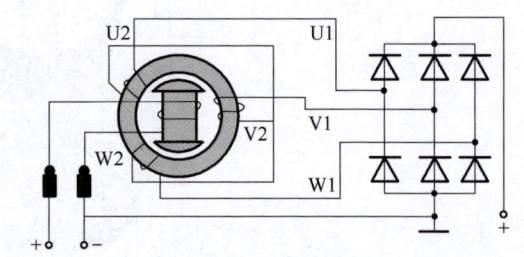

图2-22 六管整流电路

六管整流电路整流原理：无论是在哪个时间上（$t_1 \sim t_{15}$），也无论哪项绕组电位高低，当经过正、负二极管时，都只会有一个正二极管和一个负二极管导通而构成回路，从而使B电位永远高于E电位，这样B、E间就是一个直流电源。

（2）八管整流电路，如图2-23所示。

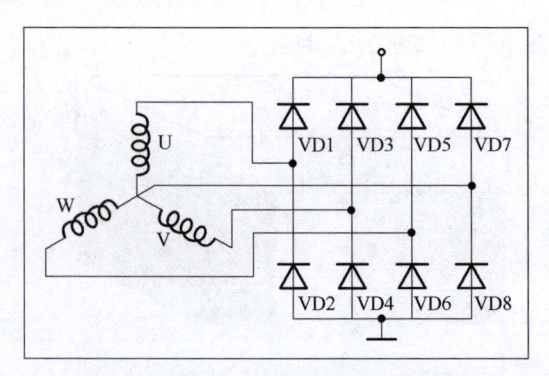

图2-23 八管整流电路

八管交流发电机特性：多增加两个小功率二极管，用来提取发电机中性点电压。

（3）九管整流电路，如图 2-24 所示。

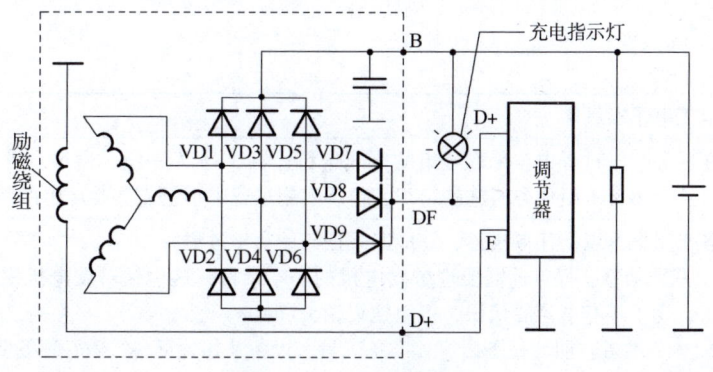

图 2-24　九管整流电路

九管交流发电机特性：在六管基础上多增加三个小功率二极管，用来控制发电机的充电指示灯。

交流发电机的励磁：他励，当 $U_发 < U_蓄$ 时；自励，当 $U_发 \geq U_蓄$ 时。

（4）十一管整流电路，如图 2-25 所示。

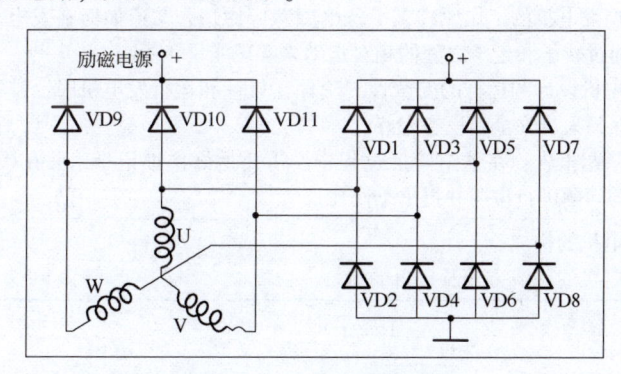

图 2-25　十一管整流电路

十一管交流发电机特性：兼有八管交流发电机和九管交流发电机的功能。

### 3. 调压原理

如图 2-26 所示，当发电机发电量低于 14 V 时，A 点电位不能击穿稳压管 VZ，使 $VT_1$ 截止、$VT_2$ 导通，励磁电路接通，发电机发电量升高；当发电机发电量低于 14 V 时，A 点电位击穿稳压管 VZ，使 $VT_1$ 导通、$VT_2$ 截止，励磁电路断开，发电机发电量降低。这样如此反复，使发电机发电量稳定在 14 V 左右。

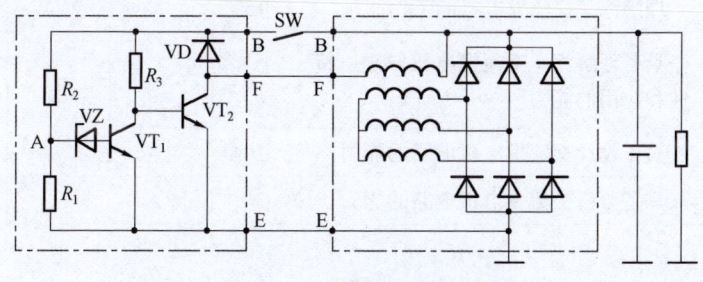

图 2-26　八管整流调压原理

## 任务实施

| 任务场景 | 电工电子实训室 |
|---|---|
| 任务分组 | 在任务实施过程中，采取分组的方式进行，每 3~5 人一组，通过自荐或推荐的方式选出组长，负责本组任务实施的组织工作，实施过程中小组成员要互相帮助，共同完成任务 |
| 实施过程 | 各小组根据以上任务描述，完成以下任务的实施过程。<br>1. 获取信息：操作前需要理解发电机的基本结构，这包括对发电机主要组成部分，如转子、定子等有清晰的认识，各组搜集相关资料。<br>2. 任务准备：明确任务内容，准备工具、设备及相关资料，做好现场防护。<br>3. 任务实施：能熟练运用基础知识完成发电机结构、发电、整流、调压原理验证。<br>4. 考核评价：各组展示任务完成情况，配合指导教师完成考核评价表 |
| 任务要求 | 1. 安全操作：确保在拆装过程中遵守安全操作规程，如切断电源、使用适当的工具等，防止触电或机械伤害。<br>2. 理解发电机的基本结构，这包括对发电机主要组成部分，如转子、定子等有清晰的认识。<br>3. 掌握发电机的工作原理，了解电磁感应原理，知道如何在发电过程中产生电流，以及如何通过转子和定子之间的相对运动来实现能量转换。<br>4. 发电机设计和运行的安全性：确保在设计和运行发电机时，遵循相应的安全标准和规范，保障人员安全和设备完好。<br>5. 记录与报告：在整个验证过程中，需要做好详细记录，并在检测后编写检测报告，对发现的问题进行说明并提出维修建议 |
| 任务反思 | 1. 发电机的构成。<br>2. 发电机的整流方式及各自的特性 |

## 评价考核

| 序号 | 评价项目 | 评价指标 | 分值 | 自评（20%） | 互评（20%） | 师评（60%） | 合计 |
|---|---|---|---|---|---|---|---|
| 1 | 知识目标（30分） | 掌握汽车交流发电机的结构和及各部分的作用 | 5 | | | | |
| | | 掌握汽车交流发电机的特性参数 | 10 | | | | |
| | | 理解汽车交流发电机的工作原理 | 15 | | | | |
| 2 | 能力目标（50分） | 具备理解汽车交流发电机原理、特性和应用的能力 | 10 | | | | |
| | | 具备设计交流发电机电路的能力 | 10 | | | | |
| | | 具备分析交流发电机电路的能力 | 30 | | | | |

续表

| 序号 | 评价项目 | 评价指标 | 分值 | 自评（20%） | 互评（20%） | 师评（60%） | 合计 |
|---|---|---|---|---|---|---|---|
| 3 | 素质目标（20分） | 具备良好的学习能力 | 5 | | | | |
| | | 具备较强的分析和解决问题的能力 | 5 | | | | |
| | | 具备创新意识和实践能力 | 5 | | | | |
| | | 具备较强的安全意识和责任心 | 5 | | | | |

**拓展阅读**

一天，太阳和风争论究竟谁比谁更有力量。风说："你看下面那个穿着外套的老人，我打赌我可以比你更快地让他把外套脱下来！"说完后，便使劲儿向老人吹去，想把老人的外套吹下来，但它越吹，老人将外套裹得越紧。后来，风累了，没力气再吹了。这时，太阳从云的背后走出来，将温暖的阳光洒在老人身上，没多久，老人就开始擦汗，并把外套脱了下来。于是，太阳笑着对风说："其实，友善所释放的温暖比强硬更有力量。"

面对同一件事，以两种不同的态度来对待，结果便迥然不同。太阳能比风更快地让老人脱下外套，说明友善的态度更能温暖人心，进而感动对方，使其渐渐改变敌对的想法。这是一味地咆哮和猛烈攻击等强硬作为所望尘莫及的。很多时候，用强硬手段解决问题，往往会一无所获，但若用友善取而代之，往往会令你喜出望外。

## 2.3 汽车交流发电机的拆解检测与装配

### 任务导入

汽车在运行过程中，电路可能会出现各种各样的问题，比如汽车发电机中的充电指示灯不亮或者变暗了，这是什么原因呢？如何检测存在的问题呢？为解决这个问题，我们应学会拆解、检测和装配发电机。

### 学习目标

**【知识目标】**
（1）能够进行交流发电机电路的实验验证和性能测试。
（2）具备解决交流发电机电路故障和故障排除的能力。

**【能力目标】**
（1）熟练掌握发电机的拆解。
（2）熟练掌握发电机的检测。
（3）熟练掌握发电机的装配。

**【素质目标】**
（1）具备良好的学习能力，能够不断学习与更新交流发电机的相关知识和技术。
（2）具备较强的分析和解决问题的能力，能够独立分析和解决交流发电机的故障问题。
（3）具备较强的安全意识和责任心，能够正确使用和维护交流发电机，确保工作安全和设备正常运行。

### 知识准备

#### 2.3.1 汽车交流发电机的拆解

**1. 发电机拆解前的检测**

使用万用表对发电机外接线柱进行测量，可以初步判定发电机的状态。对于普通发电机拆解前的测量，建议使用指针式万用表，其测量结果根据使用万用表的型号不同而略有差异。

**2. 发电机拆解**

发电机的拆解按照以下操作步骤进行：
（1）拆下电刷及电刷架（外装式）紧固螺钉，取下电刷架总成，如图 2-27 所示。
（2）在前后端盖上做记号，拆下连接前后端盖的紧固螺栓，将其分解为与转子接合的前端盖及与定子连接的后端盖两大部分，如图 2-28 所示。

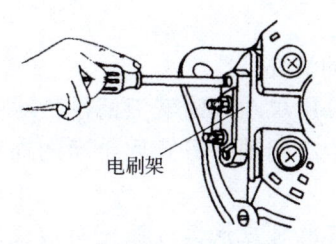

图 2-27　发电机拆解示意图（一）

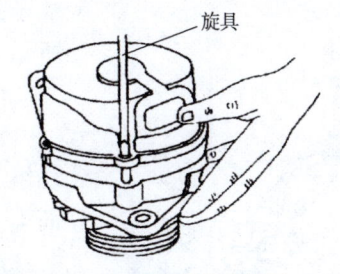

图 2-28　发电机拆解示意图（二）

（3）将转子夹紧在台虎钳上，拆下带轮紧固螺母后，可依次取下带轮、风扇、半圆键、定位套，如图 2-29 所示。

（4）将前端盖与转子分离，若装配过紧，则可用拉拔器拉开或用木槌轻轻敲，使之分离，如图 2-30 所示。

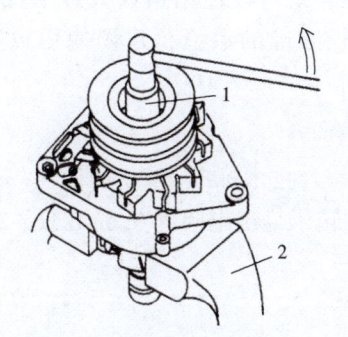

图 2-29　发电机拆解示意图（三）
1—套筒；2—台虎钳

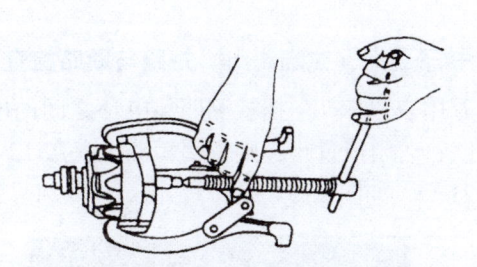

图 2-30　发电机拆解示意图（四）

（5）拆掉防护罩后端盖上的螺钉，即可将防护罩取下，如图 2-31 所示。

（6）拆下定子上接线端在散热板上的连接螺母，使定子与后端盖分离，如图 2-32 所示。

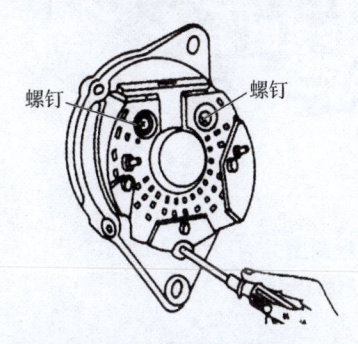

图 2-31　发电机拆解示意图（五）

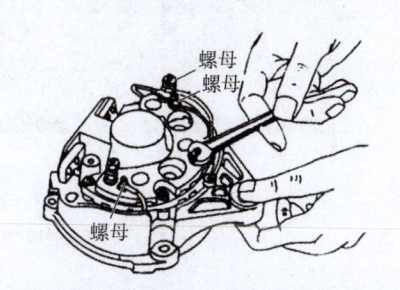

图 2-32　发电机拆解示意图（六）

（7）拆下后端盖上紧固整流器总成的螺钉，取下整流器总成。

对于整体式发电机，先拧下"B"端子上的固定螺母，取下绝缘套管；再拧下后防尘盖上 3 个带垫片的固定螺母，取下后防尘盖；然后拆下电刷组件的两个固定螺钉和调节器的 3 个固定螺钉，取下电刷组件和 IC 调节器总成；最后拧下整流器二极管与定子绕组引线端子的连接螺钉，取下整体式整流器总成，如图 2-33 所示。

（8）零部件的清洗。

对机械部分可用煤油或清洗液清洗，对电气部分如绕组、散热板及全封闭轴承等宜用干净的棉纱擦拭掉表面尘土和脏污。

**注：** 发电机装配时应注意遵照先拆后装、后拆先装的原则；装配时，元件板、"+"柱、"F"柱、"N"柱与壳体之间的绝缘垫圈不能漏装；装配完毕后，发电机应能运转灵活。

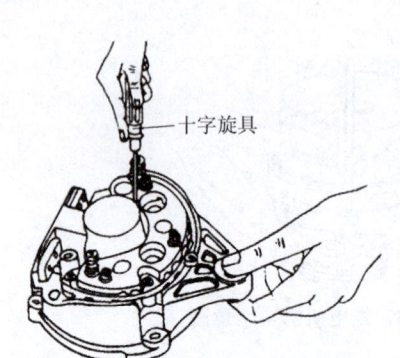

图 2-33　发电机拆解示意图（七）

### 2.3.2　汽车交流发电机的检测

发电机拆解后检测转子、定子的电阻值及绝缘电阻，既可以使用指针式万用表，也可以使用数字式万用表。对于线圈电阻的测量，为取得较准确的数值，建议使用数字式万用表。

**1. 转子绕组（磁场绕组）短路与断路检查**

用万用表"R×1"挡检测两集电环之间的电阻，应符合技术标准。若阻值为"∞"，则说明断路；若阻值过小，则说明短路。一般 12 V 发电机转子绕组电阻为 3.5~6 Ω，24 V 的为 15~21 Ω。如图 2-34 所示。

图 2-34　转子的实物及检测图
（a）转子的实物图；（b）励磁绕组的导通检测

转子绕组搭铁检查，即检查转子绕组与铁芯（或转子轴）之间的绝缘情况。用万用表电阻最大挡检测两集电环与铁芯（或转子轴）之间的电阻，若指针有偏转，则说明有搭铁故障。其正常指示应趋于"∞"。如图 2-35 所示。

**2. 集电环（滑环）检查**

集电环表面应平整光滑，无明显烧损，否则用"00"号纱布打磨，严重腐蚀的要在车床上加工；两集电环间隙处应无污垢；集电环圆度误差不超过 0.25 mm，厚度不小于 1.5 mm；炭刷的高度低于 15 mm 时也应更换，更换时注意炭刷的规格型号要求一致。

### 3. 转子轴检查

用百分表检查轴的弯曲，弯曲度不超过 0.05 mm（径向圆跳动公差不超过 0.1 mm），否则应予校正；爪形磁极在转子轴上应固定牢靠、间距相等。如图 2-36 所示。

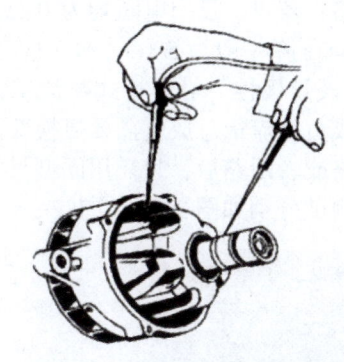

图 2-35 转子绕组的绝缘检测　　　　图 2-36 转子轴弯曲度检查

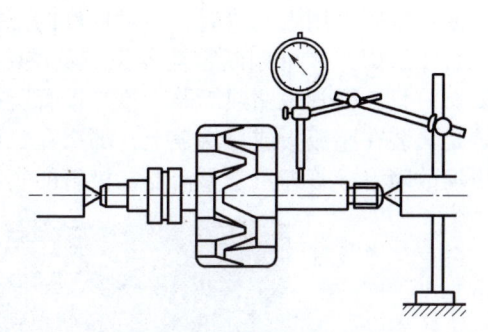

### 4. 定子检查

定子绕组短路与断路检查：用数字万用表检测定子绕组 3 个接线端，两两相测，正常时阻值应小于 1 Ω 且相等。若指针不动或阻值过大，则说明断路；若过小（近似等于 0 Ω），则说明短路。如图 2-37 所示。

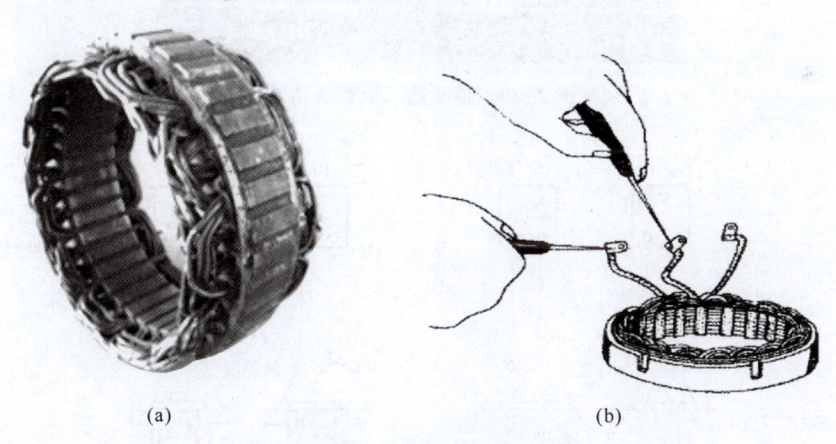

图 2-37 定子绕组短路与断路检查
(a) 定子实物图；(b) 短路与断路检查

### 5. 定子绕组搭铁检查

定子绕组搭铁检查，即检查定子绕组与定子铁芯间的绝缘情况。用数字万用表电阻最大挡检测定子绕组接线端与定子铁芯间的电阻，若绝缘电阻≤100 kΩ，则说明有搭铁故障。其正常指示应趋于"∞"。如图 2-38 所示。

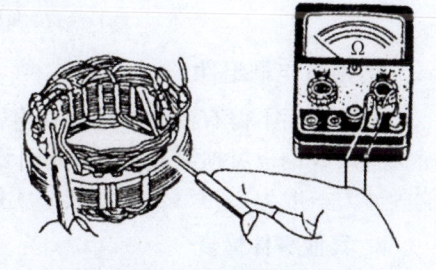

图 2-38 定子绕组绝缘检测

### 6. 整流器二极管检查

检查单个二极管的好坏：分解发电机后端盖和整流板，将每个二极管的中心引线从接线柱上拆下或焊下，逐一检测。当使用指针式万用表检测二极管时，二极管的阻值随万用表内部电压高低及挡位不同，数值也会不同，通常使用"R×1"或者"R×10"挡，测量正向电阻值，一般为几十欧姆；反向电阻值，一般为几十千欧姆以上。若正、反向电阻值一大一小差异很大，则说明二极管良好；若正、反向电阻均为无穷大，则说明断路；若正、反向电阻均为 0 Ω，则说明短路。使用数字万用表测量时，质量良好的二极管正向压降一般为 500~1 500 mV，反向电阻为几百千欧姆，并可判断整流器正、负整流板及二极管极性。对焊接式整流二极管来说，只要有一只二极管短路或断路，该二极管所在的正或负整流板总成就需要更换新品。如果二极管是压装在整流板或后端盖上，那么在二极管短路或者断路后，只需用同型号规格的二极管更换故障二极管即可。整流器二极管的实物图及测试分别如图 2-39 和图 2-40 所示。

图 2-39 整流器二极管实物图

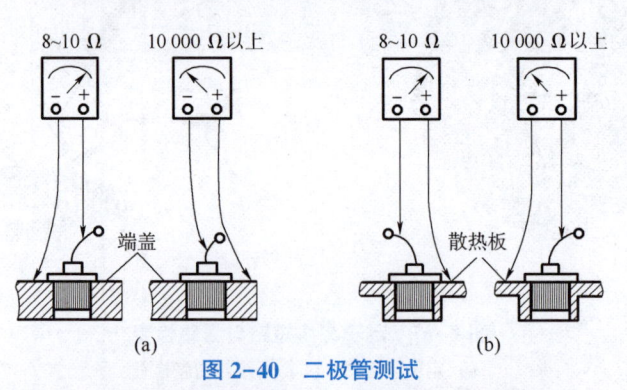

图 2-40 二极管测试
（a）端盖上负极管测试；（b）散热板上正极管测试

### 7. 检查电刷组件

电刷表面不得有油污，且应在电刷架中活动自如，电刷磨损不得超过原高度的 1/2（用游标卡尺或钢板尺检测）；检测电刷弹簧压力，当电刷从电刷架中露出长度为 2 mm 时，电刷弹簧力一般为 2~3 N；电刷架应无烧损、破裂或变形。

### 8. 其他零件检查

检查轴承轴向和径向间隙均不应大于 0.20 mm，滚珠、滚道无斑点，轴承无转动异响；

检查前后端盖、皮带轮等应无裂损，绝缘垫应完好。

**9. 电压调节器的基本检测**

（1）使用万用表初步判断其性能。

使用万用表测量各接线柱之间的电阻值，初步判断其性能。当使用此方法时，要注意选择合适的电阻挡位。

（2）使用可调直流稳压电源和试灯试验其性能。

使用可调直流稳压电源（输出电压为0~30 V，电流为5 A）和一只12 V（或24 V）、20 W的汽车灯泡代替发电机磁场绕组。

**注意**：检查内搭铁式晶体管调节器时，试灯应接在调节器"F"与"-"接线柱之间；检查外搭铁式晶体管调节器时，试灯则应接在调节器"F"与"+"接线柱之间。

调节直流稳压电源，使其输出电压从零逐渐升高，对于13~14.5 V调节器，当电压升高到6 V时，试灯开始点亮，随着电压的不断升高，试灯逐渐变暗；对于25~28 V调节器，当电压升高到20 V时，试灯应立即熄灭，继续调节直流稳压电源，使电压逐渐降低，试灯又重新变亮，且亮度随电压的降低逐渐减弱，则说明调节器良好。当施加到电子控制式电压调节器上的电压超过调节电压规定值时，试灯仍不熄灭，或者控制电压数值与规定值相差较大时，说明调节器有故障，已不能起调节作用；如试灯一直不亮，也说明调节器有故障，这样的调节器不能应用在汽车发电机上。

图2-41所示为电压调节器。

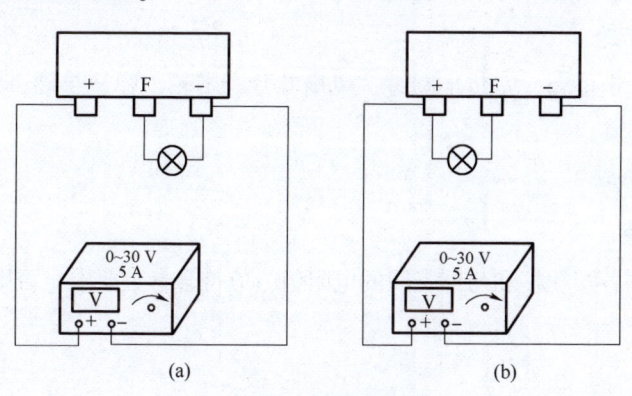

图2-41 电压调节器
（a）内搭铁式调节器；（b）外搭铁式调节器

## 2.3.3 汽车交流发电机的装配

汽车交流发电机一般安装在发动机前部的左右或左侧，其固定方式可以分为单挂脚、双挂脚和抱持式三种。在将发电机安装于其支架上后，借发电机的调整臂将发电机的驱动皮带张力调整至适当的角度，皮带不能张得太紧，如太紧会使发电机端盖及轴承容易损坏；也不能张得太松，如太松会使发电机运转时皮带打滑，影响发电机的正常工作。发电机的紧固螺栓应拧得很牢固，防止螺母松动。紧固螺栓的直径必须与发电机挂脚的孔相适应，如果直径太小，则会使发电机歪斜。发电机皮带槽的中心线必须与发动机曲轴皮带槽的中心线对齐，如果偏斜，则容易使皮带过早磨损，其偏斜度一般不超过1 mm。

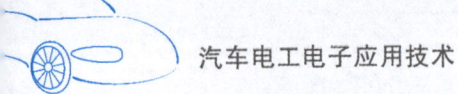

汽车交流发电机的具体装配步骤如下：

**1. 将整流器装到后端盖上**

拧上三颗固定螺钉，整流器即被固定在后端盖上。

应注意各绝缘垫片不能漏装，待装复后用万用表电阻挡测量"B"接线柱与端盖间电阻应为∞；测量两散热板之间及绝缘散热板与端盖之间电阻，均应为∞。若上述电阻较小或者为零，则表明漏装了绝缘垫片或套管，应拆开重装。

**2. 将定子总成与后端盖接合**

将定子绕组上的四个接线端子从后端盖孔中穿出，将接线端分别连接在整流器的接线螺钉上。

**3. 将前端盖装到转子轴上**

先将前端盖上的轴承、轴承盖安装并紧固好，再将该部分套到转子轴上，若过盈量较大，则可用木槌轻轻敲入。

**4. 将后端盖、定子装到转子轴上**

应注意使前后端盖上发电机安装挂脚位置恰当（符合拆解标记）。安装完成后，穿上前、后端盖紧固螺栓并分几次拧紧。

注意：各螺栓的拧紧切不可一次完成，而应轮流进行，并且不断转动转子，若转子运转受阻或者内部有摩擦，应调整拧紧力矩。

**5. 装配风扇、带轮**

在转子轴上套上定位套，安装半圆键、风扇叶片、带轮、弹簧垫圈，拧紧带轮紧固螺母，装复后端盖上的防护罩。

**6. 安装电刷架总成**

**7. 检验装配质量**

使用万用表检测各接线柱和与外壳间的电阻值，应符合参数要求，否则应拆解重装。

## 任务实施

| 任务场景 | 电工电子实训室 |
| --- | --- |
| 任务分组 | 在任务实施过程中，采取分组的方式进行，每3~5人一组，通过自荐或推荐的方式选出组长，负责本组任务实施的组织工作，实施过程中小组成员要互相帮助，共同完成任务 |
| 实施过程 | 各小组根据以上任务描述，完成以下任务的实施过程。<br>1. 获取信息：操作前需要理解发电机的基本结构、拆卸步骤等相关知识，各组搜集相关资料。<br>2. 任务准备：明确任务内容，准备工具、设备及相关资料，做好现场防护。<br>3. 任务实施：使用万用表检测电阻、电压时，注意挡位的选择；检测发电机电枢极时，注意此点电压不受开关控制，严禁其引线搭铁短路。<br>4. 考核评价：各组展示任务完成情况，配合指导教师完成考核评价表 |

续表

| | |
|---|---|
| 任务要求 | 1. 安全操作：确保在拆装过程中遵守安全操作规程，如切断电源、使用适当的工具等，防止触电或机械伤害。<br>2. 拆卸轴承端盖时，不要硬敲，要使用拉力器或拉拔器。<br>3. 使用万用表检测电阻、电压时，注意挡位的选择。<br>4. 检测发电机电枢极时，注意此点电压不受开关控制，严禁其引线搭铁短路。<br>5. 记录与报告：在整个拆装与检测过程中，需要做好详细记录，并在操作后编写报告，对发现的问题进行说明并提出维修建议 |
| 任务反思 | 1. 三相交流发电机的拆装顺序。<br>2. 当充电系统出现不充电、充电电流过大或过小、充电电流不稳定等故障现象时，如何根据充电指示灯检测故障情况 |

## 任务评价

| 序号 | 评价项目 | 评价指标 | 分值 | 自评（20%） | 互评（20%） | 师评（60%） | 合计 |
|---|---|---|---|---|---|---|---|
| 1 | 知识目标（30分） | 能够进行交流发电机电路的实验验证 | 5 | | | | |
| | | 具备分析和排除交流发电机电路故障的能力 | 10 | | | | |
| | | 能够进行交流发电机电路的性能测试 | 15 | | | | |
| 2 | 能力目标（50分） | 能熟练掌握发电机的拆解 | 10 | | | | |
| | | 能熟练掌握发电机的检测 | 10 | | | | |
| | | 能熟练掌握发电机的装配 | 30 | | | | |
| 3 | 素质目标（20分） | 具备良好的学习能力 | 5 | | | | |
| | | 具备较强的分析和解决问题的能力 | 5 | | | | |
| | | 能够独立分析和解决交流发电机的故障问题 | 5 | | | | |
| | | 具备较强的安全意识和责任心 | 5 | | | | |

**拓展阅读**

　　理查·派克是运动史上赢得奖金最多的赛车选手之一。他第一次赛车回来时，兴奋地对母亲说："有35辆车参赛，我跑了第二。""你输了"，他母亲毫不客气地回答，"可是"，理查·派克瞪大了眼睛，"这是我第一次参加比赛，而且赛车还这么多。""儿子"，母亲深情地说，"记住，你用不着跑在任何人的后面！"

　　接下来的20年中，理查·派克称霸赛车界。他的许多纪录至今无人打破。问他成功的原因，他说他从未忘记母亲的教诲，是母亲在他为第二名沾沾自喜之时，帮他发现了他还可能是第一的希望。

　　第一是人们梦寐以求的，这个世界上也不可能让所有的人都争得第一。可是，试想一下，如果理查·派克对于第一想都不敢想，他连自己都不自信，如果他得不到母亲深情的鼓舞，他能在20年的时间里称霸赛车世界吗？记住，你用不着跑在任何人的后面！

# 模块 3 变压器的认知与验证

## 模块简介

通过本模块的学习，使学生掌握变压器的基本结构，理解变压器的工作原理，学习变压器的分类和应用场景；掌握变压器的检测与验证，学习变压器检测的基本方法；掌握变压器检测仪器的使用方法，进行实际操作，对给定的变压器进行全面的检测和验证；掌握变压器常见故障的分析与处理，学习变压器常见故障的类型和原因；掌握变压器故障诊断的基本方法和技巧。

## 3.1 变压器基本知识的认知

### 任务导入

在我们日常生活中，电力无处不在，而变压器则是电力系统中不可或缺的关键设备。今天，我们将一起走进变压器的世界，探索其基本原理、功能以及重要性。

变压器，作为电力传输和分配的核心元件，承担着电压升降的重要任务。你是否曾经好奇过，为什么家里的电压总是稳定的 220 V，而高压输电线上却能达到数千伏甚至更高？这背后正是变压器的神奇作用。我们还将通过一些实践案例和模拟操作，让你亲身体验变压器的运行和维护过程，这不仅能够加深你对理论知识的理解，更能够提升你的实际操作能力。

### 学习目标

【知识目标】

(1) 了解变压器的主要组成部分，并理解它们各自的功能。

(2) 理解变压器通过电磁感应实现电压升降的基本原理。

(3) 了解不同类型的变压器及其特点，以及变压器的主要技术参数。

【能力目标】

(1) 能够根据变压器的技术参数和运行数据，分析变压器的性能。

(2) 了解变压器的安装、调试和运行维护方法。

(3) 能够识别变压器的常见故障，并了解相应的故障处理方法和预防措施。

【素质目标】

(1) 了解变压器运行中的安全注意事项，遵守操作规程和安全规范，确保人身和设备安全。

(2) 在变压器的学习和应用过程中，学生应能够与他人有效协作，共同完成任务，并具备良好的沟通能力，以便更好地交流和分享经验。

(3) 学生通过学习变压器知识，发现问题并提出改进建议，增强学生的创新思维和实践能力。

知识准备

### 3.1.1 电磁学基本知识的认知

**1. 电磁学的基本物理量学习**

1) 磁感应强度 $B$

磁感应强度是用来描述磁场内某点磁场强弱和方向的物理量，是一个矢量。它与电流（电流产生磁场）之间的方向关系满足右手螺旋定则，可用通电导体在磁场中某点受到的电磁力与导体中电流和导体有效长度的乘积的比值，来表示该点磁场的性质，并称作该点的磁感应强度，用 $B$ 表示。其数学式为

$$B = \frac{F}{iI} \tag{3-1}$$

在 SI 制中，$B$ 的单位是特（T），以前也常用电磁制单位高斯（Gs），两者的关系是

$$1\ \text{T} = 10^4\ \text{Gs} \tag{3-2}$$

如果磁场内各点磁感应强度的大小相等、方向相同，则称为均匀磁场。在均匀磁场中，$B$ 的大小可用通过垂直于磁场方向的单位截面上的磁感线来表示。

由上式可知，一载流导体在磁场中受电磁力作用，电磁力的大小 $F$ 与磁感应强度 $B$、电流 $I$、垂直于磁场的导体有效长度 $l$ 成正比。其数学式为

$$F = BIl\sin\alpha \tag{3-3}$$

式中　$\alpha$——磁场与导体的夹角；

$B$，$F$，$I$——三者的方向由左手定则确定。

若 $\alpha = 90°$，则

$$F = BIl \tag{3-4}$$

2) 磁通 $\Phi$

磁感应强度 $B$（如果不是均匀磁场，则取 $B$ 的平均值）与垂直于磁场方向的面积 $S$ 的

乘积称为该面积的磁通 $\Phi$，即

$$\Phi = BS \tag{3-5}$$

可见，磁感应强度在数值上可以看成与磁场方向相垂直的单位面积所通过的磁通，故其又称磁通密度。

在 SI 制中，$\Phi$ 的单位为韦（Wb），在工程上有时也用电磁制单位麦（Mx），两者的关系为

$$1 \text{ Wb} = 10^8 \text{ Mx} \tag{3-6}$$

3）磁导率 $\mu$

磁导率 $\mu$ 是表示磁场媒质磁性的物理量，也就是用来衡量物质导磁能力的物理量，它与磁场强度的乘积就等于磁感应强度，即

$$B = \mu H \tag{3-7}$$

直导体通电后，在周围产生磁场，在导体附近 $X$ 点处的磁感应强度 $B_X$ 与导体中的电流 $I$、$X$ 点所处的空间几何位置及磁介质的磁导率 $\mu$ 有关。其数学式为

$$B_X = \mu H_X = \mu \frac{I}{2\pi r} \tag{3-8}$$

由式（3-8）可见，磁场内某一点的磁场强度 $H$ 只与电流大小以及该点的几何位置有关，而与磁场媒质的磁性（$\mu$）无关。也就是说在一定电流值下，同一点磁场强度不因磁场媒质的不同而有异，但磁感应强度是与磁场媒质的磁性有关的。当线圈内的媒质不同时，磁导率 $\mu$ 不同，在同样电流下，同一点磁感应强度的大小就不同，线圈内的磁通也就不同了。

自然界的物质，就导磁性能而言，可分为铁磁物质和非铁磁物质两大类。非铁磁物质与空气的磁导率和真空磁导率很接近。

任意一种物质磁导率 $\mu$ 和真空磁导率 $\mu_0$ 的比值，称为该物质的相对磁导率 $\mu_r$，即

$$\left. \begin{array}{l} \mu_r = \dfrac{\mu}{\mu_0} \\ \mu_r = \dfrac{\mu H}{\mu_0 H} = \dfrac{B}{B_0} \end{array} \right\} \tag{3-9}$$

在 SI 制中，$\mu$ 的单位是亨/米（H/m）。

式（3-9）表示的相对磁导率就是当磁场媒质是某种物质时，某点的磁感应强度 $B$ 与其在同样电流值下于真空中该点的磁感应强度 $B_0$ 之比所得的倍数。

4）磁场强度 $H$

磁场强度 $H$ 是计算磁场时所引用的一个物理量，也是矢量。磁场内某点磁场强度的大小等于该点的磁感应强度除以该点的磁导率，即

$$H = \frac{B}{\mu} \tag{3-10}$$

式中 $H$ 的单位是安/米（A/m）。

式（3-10）是安培环路定律（或称为全电流定律）的数学表示式，它是计算磁路的基本公式。

由式（3-8）可知，$X$ 点的磁场强度 $H_X$ 为

$$H_X = \frac{B_X}{\mu} = \frac{I}{2\pi r} \qquad (3-11)$$

由式（3-11）可知，磁场强度的大小取决于电流的大小、载流导体的形状及几何位置，而与磁介质无关。

**2. 铁磁性材料的磁性能**

1）磁性材料

磁性材料主要是指铁、镍、钴及其合金，这些磁性材料具有下列磁性能。

（1）高导磁性。

磁性材料的磁导率很高，铁磁物质的磁导率比非磁物质的高很多，如硅钢的相对磁导率可达 7 000 之多，这就使它们具有被强烈磁化（呈现磁性）的特性。

铁磁性材料的磁化曲线可用磁感应强度 $B$ 随外磁场强度 $H$ 的变化关系来表征（由实验结果绘成）。

图 3-1 所示为 $B=f(H)$ 曲线。曲线大致可分为三个段：$Oa$ 段、$ab$ 段和 $bc$ 段。$Oa$ 段为高导磁性材料段，$B$ 和 $H$ 几乎成正比例增加；$ab$ 段 $B$ 的增加缓慢下来；$bc$ 段 $B$ 增加很小，磁场达到了饱和。正是由于铁磁材料的高导磁性，许多电气设备的线圈都绕制在铁磁性材料上，以便用小的励磁电流（与 $H$ 有关）产生较大的磁场、磁通。如变压器、电动机与发电机的铁芯都是由高导磁性材料制成的，以降低设备的体积与重量。

（2）磁饱和性。

图 3-1 中的 $ab$ 段，磁性物质由于磁化所产生的磁化磁场不会随着外磁场的增强而无限地增强，当外磁场（或励磁电流）增大到一定值时，全部磁畴的磁场方向都转向与外磁场的方向一致，这时磁化磁场的磁感应强度即达饱和值。

（3）磁滞性。

在铁芯线圈中通入交流电，铁芯被交变的磁场反复磁化，在电流变化一次时，磁感应强度 $B$ 随磁场强度 $H$ 而变化的关系如图 3-2 所示，由图可见，当 $H$ 已减到零值时，$B$ 并未回到零值。这种磁感应强度滞后于磁场强度变化的性质称为磁性物质的磁滞性，由此画出的 $B$-$H$ 曲线称为磁滞回线。

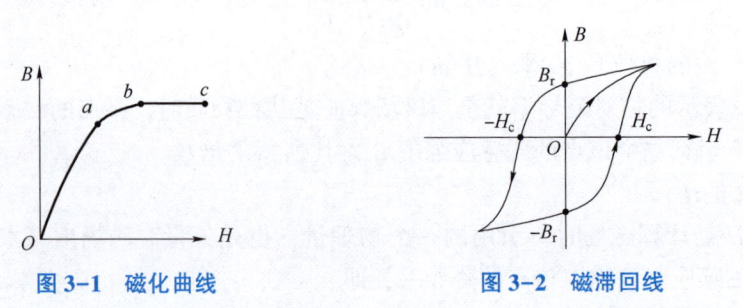

图 3-1　磁化曲线

图 3-2　磁滞回线

当线圈中电流减小到零值（即 $H=0$）时，铁芯在磁化时所获得的磁性还未完全消失，此时铁芯中所保留的磁感应强度称为剩磁感应强度 $B_r$（又称剩磁），在图 3-2 中即为纵坐标 $B_r$ 和 $-B_r$，永久磁铁的磁性就是由剩磁产生的。

如果要使铁芯的剩磁消失，通常通过改变线圈中励磁电流的方向，也就是改变磁场强度 $H$ 的方向来进行反向磁化，而使 $B=0$ 的 $H$ 值称为矫顽磁力 $H_c$（又称矫顽力）。

铁磁材料在反复磁化过程中产生的损耗称为磁滞损耗，它是导致铁磁性材料发热的原因之一，对电机、变压器等电气设备的运行不利。因此，常采用磁滞损耗小的铁磁性材料做它们的铁芯。

由实验可知，不同的铁磁性材料，其磁化曲线和磁滞回线都不一样。

2) 磁性物质的分类

按磁化特性的不同，铁磁性材料可分成以下三种类型。

（1）软磁材料。

软磁材料具有较小的矫顽力，磁滞回线较窄，一般用来制造电机、电器及变压器等的铁芯，常用的有铸铁、硅钢、坡莫合金及铁氧体等。

铁氧体在电子技术中应用也很广泛，可作计算机的磁芯、磁鼓以及录音机的磁带和磁头。

（2）硬磁性材料—永磁材料。

硬磁性材料—永磁材料具有较大的矫顽力，磁滞回线较宽，一般用来制造永久磁铁，常用的有碳钢、钴钢及铁镍铝钴合金等。

（3）矩形磁材料。

矩形磁材料具有较小的矫顽力和较大的剩磁，磁滞回线接近矩形，稳定性也较好，在计算机和控制系统中可用作记忆元件、开关元件和逻辑元件，常用的有镁锰铁氧体及 1J51 型铁镍合金。

### 3. 磁路基本定律

为了使较小的励磁电流产生足够大的磁通（或磁感应强度），在电机、变压器及各种铁磁元件中常用磁性材料做成一定形状的铁芯，由于铁芯的磁导率比周围空气或其他物质的磁导率高得多，因此磁通的绝大部分经过铁芯而形成一个闭合通路，这种人为造成的磁通路径称为磁路。

1) 安培环路定律（全电流定律）

在磁路中，沿任意闭合路径，磁场强度的线积分等于与该闭合路径所环链的电流的代数和，即

$$\oint H \mathrm{d}l = \sum I \qquad (3-12)$$

计算电流代数和时，与绕行方向符合右手螺旋定则的电流取正号，反之取负号。

若闭合回路中各点的磁场强度相等且其方向与闭合回路的切线方向一致，则

$$Hl = \sum I = NI$$

式中　$N$——线圈匝数。

2) 磁路欧姆定律

设一段磁路长为 $l$，磁路面积为 $S$ 的环形线圈，磁力线均匀分布于横截面上，这时 $B$、$H$ 与 $\mu$ 之间的关系为

$$H = \frac{B}{\mu}, B = \frac{\Phi}{S}$$

根据安培环路定律，得磁路的欧姆定律为

$$Hl = \frac{B}{\mu}l = \frac{\Phi}{\mu S}l$$

或 $$\Phi = \frac{Hl}{\frac{l}{\mu S}} = \frac{F}{R_m} \qquad (3-13)$$

式中　$F$——磁动势，$F=Hl$，单位为安匝；

　　　$R_m$——磁路的磁阻，$R_m = \frac{l}{\mu S}$，表示磁路对磁通具有阻碍作用的物理量，它与磁路的几何尺寸、磁介质的磁导率有关，单位为 $H^{-1}$。

式（3-13）与电路的欧姆定律在形式上相似，所以称为磁路的欧姆定律，它是磁路进行分析与计算所要遵循的基本定律。

因为铁磁材料的磁导率 $\mu$ 不是常数，它随励磁电流而变，所以铁磁材料的磁阻是非线性的，数值很小；空气隙的磁导率很小，而且是常数，所以空气隙中的磁阻是线性的，数值很大。由于铁磁材料的磁阻是非线性的，因此，不能直接用式（3-13）进行定量分析，而只能进行定性分析。

### 3.1.2　变压器的认知

**1. 变压器结构**

变压器主要由铁芯、线圈和冷却系统组成，如图3-3所示。

（1）铁芯：铁芯构成变压器的磁路，为了减少铁损，提高磁路的导磁性能，一般由 0.35～0.55mm 的表面绝缘的硅钢片交错叠压而成。根据铁芯的结构不同，变压器可分为心式（小功率）和壳式（容量较大）两种。

（2）绕组：绕组即线圈，是变压器的电路部分，用绝缘导线绕制而成，有原绕组、副绕组之分，其中，与电源相连的称为原绕组（或称初级绕组、一次绕组），与负载相连的称为副绕组（或称次级绕组、二次绕组）。

（3）冷却系统：由于铁芯损失会使铁芯发热，故变压器要有冷却系统。小容量变压器采用自冷式冷却系统，而中大容量的变压器采用油冷式冷却系统。

**2. 变压器主要功能**

变压器主要具有电压变换、电流变换、阻抗变换、隔离、稳压（磁饱和变压器）等功能。

**3. 变压器的符号**

变压器的图形符号如图3-4所示。

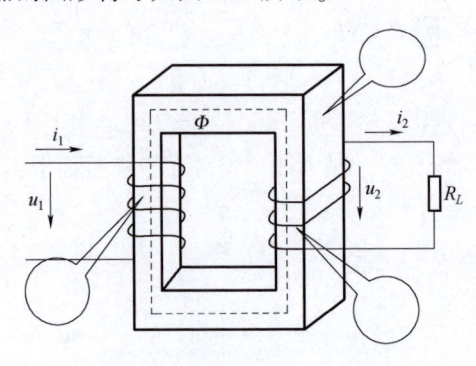

图3-3　变压器的结构示意图

图3-4　变压器图形符号

### 4. 变压器的分类

1) 变压器按工作频率分

变压器按工作频率可分为低频变压器、中频变压器、高频变压器、脉冲变压器、自耦变压器和隔离变压器。

（1）低频变压器。

低频变压器用来传输信号电压和信号功率，还可以实现电路之间的阻抗匹配，对直流电具有隔离作用。低频变压器又可分为音频变压器和电源变压器两种，如图3-5所示。此外，音频变压器又可分为级间耦合变压器、输入变压器和输出变压器，其外形均与电源变压器相似。

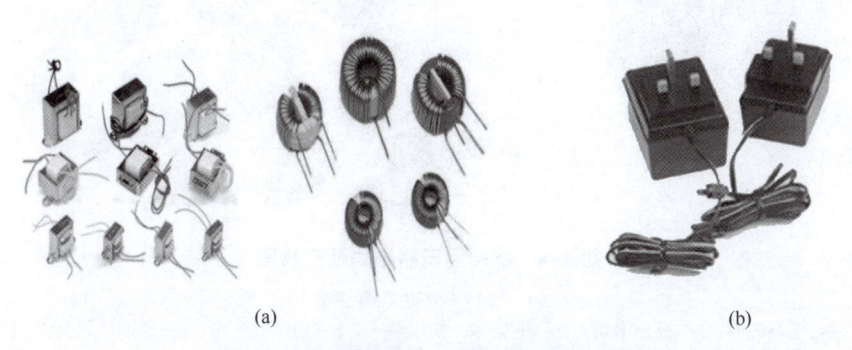

(a)　　　　　　　　　　　　　　　　(b)

图 3-5　音频变压器、电源变压器实物图
(a) 音频变压器；(b) 电源变压器

电源变换的特性：滤波性能好；负载能力强；损耗小。
用途：AC-AC、AC-DC 转换，广泛用于收音机、收录机、无线电话及其他小型电器等。

（2）中频变压器。

中频变压器又称中周，是超外差式收音机和电视机中的重要组件，其实物图如图3-6所示。

图 3-6　中频变压器实物图

（3）高频变压器。

高频变压器可分为耦合线圈和调谐线圈两大类，其实物图如图3-7所示。

图 3-7　高频变压器实物图

(4) 脉冲变压器。

脉冲变压器用于各种脉冲电路中,其工作电压、电流等波形均为非正弦脉冲波。常用的脉冲变压器有电视机的行输出变压器、行推动变压器、开关变压器、电子点火器的脉冲变压器、臭氧发生器的脉冲变压器等。

脉冲变压器结构及实物图如图 3-8 所示。

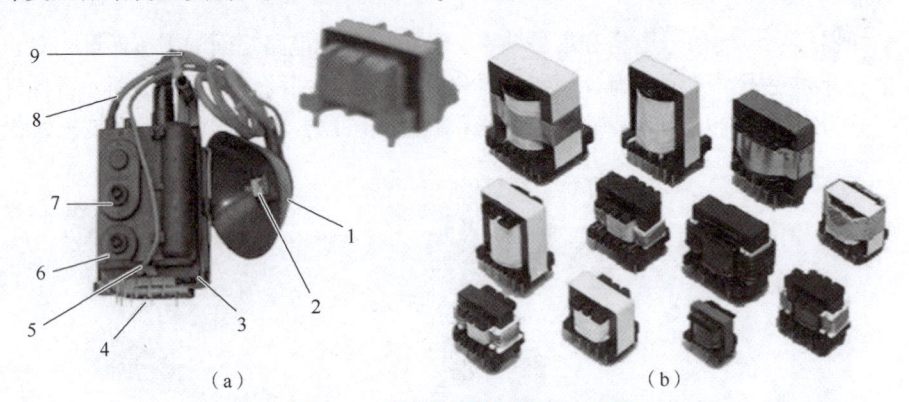

图 3-8 脉冲变压器结构及实物图
(a) 结构图;(b) 实物图
1—高压帽;2—高压卡簧;3—磁芯;4—绕组端子;5—加速极输出;6—加速极调节;
7—聚焦极调节;8—聚焦极输出;9—高压线

(5) 自耦变压器。

自耦变压器的绕组为有抽头的一组线圈,其输入端和输出端之间有电的直接联系,不能隔离为两个独立部分,其实物图如图 3-9 所示。

图 3-9 自耦变压器实物图
(a) 固定自耦变压器;(b) 可调自耦变压器

(6) 隔离变压器。

隔离变压器的主要作用是隔离电源,切断干扰源的耦合通路和传输通道,其一次、二次绕组的匝数比(即变压比)等于1。它又分为电源隔离变压器和干扰隔离变压器,其实物图如图 3-10 所示。

2) 按相数分

(1) 单相变压器:用于单相负荷和三相变压器组。

(2) 三相变压器:用于三相系统的升、降电压。

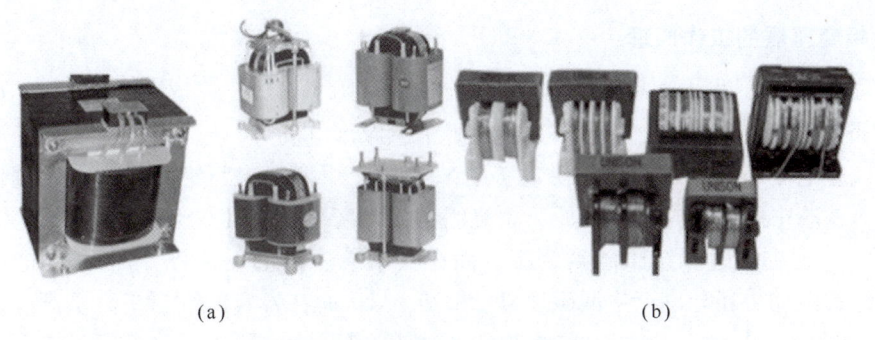

图 3-10　隔离变压器实物图

(a) 电源隔离变压器；(b) 干扰隔离变压器

3）按冷却方式分

(1) 干式变压器：依靠空气对流进行自然冷却或增加风机冷却，多用于高层建筑、高速收费站点用电及局部照明、电子线路等小容量变压器。

(2) 油浸式变压器：依靠油作冷却介质，如油浸自冷、油浸风冷、油浸水冷、强迫油循环等。

4）按用途分

(1) 电力变压器：用于输配电系统的升、降电压。

(2) 仪用变压器：如电压互感器、电流互感器，用于测量仪表和继电保护装置。

(3) 试验变压器：能产生高压，对电气设备进行高压试验。

(4) 特种变压器：如电炉变压器、整流变压器、调整变压器、电容式变压器和移相变压器等。

5）按绕组形式分

(1) 双绕组变压器：用于连接电力系统中的两个电压等级。

(2) 三绕组变压器：一般用于电力系统区域变电站中，连接三个电压等级。

(3) 自耦变电器：用于连接不同电压的电力系统，也可作为普通的升压或降压变压器用。

6）按铁芯形式分

(1) 芯式变压器：用于高压的电力变压器。

(2) 非晶合金铁芯变压器：非晶合金铁芯变压器采用新型导磁材料，空载电流下降约80%，是目前节能效果较理想的配电变压器，特别适用于农村电网和发展中地区等负载率较低的地方。

(3) 壳式变压器：用于大电流的特殊变压器，如电炉变压器、电焊变压器；或用于电子仪器及电视、收音机等的电源变压器。

变压器的电路符号如图 3-11 所示，图中的黑点代表同名端（同相端）。

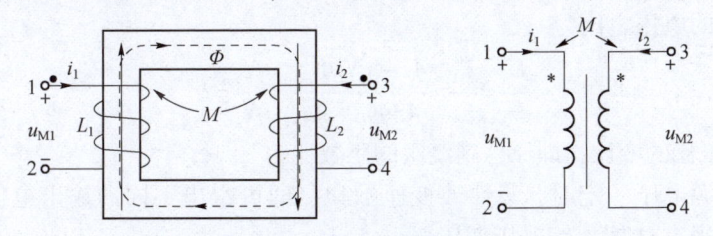

图 3-11　变压器电路符号

### 5. 单相变压器的工作原理

在原绕组上接入交流电压 $u_1$ 时，原绕组中便有电流 $i_1$ 通过，原绕组的磁动势 $i_1N_1$ 产生的磁通绝大部分通过铁芯而闭合，从而在副绕组中感应出电动势。如果副绕组接有负载，那么副绕组中就有电流通过，副绕组的磁动势 $i_2N_2$ 也会产生磁通，其绝大部分也通过铁芯而闭合。因此，铁芯中的磁通是一个由原、副绕组的磁动势共同产生的合成磁通，称为主磁通，用 $\Phi$ 表示。主磁通穿过原绕组和副绕组，而在其中感应出的电动势分别为 $e_1$ 和 $e_2$。此外，原、副绕组的磁动势还分别产生漏磁通 $\Phi_{\sigma1}$ 和 $\Phi_{\sigma2}$，从而在各自的绕组中分别产生漏磁动势 $e_{\sigma1}$ 和 $e_{\sigma2}$，如图 3-12（a）所示。

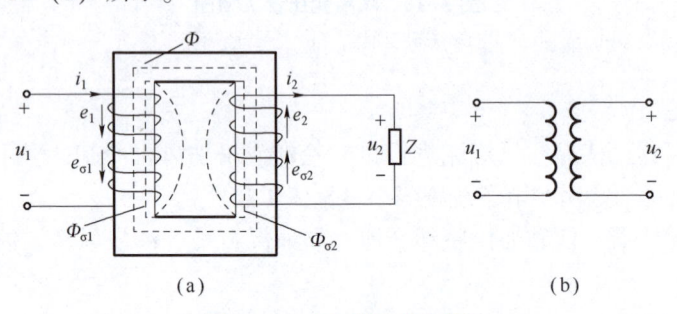

图 3-12 变压器工作原理

变压器的功能包括电压变换、电流变换和阻抗变换。

1）电压变换

如图 3-12（a）所示，原绕组电路的基尔霍夫电压定律方程为

$$u_1 + e_1 + e_{\sigma1} = i_1 R_1 \tag{3-14}$$

写成相量表示式为

$$\dot{U}_1 = \dot{I}_1 R_1 - \dot{E}_{\sigma1} - \dot{E}_1 = \dot{I}_1 R_1 + j\dot{I}_1 X_1 - \dot{E}_1$$

由于原绕组的电阻 $R$ 和感抗 $X$（或漏磁通）较小，因而它们两端的电压降也较小，与主磁电动势 $E_1$ 比较起来，可以忽略不计，于是

$$U_1 = E_1 = 4.44 f N_1 \Phi_m$$

同理，可得副边电路电压与电动势的有效值为

$$U_2 = E_2 = 4.44 f N_2 \Phi_m \tag{3-15}$$

变压器空载时

$$I_2 = 0, U_{20} = E_2$$

式中　$U_{20}$——空载时副绕组的端电压。

以上几式说明，由于原、副绕组的匝数不相等，故电动势的大小也不相等，因而输入电压（电源电压）和输出电压（负载电压）的大小也是不等的。

原、副绕组的电压之比为

$$\frac{U_1}{U_2} = \frac{E_1}{E_2} = \frac{4.44 f N_1 \Phi_m}{4.44 f N_2 \Phi_m} = \frac{N_1}{N_2} = K \tag{3-16}$$

式中　$K$——变压器的变比，即原、副绕组的匝数比。

可见，当电源电压一定时，只要改变匝数比，即可得出不同的输出电压。当 $K>1$ 时，为降压变压器；当 $K<1$ 时，为升压变压器。

变比在变压器的铭牌上注明,它通常以"6000/400V"的形式表示原、副绕组的额定电压之比,此例表明这台变压器原绕组的额定电压为 6 000 V,副绕组的额定电压为 400 V。

所谓副绕组的额定电压是指原绕组加上额定电压时副绕组的空载电压。由于变压器有内阻抗压降,所以副绕组的空载电压一般应较满载时的电压高 5%~10%。

2) 电流变换

由 $U_1 = E_1 = 4.44fN_1\Phi_m$ 可见,当电源电压 $U_1$ 和频率 $f$ 不变时,$E_1$ 和 $\Phi_m$ 也都近于常数。也就是说,铁芯中主磁通的最大值在变压器空载或有负载时差不多是恒定的。因此有负载时产生主磁通的原、副绕组的合成磁动势 $(i_1N_1+i_2N_2)$ 应该与空载时产生主磁通的原绕组的磁动势 $i_0N_1$ 差不多相等,即

$$i_1N_1+i_2N_2=i_0N_1$$

变压器的空载电流 $i_0$ 是励磁用的。由于铁芯的磁导率高,故空载电流是很小的,它的有效值 $I_0$ 在原绕组额定电流 $I_{1N}$ 的 10% 以内,因此 $I_0N_1$ 与 $I_1N_1$ 相比,常可忽略。于是

$$i_1N_1=-i_2N_2$$

其有效值形式为
$$I_1N_1=I_2N_2$$
所以
$$I_1/I_2=N_2/N_1=1/K \tag{3-17}$$

可见,变压器中的电流虽然由负载的大小确定,但是原、副绕组中电流的比值基本上是不变的,因为当负载增加时,$I_2$ 和 $I_2N_2$ 随着增大,而 $I_1$ 和 $I_1N_1$ 也必须相应增大,以抵偿副绕组电流和磁动势对主磁通的影响,从而维持主磁通的最大值近似不变。

变压器的额定电流 $I_{1N}$ 和 $I_{2N}$ 是指变压器在长时间连续工作运行时原、副绕组允许通过的最大电流,它们是根据绝缘材料允许的温度确定的。

副绕组的额定电压与额定电流的乘积称为变压器的额定容量,即
$$S_N=U_{2N}I_{2N} \tag{3-18}$$
它是视在功率(单位是伏安),与输出功率(单位是瓦)不同。

3) 阻抗变换

变压器不但可以变换电压和电流,还有变换阻抗的作用,以实现"匹配"。负载阻抗 $Z_L$ 接在变压器副边,所谓等效,就是输入电路的电压、电流和功率不变,也就是说,直接接在电源上的阻抗 $Z_L'$ 和接在变压器副边的负载阻抗 $Z_L$ 是等效的。

$Z_L'$ 与 $Z_L$ 的关系推导如下:

$$Z_L'=\frac{U_1}{I_1}=\frac{\dfrac{N_1}{N_2}U_2}{\dfrac{N_2}{N_1}I_2}=\left(\frac{N_1}{N_2}\right)^2\frac{U_2}{I_2}=K^2\frac{U_2}{I_2}=K^2Z_L \tag{3-19}$$

所以
$$Z_L'=K^2Z_L$$

匝数比不同,负载阻抗 $Z_L$ 折算到(反映到)原边的等效阻抗 $Z_L'$ 也不同。我们可以采取不同的匝数比,把负载阻抗变换为所需要的、比较合适的数值,这种做法通常称为阻抗匹配。

## 任务实施

| 任务场景 | 电工电子实训室 |
|---|---|
| 任务分组 | 在任务实施过程中,采取分组的方式进行,每3~5人一组,通过自荐或推荐的方式选出组长,负责本组任务实施的组织工作,实施过程中小组成员要互相帮助,共同完成任务 |
| 实施过程 | 各小组根据以上任务描述,完成以下任务的实施过程。<br>1. 获取信息:操作前需要掌握电磁学的基本物理量、铁磁性材料的磁性能、磁路基本定律、变压器的分类和结构及功能等相关知识,各组搜集相关资料。<br>2. 任务准备:明确任务内容,准备相关资料。<br>3. 任务实施:能熟练运用电路的基本定律和分析方法对变压器电路进行分析。<br>4. 考核评价:各组展示任务完成情况,配合指导教师完成考核评价表 |
| 任务要求 | 1. 安全操作:确保实验环境整洁、干燥,避免潮湿或积水导致的触电风险。<br>2. 明确任务目标:学生需要明确任务的目标,即掌握变压器的结构、分类、工作原理及额定值等基础知识;任务应围绕变压器的不同分类(如电力变压器、仪用互感器、特种变压器等)进行,以便学生全面了解变压器的应用领域。<br>3. 强调自主学习与探究:鼓励学生通过查阅资料、观看教学视频、参加线上讨论等方式自主学习变压器结构的相关知识;引导学生通过探究变压器的工作原理、额定值等内容,培养其独立思考和解决问题的能力。<br>4. 注重实践技能培养:在任务实施过程中,注重培养学生的实践技能,如变压器的安装、调试、维护等操作技能。<br>5. 评价与反馈:制定明确的评价标准,对学生的任务完成情况进行客观评价,包括知识的掌握程度、实践技能的表现等;提供及时的反馈和建议,帮助学生发现并改正错误,提高学习效果。同时,鼓励学生之间进行互评和讨论,促进知识的共享和交流。<br>6. 记录与报告:记录并对发现的问题进行说明,提出维修建议 |
| 任务反思 | 1. 铁磁性材料的磁性能。<br>2. 变压器的结构。<br>3. 变压器的功能 |

## 考核评价

| 序号 | 评价项目 | 评价指标 | 分值 | 自评（20%） | 互评（20%） | 师评（60%） | 合计 |
|---|---|---|---|---|---|---|---|
| 1 | 知识目标（30分） | 了解变压器的主要组成部分,并熟悉它们各自的功能 | 5 | | | | |
| | | 理解变压器通过电磁感应实现电压升降的基本原理 | 10 | | | | |
| | | 了解不同类型的变压器及其特点,以及变压器的主要技术参数 | 15 | | | | |

续表

| 序号 | 评价项目 | 评价指标 | 分值 | 自评（20%） | 互评（20%） | 师评（60%） | 合计 |
|---|---|---|---|---|---|---|---|
| 2 | 能力目标（50分） | 能够根据变压器的技术参数和运行数据，分析变压器的性能 | 10 | | | | |
| | | 了解变压器的安装、调试和运行维护方法 | 10 | | | | |
| | | 能够识别变压器的常见故障，并了解相应的故障处理方法和预防措施 | 30 | | | | |
| 3 | 素质目标（20分） | 能够遵守操作规程和安全规范 | 5 | | | | |
| | | 具备良好的沟通能力 | 5 | | | | |
| | | 能够独立分析和解决变压器的故障问题 | 5 | | | | |
| | | 具备创新思维和实践能力 | 5 | | | | |

## 拓展阅读

教授说，打碎一个鸡蛋，有两种方式，一种方式是给它外力，另一种方式是让鸡蛋自己打碎自己。一个鸡蛋好端端地放在那里，怎么会自己打碎自己呢？教授说，在外力下，鸡蛋打碎了，鸡蛋走向的是毁灭，但鸡蛋自己打碎自己，又会是怎样呢？教授扫视了一眼课堂下的学生，继续说，鸡蛋自己打碎自己，那只能是鸡蛋孵化自己，在蛋壳内孵化出新的生命——小鸡，小鸡在蛋壳内不断地成长，当长大到一定程度，小鸡就会啄破蛋壳，破壳而出，打碎原先的自己——鸡蛋。

如果你不想让外力打碎自己，那就像鸡蛋一样，不断地积聚内在的力量，去自己打碎自己，在自己打碎自己中突破自己、超越自己，实现重生，去获得新的生机和希望。

## 3.2 变压器的验证

### 任务导入

在电力系统中,变压器扮演着至关重要的角色。它像电力系统的心脏,负责将电能从一个电压等级安全、高效地传递到另一个电压等级。然而,正如任何机械设备一样,变压器也会因各种原因而出现故障或性能下降。为了确保电力系统的稳定运行,我们必须对变压器进行定期的检测与维护。在本次学习任务中,我们将深入了解变压器检测的重要性、方法和技巧,探讨如何通过外观检查、电气试验、油质分析等多种手段,全面评估变压器的健康状况。同时,我们还将学习如何根据检测结果,制定针对性的维护措施,以延长变压器的使用寿命。

### 学习目标

【知识目标】
(1) 掌握变压器检测的基本方法,如外观检查、电气试验和油质分析等。
(2) 掌握变压器各项技术指标(如电压、电流、绝缘电阻等)的检测方法和标准值。
(3) 掌握变压器常见故障的类型和原因,如绕组故障、铁芯故障、绝缘故障等。
(4) 学习变压器故障诊断的基本方法和技巧,如故障现象分析、故障点定位等。

【能力目标】
(1) 根据检测任务的要求,制定合理的检测方案。
(2) 熟练使用各种检测仪器和设备,进行变压器的外观检查、电气试验和油质分析等。
(3) 根据检测结果,分析变压器的健康状况和潜在问题。
(4) 能够向相关人员准确、清晰地报告检测结果和建议。

【素质目标】
(1) 在检测过程中,始终保持严谨、认真的态度,确保检测结果的准确性和可靠性。
(2) 在检测过程中,严格遵守安全操作规程和环保要求,确保人身和设备安全。
(3) 不断学习与掌握新的检测技术和方法,提高自己的专业素养和综合能力。
(4) 敢于创新和实践,积极探索新的检测方法和应用领域。

### 知识准备

#### 3.2.1 变压器的识别

**1. 变压器的选用**

要清楚用电地方的电源电压、用户的实际用电负荷和所在地方的条件,然后参照变压器铭牌标示的技术数据逐一选择，一般应从变压器容量、电压、电流及环境条件综合考虑，其中容量选择应根据用户用电设备的容量、性质和使用时间来确定所需的负荷量，以此来选择变压器容量。

在正常运行时，应使变压器承受的用电负荷为变压器额定容量的75%~90%。运行中当测出变压器实际承受负荷小于额定容量的50%时，应更换小容量变压器；如大于变压器额定容量，则应立即更换大变压器。同时根据线路电源决定变压器的初级线圈电压值，并根据用电设备选择次级线圈的电压值，最好选为低压三相四线制供电，这样可同时提供动力用电和照明用电。对于电流的选择要注意负荷在电动机起动时应能满足电动机的要求（因为电动机起动电流要比下沉运行时大4~7倍）。

经验：

1）查看外观—完好

仔细看电源变压器的引线是否有脱焊、断线故障，铁芯是否有松动等不牢固之处。

2）查看参数—满足

查看所使用电源变压器的输出功率，输入、输出电压的大小，以及所接负载所需功率能否满足要求。

3）测试电压—相符或者不超出10%

对于新电源变压器要进行通电检查，看输出电压是否与标称值相符；也可以用万用表测电源变压器的绝缘电阻是否良好，其值应大于500 MΩ，对于要求较高的电路，其值应大于1 000 MΩ。

4）变压器选择

对于一般家用电器的电源变压器，选E型铁芯即可；对于电子设备中使用的电源变压器，应加静电屏蔽层，以保证进入变压器初级的干扰信号直接入地。

5）膜温度—不烫手

对介入电路的电源变压器，要观察其温度升高的是否正常。当变压器工作时，不应该有焦糊味、冒烟等现象出现，而且可用手摸一下铁芯外部的温度，以不烫手为宜（注意不要触碰输入引线脚，以免触电）。

### 2. 变压器的类别

在电路原理图中，变压器通常用字母"T"表示，其中有黑点的一端表示变压器绕组的同名端，如图3-13所示。

### 3. 变压器的命名方法

（1）低频变压器的型号命名（见表3-1）由下列三部分组成：

第一部分：主称，用字母表示，表3-1列出了低频变压器型号中主称字母及其代表的意义。

第二部分：额定功率，用数字表示，单位是W。

第三部分：序号，用数字表示，用来区别不同的产品。

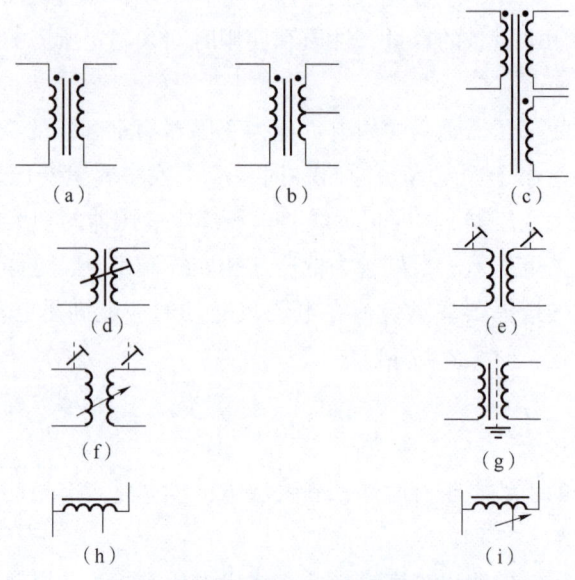

图 3-13　不同形式变压器图形符号

(a) 单输出绕组变压器；(b) 双输出绕组变压器；(c) 多输出绕组变压器；(d) 铁氧体磁芯微调变压器；(e) 铁氧体微调固定耦合变压器；(f) 铁氧体微调可变耦合变压器；(g) 屏蔽隔离变压器；(h) 铁芯自耦变压器；(i) 连续调压自耦变压器

表 3-1　低频变压器型号命名及含义

| 第一部分：主称 || 第二部分：额定功率 | 第三部分：序号 |
|---|---|---|---|
| 字母 | 含义 | | |
| CB | 音频输出变压器 | 用数字表示变压器额定功率 | 用数字区分产品 |
| GB | 高压变压器 | | |
| DB | 电源变压器 | | |
| HB | 灯丝变压器 | | |
| RB 或 JB | 音频输入变压器 | | |
| SB 或 ZB | 扩音机用定阻式音频输送变压器（线间变压器） | | |
| SB 或 EB | 扩音机用定阻式或自耦式音频输送变压器 | | |
| KB | 开关变压器 | | |

(2) 调幅收音机中频变压器的型号命名由下列三部分组成：

第一部分：主称，由字母的组合表示名称、用途及特征。

第二部分：外形尺寸，由数字表示。

第三部分：序号，用数字表示，代表级数。1 表示第一级中频变压器，2 表示第二级中频变压器，3 表示第三级中频变压器。

表 3-2 列出了调幅收音机中频变压器主称代号及外形尺寸数字代号的含义。

**表 3-2　调幅收音机中频变压器主称代号及外形尺寸数字代号的含义**

| 主称代号 | | 外形尺寸数字代号 | |
|---|---|---|---|
| 字号 | 名称、用途、特征 | 数字 | 代表尺寸/(mm×mm×mm) |
| T | 中频变压器 | 1 | 7×7×12 |
| L | 线圈或振荡线圈 | 2 | 10×10×14 |
| T | 磁心式 | 3 | 12×12×16 |
| F | 调频收音机用 | 4 | 20×25×36 |
| S | 短波用 | | |

**4. 电源变压器的识别**

（1）从外形识别。

常用电源变压器的铁芯有 E 形和 C 形两种。E 形铁芯变压器呈壳式结构（铁芯包裹线圈），采用 D41、D42 优质硅钢片作铁芯，应用广泛。C 形铁芯变压器用冷轧硅钢带作铁芯，磁漏小，体积小，呈芯式结构（线圈包裹铁芯）。

（2）从绕组引出端子数识别。

电源变压器常见的有两个绕组，即一个初级绕组和一个次级绕组，因此有四个引出端。有的电源变压器为防止交流声及其他干扰，初、次级绕组间往往加一屏蔽层，其屏蔽层是接地端。因此，电源变压器接线端子至少是 4 个。

（3）从硅钢片的叠片方式识别。

E 形电源变压器的硅钢片是交叉插入的，E 片和 I 片间不留空气隙，整个铁芯严丝合缝。音频输入、输出变压器的 E 片和 I 片之间留有一定的空气隙，这是区别电源和音频变压器的最直观的方法。至于 C 形变压器，一般都是电源变压器。

（4）功率的估算。

电源变压器传输功率的大小，取决于铁芯的材料和横截面积。所谓横截面积，不论是 E 形壳式结构，还是 E 形芯式结构（包括 C 形结构），均是指绕组所包裹的那段芯柱的横断面（矩形）的面积。在测得铁芯截面积 $S$ 之后，即可按 $P=S^2/1.5$ 估算出变压器的功率 $P$，式中 $S$ 的单位是 $cm^2$。

要使一个没有标记的电源变压器被利用起来，找出初级的绕组并区分次级绕组的输出电压是最基本的任务。

（5）各次级绕组最大电流的确定。

变压器次级绕组输出电流取决于该绕组漆包线的直径 $D$。漆包线的直径可从引线端子处直接测得。测出直径后，依据公式 $I=2D^2$，可求出该绕组的最大输出电流，式中 $D$ 的单位是 mm。

### 3.2.2　变压器的检测

**1. 气味判断法**

在严重短路导致变压器损坏的情况下，变压器会冒烟，并放出高温烧绝缘漆、绝缘纸等

的气味。因此，只要能闻到绝缘漆烧焦的味道，就表明变压器正在被烧毁或已经被烧毁。

**2. 外观观察法**

用眼睛或借助放大镜，仔细查看变压器的外观，看其引脚是否断路、接触不良、包装、骨架是否损坏，铁芯是否松动等。往往较为明显的故障，用观察法即可判断出来。

**3. 压器绝缘性能的检测**

变压器绝缘性能检测可用指针式万用表的"R×10k"挡做简易测量，分别测量变压器铁芯与初级绕组、初级绕组与各次级绕组、铁芯与各次级绕组、静电屏蔽层与初次级绕组、次级各绕组间的电阻值，万用表的指针应指在无穷大处不动或阻值应大于 100 MΩ，否则说明变压器绝缘性能不良。

**4. 压器线圈通 \ 断的检测**

将万用表置于"R×1"挡检测线圈绕组两个接线端子之间的电阻值，若某个绕组的电阻值为无穷大，则说明该绕组有断路性故障。当变压器短路严重时，短时间通电，外壳就会有烫手的感觉。

**5. 变压器绕组直流电阻的测量**

变压器绕组的直流电阻很小，用万用表的"R×1"挡检测可判断绕组有无短路或断路情况。一般情况下，电源变压器（降压式）初级绕组的直流电阻多为几十至上百欧姆，次级直流电阻多为零点几至几欧姆。

**6. 电源变压器初、次线圈判别**

电源变压器（降压式）初级引脚和次级引脚一般都是分别从两侧引出的，并且初级绕组多标有 220 V 字样，次级绕组则标出额定电压值，如 12 V、15 V、24 V 等，可根据这些标记进行识别。

电源变压器（降压式）初级线圈和次级线圈的线径是不同的。初级线圈是高压侧，线圈匝数多，线径细；次级线圈是低压侧，线圈匝数少，线径粗。因此，根据线径的粗细可判别电源变压器的初、次级线圈。具体方法是观察电源变压器的绕组线圈，线径粗的线圈是次级线圈，线径细的线圈是初级线圈。

电源变压器有时没有标初、次级字样，并且绕组线圈包裹比较严密，无法看到线圈线径粗细，这时就需要通过万用表来判别初、次级线圈。使用万用表测电源变压器线圈的直流电阻可以判别初、次级线圈。初级线圈（高压侧）由于线圈匝数多，直流电阻相对大一些；次级线圈（低压侧）由于线圈匝数少，直流电阻相对小一些。故而，也可根据直流电阻值来判断初级、次级线圈。

**7. 电源变压器空载电流的检测**

电源变压器空载电流可采用直接测量法进行检测。将所有次级绕组开路，把万用表置于交流电流挡（500 mA），串入初级绕组，当初级绕组的插头插入 220 V 交流电时，万用表所指示的便是空载电流值，此值不应大于变压器满载电流的 10%~20%。

**8. 电源变压器空载电压的检测**

将电源变压器的初级接 220 V 市电，用万用表交流电压挡依次测出各绕组的空载电压值（$U_{21}$、$U_{22}$、$U_{23}$、$U_{24}$）应符合要求，允许误差范围一般为：高压绕组 ≤ ±10%，低压绕组≤±5%，带中心抽头的两组对称绕组的电压差应≤±2%。

**9. 电源变压器短路性故障的综合检测判别**

电源变压器发生短路性故障后的主要症状是发热严重和次级绕组输出电压失常。通常，线圈内部匝间短路点越多，短路电流就越大，而变压器发热就越严重。检测判断电源变压器是否有短路性故障的简单方法是测量空载电流。存在短路故障的变压器，其空载电流值将远大于满载电流的10%。当短路严重时，变压器在空载加电后几十秒钟之内便会迅速发热，用手触摸铁芯会有烫手的感觉，此时不用测量空载电流便可断定变压器有短路点存在。

### 3.2.3 变压器的常见故障及解决措施

**1. 常见故障**

（1）变压器在经过停运后送电或试送电时，往往发现电压不正常，如两相高、一相低或指示为零；有的新投运变压器三相电压都很高，使部分用电设备因电压过高而烧毁。

（2）高压熔断器熔断送不上电。

（3）雷雨过后变压器送不上电。

（4）变压器声音不正常，如发出"吱吱"或"噼啪"响声；在运行中发出如青蛙"唧哇唧哇"的叫声等。

（5）高压接线柱烧坏，高压套管有严重破损痕迹。

（6）在正常冷却情况下，变压器温度失常，并且不断上升。

（7）油色变化过甚，油内出现炭质。

（8）变压器发出吼叫声，从安全气道、储油柜向外喷油，油箱及散热管变形、漏油、渗油等。

**2. 解决措施**

（1）在新建变电所时，应根据规范及时安装高、低压熔断器。在变压器运行中，发现熔断器烧毁或被盗后应及时更换。

（2）高、低压熔断器的合理配置。

① 容量在100 kV·A以上的变压器要配置1.5~2.0倍额定电流的熔断器。

② 容量在100 kV·A以下的变压器要配置2.0~3.0倍额定电流的熔断器。

③ 压侧熔断器应按额定电流稍大一点选择。

（3）加强用电负荷实测工作，在高峰期来临时用钳型电流表对每台配电变压器负荷进行测量，合理调整负荷，避免配电变压器三相电不平衡运行。

（4）对于10 kV，配变低压侧电压应在+7%~-10%之内，一般不允许调节分接开关。当需要调节分接开关时，要由维修技术人员试验调整。

（5）定期检查三相电流是否平衡或超过额定值，如三相负荷电流严重失衡，应及时采取措施调整。

（6）在每年的雷雨季节来临之前，应把所有配电变压器上的避雷器送往修试部门进行检测，试验合格后及时安装。

（7）在投运前应做好以下检测工作。

① 带负荷分、合开关三次，不得误动作。
② 用试验按钮试验三次，应正确动作。
③ 试验电阻接地试验三次，应正确动作。

（8）定期清理配电变压器套管表面的污垢，检查套管有无闪络痕迹，接地是否良好，接地所用的引线有无断股、脱焊、断裂现象，用兆欧表检测接地电阻不得大于 4 Ω。

## 任务实施

| 任务场景 | 电工电子实训室 |
| --- | --- |
| 任务分组 | 在任务实施过程中，采取分组的方式进行，每 3~5 人一组，通过自荐或推荐的方式选出组长，负责本组任务实施的组织工作，实施过程中小组成员要互相帮助，共同完成任务 |
| 实施过程 | 各小组根据以上任务描述，完成以下任务的实施过程。<br>1. 获取信息：操作前需要掌握变压器的识别方法及检测手段等相关知识，各组搜集相关资料。<br>2. 任务准备：明确任务内容，准备相关资料。<br>3. 任务实施：能熟练运用所学知识对变压器进行识别、检测及分析。<br>4. 考核评价：各组展示任务完成情况，配合指导教师完成考核评价表 |
| 任务要求 | 1. 安全操作：在进行实验前，确保所有参与人员都具备正确的安全意识，并熟悉变压器检测的安全操作要求；确保实验环境整洁、干燥，无易燃易爆物品，并具备良好的通风和适当的照明。<br>2. 电源管理：在进行变压器检测之前，必须确保变压器已完全断电，并使用合适的工具进行验电，确保无电流通过。<br>3. 变压绝缘检测：确保绝缘电阻测试仪的工作电压符合试验要求，并经过校准检查测试仪的电源和接线情况，确保其正常工作；变压器必须在停电状态下进行绝缘检测；变压器周围应清洁，无接地物，无作业人员；测量前，变压器绕组和铁芯应对地放电，测量后也应进行放电操作。<br>4. 通断电检测实验，设备检查：检查设备是否安装正确、牢固可靠，是否有重心不稳、翻倒等危险；确保试验电源符合试验要求，型号匹配；在通电前，详细检查变压器油箱、油枕、防爆管等是否良好；高压引线对地（或对外壳）应有安全距离；通电时，现场人员必须退出遮栏外或避入安全区域。<br>5. 变压器绕组电阻测量：须在变压器停电时进行绕组电阻测量，各绕组都应有明显断开点；测量时必须使用绝缘良好的导线；试验人员应穿戴符合安全要求的防护用品；变压器周围应清洁，无接地物，无作业人员。<br>6. 记录与报告：在整个验证过程中，需要做好详细记录，并在检测后编写检测报告，对发现的问题进行说明并提出维修建议 |
| 任务反思 | 1. 变压器的选用经验。<br>2. 变压器的命名方法。<br>3. 变压器的常见故障 |

## 考核评价

| 序号 | 评价项目 | 评价指标 | 分值 | 自评（20%） | 互评（20%） | 师评（60%） | 合计 |
|---|---|---|---|---|---|---|---|
| 1 | 知识目标（30分） | 掌握变压器检测的基本方法，如外观检查、电气试验、油质分析等 | 5 | | | | |
| | | 掌握变压器各项技术指标 | 10 | | | | |
| | | 掌握变压器常见故障的类型和原因 | 15 | | | | |
| 2 | 能力目标（50分） | 能根据检测任务的要求，制定合理的检测方案 | 10 | | | | |
| | | 能熟练使用各种检测仪器和设备 | 10 | | | | |
| | | 能够根据检测结果，明确、清晰地报告检测结果和建议 | 30 | | | | |
| 3 | 素质目标（20分） | 能够始终保持严谨、认真的态度 | 5 | | | | |
| | | 能够严格遵守安全操作规程和环保要求 | 5 | | | | |
| | | 具备专业素养和综合能力 | 5 | | | | |
| | | 具备敢于创新和实践的能力 | 5 | | | | |

## 拓展阅读

鹰正在奋力追逐一只兔子。兔子一时无处求助，只好拼命地奔跑。这时，正巧看见一只屎壳郎，兔子便向它求救。屎壳郎一边安慰兔子，一边向鹰恳求不要抓走向它求救的兔子。而鹰却没有把小小的屎壳郎放在眼里，还是当着它的面把兔子吃掉了。

屎壳郎极为遗憾，深深感受到了侮辱。从此以后，它便不断地盯着鹰巢，只要鹰生了蛋，它就高高地飞上去，把鹰蛋推下来，将它摔得粉碎。鹰四处躲避，飞到宙斯那里，请求给它一个安全的地方生儿育女。宙斯容许它在自己的膝上安巢。

屎壳郎知道后，就滚了一个大粪团，高高地飞到宙斯的面前，把它扔到宙斯的膝上。宙斯立即起身抖落粪团，无意间把鹰的蛋都抖了下来。从那以后，屎壳郎出现的时节，鹰就不孵化小鹰。

不要看不起任何人，因为弱小者在受到侮辱时也会报复。得罪了别人，哪怕他非常弱小，也可能会成为你成功的障碍。

# 模块 4

## 车用直流电动机的认知与检测

**模块简介**

通过本模块的学习，使学生了解起动系统的组成，熟悉常规起动机的种类，掌握起动机的组成及各部分的结构、作用，了解起动机拆装方法、步骤及注意事项，使学生掌握起动机解体时直流电动机的检测、传动机构的检测、电磁开关的检修，了解安全操作常识，熟悉零部件拆装后的正确放置、分类，培养良好的工作和生产习惯。

## 4.1 车用起动机的认知

**任务导入**

在现代汽车工业中，起动机作为车辆起动的核心部件，其重要性不言而喻。想象一下，当你转动钥匙或按下起动按钮时，是什么让车辆从静止状态迅速转变为充满活力的行驶状态？答案就是起动机。今天，我们将一起走进车用起动机的世界，深入了解它的结构、工作原理以及在现代汽车技术中的应用。

**学习目标**

【知识目标】

1. 了解起动系统的组成。

2. 熟悉常规起动机的种类。
3. 掌握起动机的组成及各部分的结构和作用。
4. 了解起动机的起动原理。

【能力目标】
1. 能够识别与分析起动机的结构和工作原理。
2. 能够熟练进行起动机的故障诊断和排除。
3. 能够熟练拆装起动机总成，检测起动机总成各部件的性能。
4. 能够读懂起动电路图，理解电路的工作原理，并能够根据电路图进行故障分析和排除。

【素质目标】
1. 保持严谨、认真的态度，确保对知识的理解和掌握准确无误。
2. 通过学习和实践，提高自己的实际操作能力，为将来的工作打下坚实的基础。
3. 注重培养自己的职业素养，为成为一名优秀的汽车技术人员做好准备。
4. 能严格遵守安全操作规程和环保要求。

## 知识准备

### 4.1.1 车用起动机的组成、功用及种类

**1. 汽车起动系统的组成**

汽车起动系统主要由起动机、点火开关、起动继电器、负极搭铁、蓄电池和导线组成，如图4-1所示。

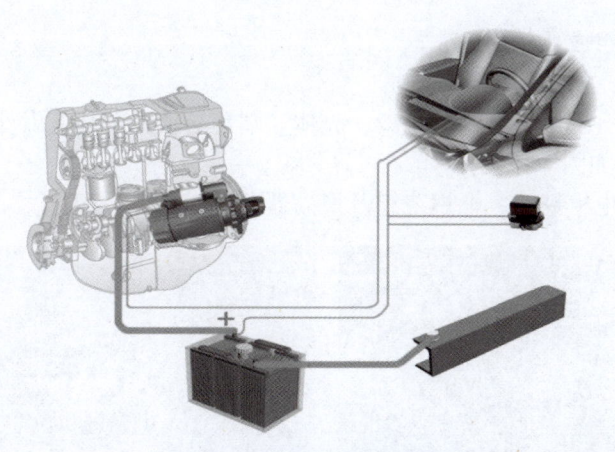

图 4-1 汽车起动系统的组成

**2. 起动机的功用**

起动机主要用于起动发动机（将蓄电池的电能转换为机械能—电磁转矩，驱动发动机飞轮旋转）。

**3. 常规起动机的种类**

（1）电磁控制强制啮合式起动机（常规起动机）：磁极一般采用电磁铁，传动机构一般只是由简单的驱动齿轮、单向离合器和拨叉组成，无特殊结构和装置。

107

(2)永磁起动机：起动机的磁极用永磁材料制成，取消了磁场线圈，使结构简化、体积小、质量轻。

(3)减速起动机：采用高速、小型、低力矩起动机，在传动机构中设有减速装置，质量和体积比普通起动机可减小30%~35%，但结构和工艺比较复杂。

#### 4. 起动机组成

起动机一般由以下三部分组成（见图4-2）：

(1)直流电动机：产生转矩。普遍采用串激（励）式直流电动机。

(2)传动机构（啮合机构）：传递和切断动力（起动时将起动机转矩传给发动机曲轴，起动后断开发动机向发电机的逆向动力传递）。

(3)控制装置（操纵机构）：控制起动机驱动齿轮和发动机飞轮的啮合与分离以及电动机电路的通断（对于某些汽油发动机还兼有短路点火线圈附加电阻的作用）。

图4-2　起动机

起动机各部分的组成及作用。

1）直流电动机

组成：电枢总成、磁极、电刷与刷架、壳体、端盖与轴承及其他附件。

(1)电枢总成，如图4-3所示。

组成：电枢轴、电枢铁芯、电枢绕组及换向器。

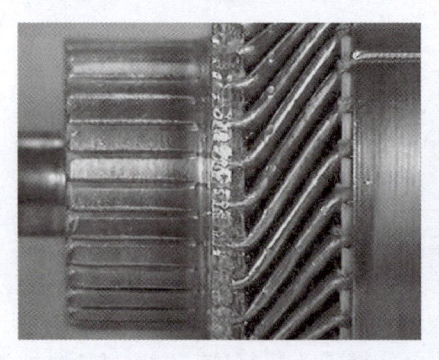

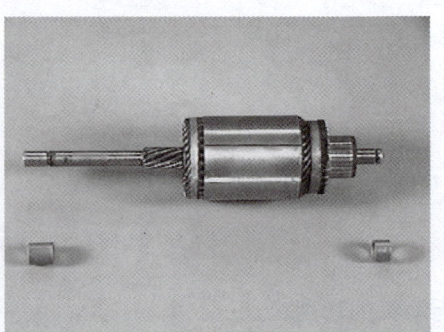

图4-3　电枢总成

作用：通入电流后，在磁极磁场的作用下产生电磁转矩。

电枢铁芯：用多片互相绝缘的硅钢片叠成，通过内圆花键固定在电枢轴上，外圆槽内绕有电枢绕组。

电枢绕组：用很粗的扁铜线，采用波绕法绕制，各绕组的端子与换向器焊接。

(2) 换向器。

组成：由铜片和云母片相间叠压而成，压装于电枢轴的一端，云母片使铜片间、铜片与轴之间均绝缘。

作用：把蓄电池的直流电转变为电枢绕组中的交流电。

(3) 磁极，如图 4-4 所示。

分类：永久磁铁、电磁铁。

作用：产生磁场（电磁铁磁极是通入电流后起作用的）。

组成：电磁铁由铁芯和磁场绕组（励磁绕组）构成，通过螺钉固定在起动机壳体上，磁极一般是 4 个。

图 4-4 磁极

磁场绕组：由粗扁铜线绕制而成。4 个磁场绕组的连接方式有两种：4 个串联或两串两并即两个串联后再并联。磁场绕组与电枢绕组的连接方式有 3 种：串励、并励和复励，一般采用串励，大功率起动机也有的采用复励。

(4) 电刷与刷架，如图 4-5 所示。

作用：将电流引入电动机（电枢绕组）。

结构：电刷用铜和石墨粉压制而成，加铜是为了减小电阻和增加耐磨性。电刷架多为柜式，固定在前端盖上。电刷架上的盘形弹簧将电刷紧紧地压在换向器铜片上。4 个电刷架中，有一对与端盖绝缘，另一对与端盖相通。

(5) 壳体、端盖与轴承，如图 4-6 所示。

壳体：用钢管制成，其作用是安装磁极并起支承和保护作用。

轴承：安装在前、后端盖上，用于支承电枢轴。由于结构限制，故一般采用滑动轴承。

端盖：分前、后端盖，前端盖由钢板冲压而成，装有电刷架，因此称为电刷端盖；后端盖用铸铁浇注而成，称为驱动端盖。

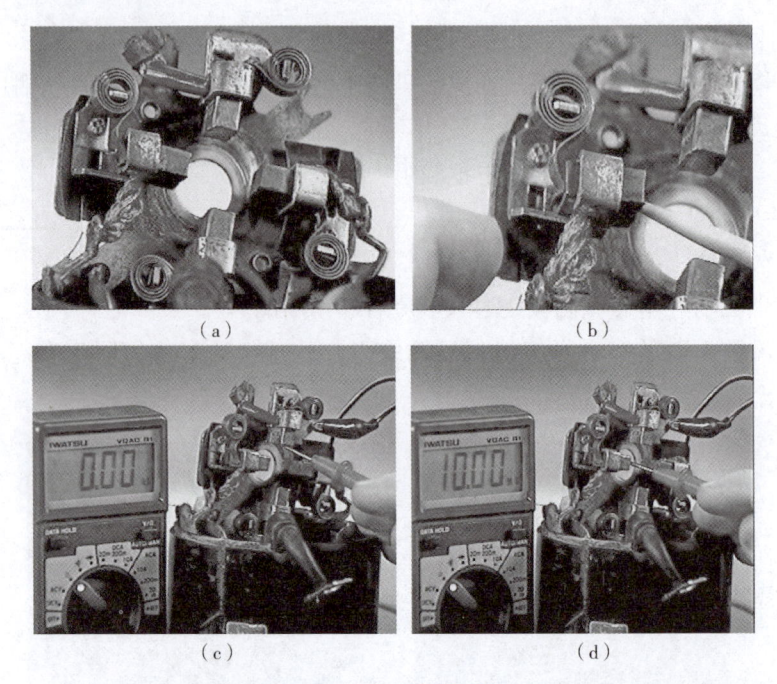

图 4-5 电刷与电刷架

(a) 电刷架；(b) 电刷；(c) 电刷架与端盖绝缘；(d) 电刷架与端盖相通

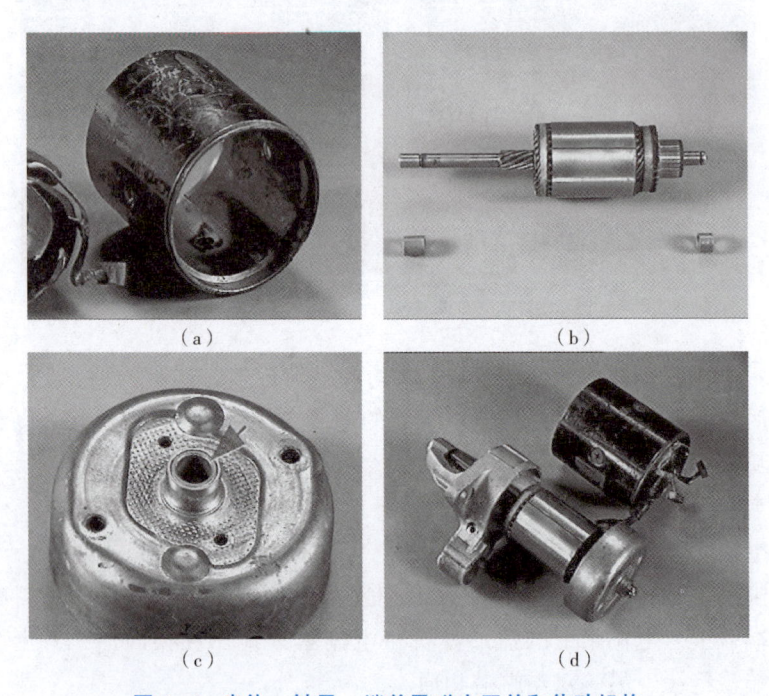

图 4-6 壳体、轴承、端盖及磁力开关和传动机构

(a) 壳体；(b) 轴承；(c) 端盖；(d) 磁力开关和传动机构

2) 传动机构

(1) 汽车发动机对起动机传动机构的要求。

① 起动机的驱动齿轮与发动机的飞轮齿圈啮合时要平稳，不能发生冲击现象。

② 由于起动机的驱动齿轮与发动机的飞轮齿圈速比很大（一般大于 15），因此发动机起动后，驱动齿轮应能自动打滑或脱离啮合，以免发动机带动起动机电枢高速旋转，造成电枢绕组"飞散"的事故。

③ 因为起动机是由点火开关控制的，所以当发动机工作时，要防止点火开关误操作，使起动机的驱动齿轮再次与发动机的飞轮齿圈啮合，导致起动机与发动机的飞轮齿圈损坏。

（2）传动机构主要由单向离合器和拨叉等组成，如图 4-7 所示。

对于单向离合器，其作用及种类如下。

作用：传递电动机转矩，起动发动机，且在起动后自动保持起动机不致飞散损坏。

种类：滚柱式单向离合器、摩擦片式单向离合器、弹簧式单向离合器等。

① 滚柱式单向离合器，如图 4-8 所示。

分类：十字块式、十字槽式。

图 4-7 传动机构

1—后端盖；2—离合器；3—拨叉

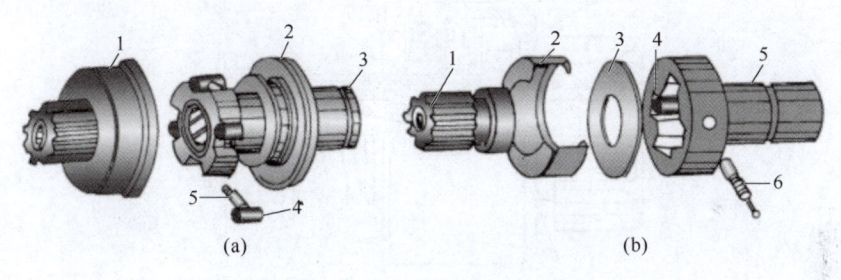

图 4-8 滚柱式单向离合器的分类

（a）十字块式

1—驱动齿轮及套筒；2—防护盖；3—十字块套筒；4—液柱；5—弹簧

（b）十字槽式

1—驱动齿轮；2—防护盖；3—垫圈；4—滚柱；5—十字槽；6—弹簧

结构：驱动齿轮、外壳、滚柱、滑环等，如图 4-9 所示。

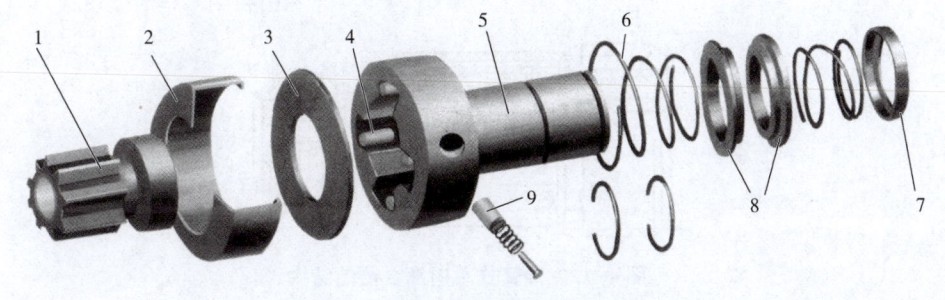

图 4-9 滚柱式单向离合器的结构

1—驱动齿轮；2—外壳；3—垫圈；4—滚柱；5—导向筒；6—弹簧；7—弹簧座；8—滑环；9—压帽

工作原理：滚柱式单向离合器的工作原理如图4-10所示。

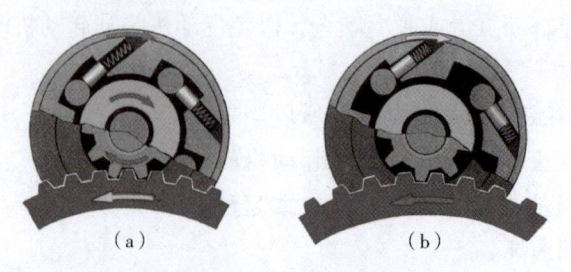

图4-10 滚柱式单向离合器的工作原理
(a) 起动时；(b) 起动后

特点：结构简单，在中、小功率的起动机上被广泛应用。但在传递较大转矩时，滚柱易变形卡死，因此滚柱式单向离合器不适用于功率较大的起动机上，主要用于中小型汽车上，如在CA1091、BJ130等汽车上使用。

② 摩擦片式单向离合器。

结构：摩擦片式单向离合器的结构如图4-11所示。

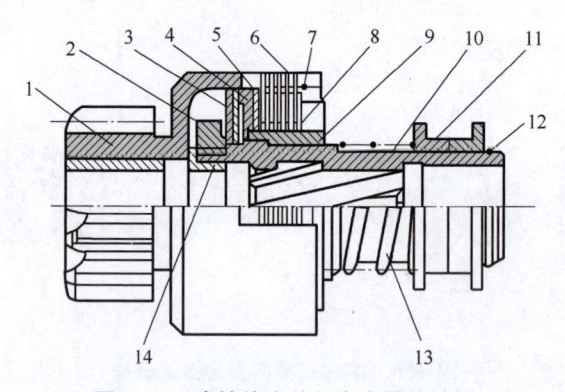

图4-11 摩擦片式单向离合器的结构

1—驱动齿轮与外接合鼓；2—螺母；3—弹性圈；4—压环；5—调整垫圈；6—从动摩擦片；7，12—卡环；
8—主动摩擦片；9—内接合鼓；10—花键套筒；11—移动衬套；13—缓冲弹簧；14—挡圈

③ 弹簧式单向离合器。

结构：弹簧式单向离合器的结构如图4-12所示。

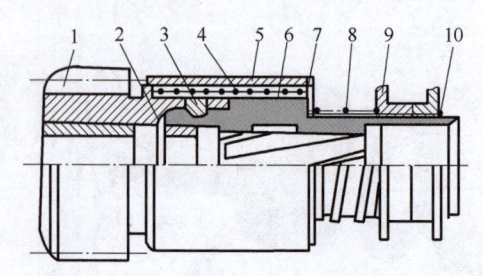

图4-12 弹簧式单向离合器的结构

1—驱动齿轮；2—挡圈；3—月形圈；4—扭力弹簧；5—护圈；6—连接套筒；
7—垫圈；8—缓冲弹簧；9—移动衬套；10—卡环

特点：结构简单，成本低，寿命长，并可传递较大的转矩。但因扭力弹簧轴向尺寸较大，故一般只用在大功率起动机上，如在五十铃 TX50 型汽车、CA1091K 型载货汽车上采用。

3）控制装置

（1）控制装置（机构）的作用：控制驱动齿轮与飞轮齿圈的啮合与分离；控制电动机电路的接通与切断。

（2）控制装置的种类：有机械式和电磁式之分。现代汽车起动机均采用电磁式控制装置，即电磁开关。电磁开关具体结构和外形尽管有所不同，但工作原理基本一致。

（3）桑塔纳控制机构（见图 4-13）。

结构：电磁开关主要由主接触盘 3、活动铁芯 12、吸引线圈 9、保持线圈 10、拨叉 16 和调节螺钉 14 等组成。吸引线圈与保持线圈绕向相同，吸引线圈与电动机串联，保持线圈与电动机并联。

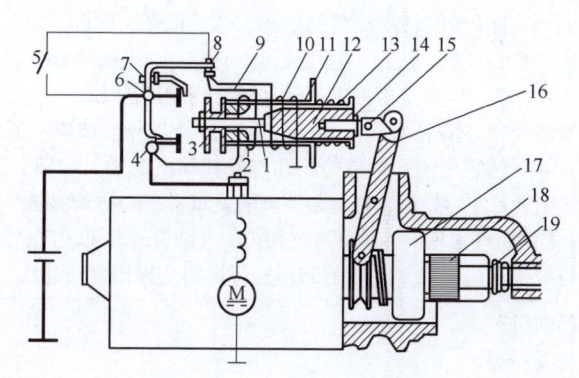

图 4-13 桑塔纳控制机构

1—推杆；2—固定铁芯；3—主接触盘；4—起动机 C 端子；5—点火起动开关；6—起动机 30 号端子；7—起动机 15a 端子；8—起动机 50 号端子（插接片式片状端子）；9—吸引线圈；10—保持线圈；11—铜套；12—活动铁芯；13—回位弹簧；14—调节螺钉；15—挂钩；16—拨叉；17—单向离合器；18—驱动齿轮；19—止推垫圈

### 4.1.2 车用起动机的工作原理

如图 4-13 所示，当点火开关（START 挡）闭合时，电路接通，蓄电池电流流至保持线圈和吸引线圈，此时保持线圈和吸引线圈的磁场方向相同，可共同克服回位弹簧的弹力将活动铁芯吸合，从而推动拨叉使驱动齿轮与飞轮齿环啮合。同时，流经吸引线圈的电流通过 C 端子，流至电动机励磁绕组和电枢绕组，电动机运行并驱动发动机飞轮完成启动动作。驱动齿轮与飞轮齿环啮合后，固定在活动铁芯一端的接触片将 30 号端子和 C 端子短接，吸引线圈被短路，只有保持线圈工作，以保持活动铁芯的吸合。

**任务实施**

| 任务场景 | 电工电子实训室 |
| --- | --- |
| 任务分组 | 在任务实施过程中，采取分组的方式进行，每 3~5 人一组，通过自荐或推荐的方式选出组长，负责本组任务实施的组织工作，实施过程中小组成员要互相帮助，共同完成任务 |

续表

| | |
|---|---|
| 实施过程 | 各小组根据以上任务描述，完成以下任务的实施过程。<br>1. 获取信息：操作前需要掌握起动机结构及各部分功能、原理等相关知识，各组搜集相关资料。<br>2. 任务准备：明确任务内容，准备相关资料。<br>3. 任务实施：能熟练运用基础知识和分析方法对起动机结构电路进行分析。<br>4. 考核评价：各组展示任务完成情况，配合指导教师完成考核评价表 |
| 任务要求 | 1. 安全操作：确保实验环境整洁、干燥，避免潮湿或积水导致的触电风险。<br>2. 明确任务目标：明确了解车用直流起动机的组成与功用，包括直流电动机、传动机构（或称啮合机构）和控制装置（电磁开关）三部分的基本功能和作用；掌握起动机的工作原理，包括电流产生磁场、转子受到磁力吸引及电机开启等过程。<br>3. 强调自主学习与探究：鼓励学生通过查阅资料、观看教学视频、参加线上讨论等方式自主学习，详细了解直流电动机的结构，包括机壳、磁极、电枢、换向器及电刷等组成部分的作用和相互关系；认识不同类型起动机（如强制啮合式起动机、减速式起动机）的特点和应用场景；培养学生独立思考和解决问题的能力。<br>4. 注重实践技能培养：掌握起动机的就车拆装与分解技能，通过实际操作加深对起动机结构和工作原理的理解；学会检测和排除起动机的常见故障，如电磁开关故障等。<br>5. 鼓励学生进行实际操作，掌握起动机的就车拆装与分解技能，通过实际操作加深对起动机结构和工作原理的理解；学会检测和排除起动机的常见故障，如电磁开关故障等。<br>6. 记录与报告：记录并对发现的问题进行说明，提出维修建议 |
| 任务反思 | 1. 常规起动机种类。<br>2. 控制装置种类。<br>3. 起动机组成 |

## 考核评价

| 序号 | 评价项目 | 评价指标 | 分值 | 自评（20%） | 互评（20%） | 师评（60%） | 合计 |
|---|---|---|---|---|---|---|---|
| 1 | 知识目标（30分） | 了解起动系统的组成，掌握起动机各组成部分的作用 | 5 | | | | |
| | | 熟悉常规起动机的种类 | 10 | | | | |
| | | 了解起动机的起动原理 | 15 | | | | |
| 2 | 能力目标（50分） | 能够识别与分析起动机的结构和工作原理 | 10 | | | | |
| | | 能够熟练进行起动机的故障诊断和排除 | 10 | | | | |
| | | 能够熟练拆装起动机总成，检测起动机总成各部件的性能，能够读懂起动电路图 | 30 | | | | |

续表

| 序号 | 评价项目 | 评价指标 | 分值 | 自评（20%） | 互评（20%） | 师评（60%） | 合计 |
|---|---|---|---|---|---|---|---|
| 3 | 素质目标（20分） | 能够保持严谨、认真的态度 | 5 | | | | |
| | | 具有实际操作能力 | 5 | | | | |
| | | 能严格遵守安全操作规程和环保要求 | 5 | | | | |
| | | 能够注重培养自己的职业素养 | 5 | | | | |

### 拓展阅读

有个老木匠乔治已经60多岁了，一天，他告诉老板，说自己要退休，回家与妻子、儿女享受天伦之乐。老板舍不得木匠，再三挽留，而此时木匠决心已定、不为所动，老板只能答应。最后老板问他是否可以帮忙再建一座房子，老木匠答应了。

在盖房过程中，老木匠的心已不在工作上，用料也不那么严格，做出来的活儿也全无往日的水准，可以说，他的敬业精神已不复存在。老板看在眼里、记在心里，但没有说什么，只是在房子建好后，把钥匙交给了老木匠。"这是你的房子，"老板说，"我送给你的礼物。"老木匠愣住了，他已记不清自己这一生盖了多少好房子，没想到最后却为自己建了这样一座粗制滥造的房子。究其原因，就是因为老木匠没有把敬业精神当作一种优秀的职业品质坚持到底。

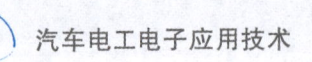

## 4.2 车用起动机的拆装与检测

### 任务导入

当我们谈论到汽车的心脏——发动机时，不得不提及一个至关重要的组件，那就是车用起动机。车用起动机，顾名思义，是负责起动发动机的关键部件。然而，正如人体需要定期体检以确保健康一样，车用起动机也需要定期地检测与维护。想象一下，如果你正准备开启一段美好的旅程，却发现车辆无法起动，那将是多么令人沮丧的事情。我们将一起探索车用起动机的检测学习任务，在这个过程中，我们将深入了解起动机的工作原理、常见故障及其诊断方法。

### 学习目标

【知识目标】

1. 掌握起动机的工作原理和基本构造，深入理解直流电动机、传动机构与控制装置三大部分的功能和相互关系。

2. 熟悉起动机的常见故障类型，如无法起动、起动无力、空转等，并了解出现这些故障可能的原因和影响因素。

3. 了解起动机检测的基本流程和方法，包括外观检查、电气性能测试和机械性能测试等。

【能力目标】

1. 能够根据车辆故障现象，初步判断起动机是否存在问题，并确定检测方向。

2. 能够根据检测结果，准确判断起动机的故障类型和位置，并制定相应的维修方案。

3. 能够独立完成起动机的拆卸、检修、安装和调试工作，确保维修质量和安全性。

【素质目标】

1. 养成严谨的工作态度和责任心，对待起动机检测工作要认真负责，确保检测结果的准确性和可靠性。

2. 提高安全意识和环保意识，在检测过程中要严格遵守安全操作规程和环保要求，确保人身和设备安全，减少环境污染。

3. 培养团队协作精神和沟通能力，在检测过程中要与其他维修人员保持良好的沟通和协作，共同解决问题。

4. 具备持续学习和创新能力，不断学习新的检测技术和维修方法，提高专业素质和创新能力。

> 知识准备

## 4.2.1 起动机的拆装

**1. 起动机的拆解**

1) 拆解步骤

(1) 将起动机的外部油泥清洗干净。

(2) 从电磁开关接线柱上拆开起动机与电磁开关接线柱之间的紧固螺母和连接线，拧电磁开关总成的两个紧固螺钉，取下电磁开关及活动铁芯。如图 4-14 所示~图 4-18 所示。

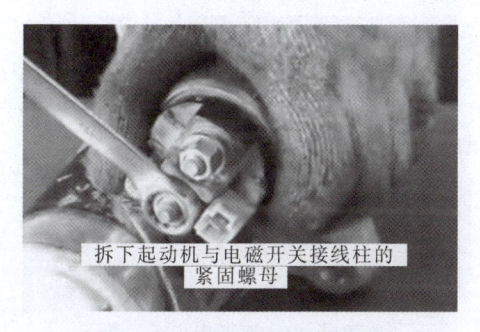

图 4-14 取下电磁开关总成

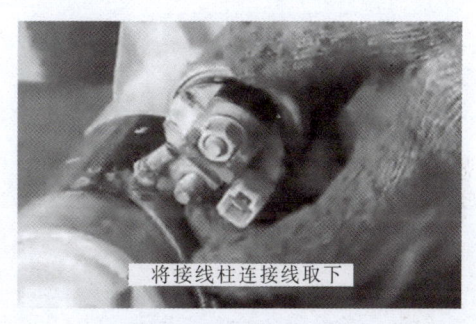

图 4-15 取下接线柱连接线

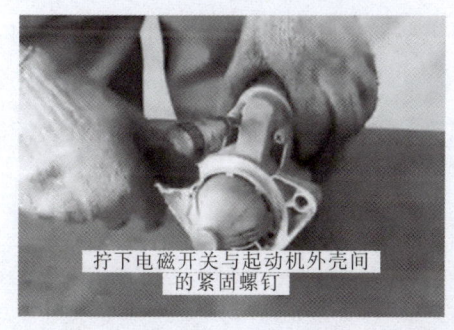

图 4-16 取下紧固螺钉

图 4-17 取下电磁开关

图 4-18 取下活动铁芯

(3) 拆下起动机后端盖与电刷架的紧固螺钉及外壳的连接紧固螺栓，如图 4-19 所示。

(4) 取下后端盖，如图 4-20 所示。

图 4-19　取下紧固螺栓　　　　　　　　图 4-20　取下后端盖

（5）取下电刷架（见图 4-21）、定子、电枢（见图 4-22）与起动机外壳。

图 4-21　取下电刷架　　　　　　　　　图 4-22　取下电枢

（6）取下三颗行星轮、防尘胶与止推垫片，取出单向离合器总成，如图 4-23～图 4-25 所示。

图 4-23　取下三颗行星轮　　　　　　图 4-24　取下防尘胶与止推垫片

图 4-25　取出单向离合器总成

(7) 分解完毕后摆放，将已解体的机械部分浸入清洗液中清洗，电气部分用棉纱蘸少量汽油擦拭干净，如图 4-26 所示。

图 4-26  起动机结构分解

### 2. 起动机的装配

起动机的形式不同，具体装配的步骤也不完全相同，但基本原则是按分解时的相反步骤进行。

## 4.2.2  起动机的不解体检测

在进行起动机解体之前，先进行不解体检测，通过不解体性能检测可以先大致检测判断起动机的性能，并判断故障部位。起动机组装完毕之后也应进行性能检测，以保证起动机正常运行。

### 1. 吸引线圈的性能测试

按照图 4-27 所示的方法连接蓄电池与电磁启动开关。

将电磁开关上与起动机连接的端子 C 断开后与蓄电池负极连接，将电磁开关上与点火开关连接的端子 50 与蓄电池正极连接，此时，起动机驱动齿轮应向外移出，否则说明电磁开关有故障，应予以修理或更换。

### 2. 保持线圈的性能测试

保持线圈性能测试的接线方法如图 4-28 所示，在吸引线圈性能测试的基础上，拆下电磁开关端子 C 上的线，此时，驱动齿轮应保持在伸出位置不动，否则说明保持线圈损坏或搭铁不正常，应修理或更换电磁开关。

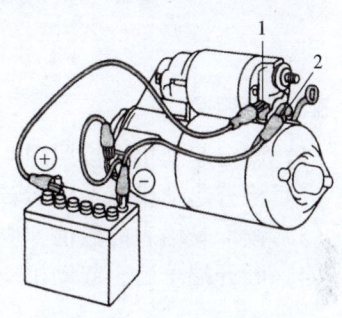

图 4-27  吸引线圈性能测试的接线方法
1—端子 50；2—端子 C

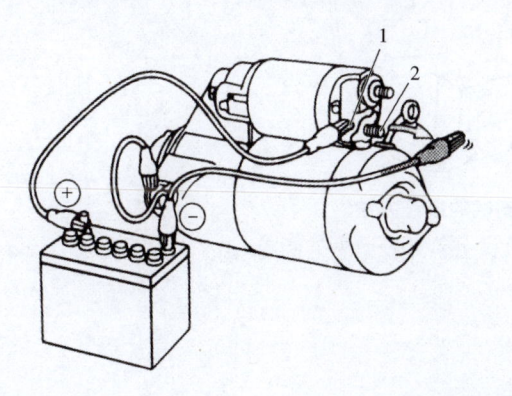

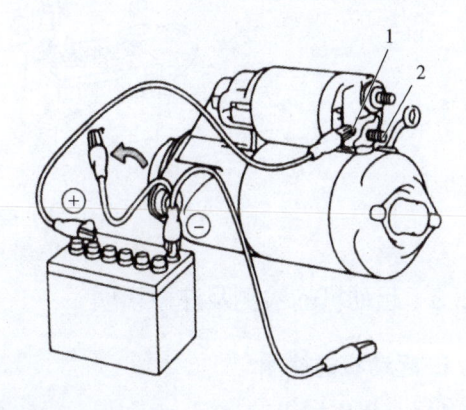

图 4-28  保持线圈性能测试的接线方法
1—端子 50；2—端子 C

119

**3. 驱动齿轮的回位测试**

驱动齿轮回位测试的接线方法如图 4-29 所示，在上述试验的基础上，再拆下壳体上的连接线，此时驱动齿轮应迅速复位。如不能复位，则说明复位弹簧失效，应予以更换。

**4. 驱动齿轮间隙的检查**

按照图 4-30 所示的方法连接蓄电池和电磁开关，并进行驱动齿轮间隙的检查。检查时，先把驱动齿轮推向电枢方向，消除后侧驱动齿轮端和止动套圈间的间隙，并与标准值进行比较。

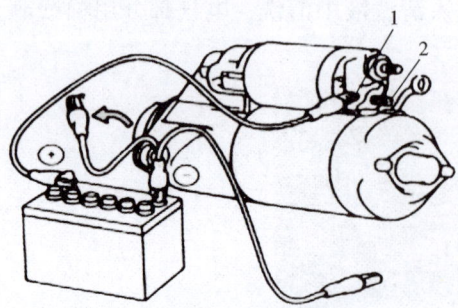

图 4-29 驱动齿轮的回位测试的接线方法
1—端子 50；2—端子 C

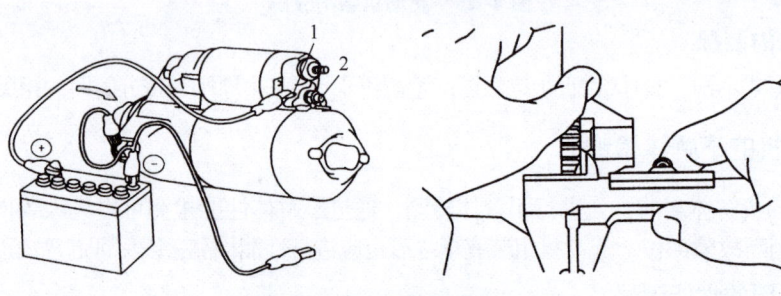

图 4-30 驱动齿轮间隙的检查
1—端子 50；2—端子 C

**5. 空载测试**

（1）固定起动机，按照图 4-31 所示的方法连接导线。
（2）检查起动机应平稳运转，同时驱动齿轮应移出。
（3）读取安培表的数值，应符合标准值。
（4）断开端子后，起动机应立即停止转动，同时驱动齿轮缩回。

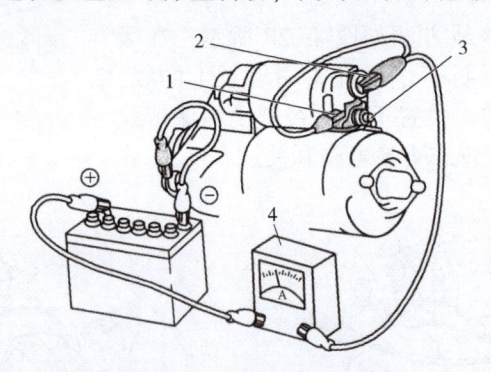

图 4-31 空载测试的接线方法
1—端子 50；2—端子 30；3—端子 C；4—安培表

### 4.2.3 起动机的检测及注意事项

**1. 起动机的检测**

1）直流电动机的检测
（1）磁场绕组的检测。
如图 4-32 所示，将万用表放在蜂鸣挡，用欧姆表检查励磁绕组两电刷之间时，应导通；用欧姆表检查励磁绕组和定子外壳时，不应导通。

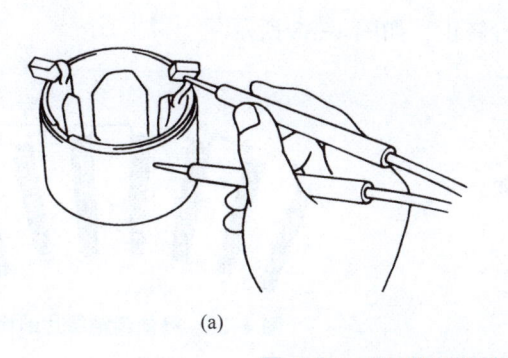

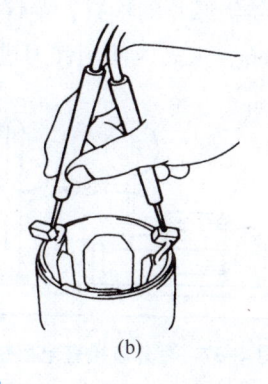

图 4-32 磁场绕组的检测
(a) 不导通；(b) 导通

（2）电枢的检查。

① 将万用表放在 2 MΩ 挡位，换向器和电枢线圈铁芯之间不应导通，如图 4-33 所示。

② 将万用表放在 200 Ω 挡位，检查电枢绕组，两表笔放在两换向片上，应该导通，如图 4-34 所示。

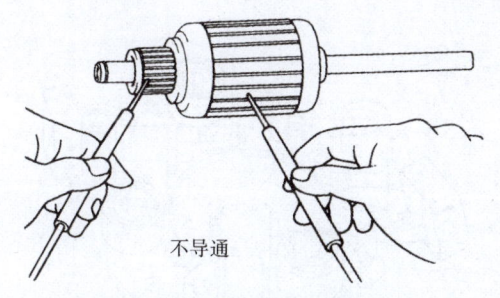

图 4-33 换向器和电枢的检查

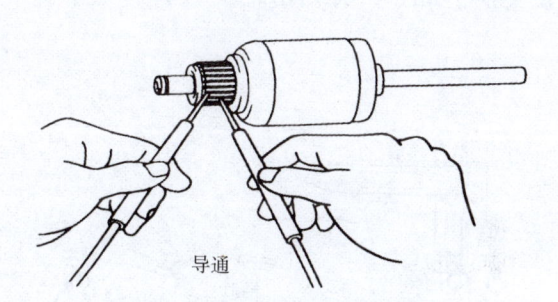

图 4-34 换向片与换向片间检查

③ 用百分表检查换向器，其失圆（跳动量）不应超过 0.02 mm，如图 4-35 所示。

④ 用游标卡尺检查换向器最小直径，检查时应与标准值进行比较，若测得的直径小于最小值，则应更换电枢，如图 4-36 所示。

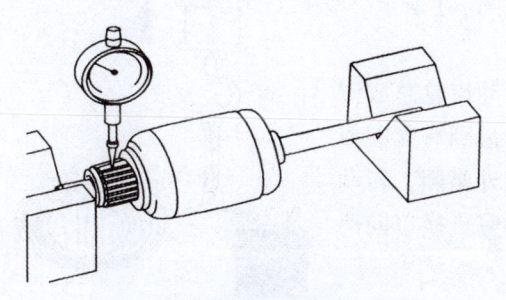

图 4-35 百分表检查换向器

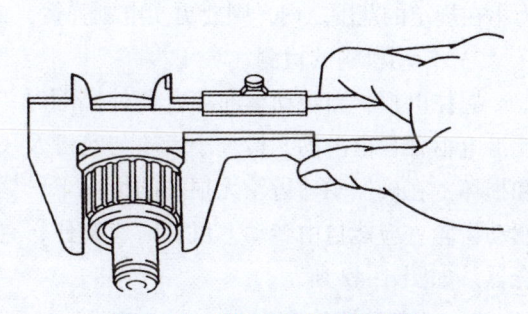

图 4-36 游标卡尺检查换向器

⑤ 用百分表检查电枢轴，其跳动量不应大于 0.08 mm，否则应进行校正或更换电枢，

如图 4-37 所示。

⑥ 换向器绝缘片的检查，绝缘片应洁净，无异物，绝缘片的深度为 0.5~0.8 mm，最大深度为 0.2 mm，太高应使用锉刀进行修正，如图 4-38 所示。

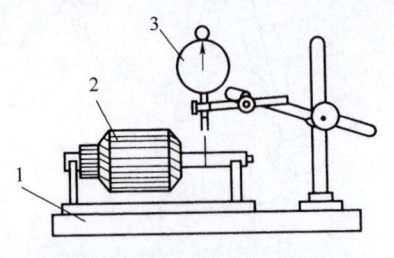

图 4-37 百分表检查电枢轴
1—偏摆仪；2—电枢；3—百分表

图 4-38 换向器绝缘片的检查

(3) 电刷、电刷架及电刷弹簧的检查。

① 用游标卡尺测量电刷长度。测量电刷的长度时要结合具体的标准，不应小于最小长度标准，如图 4-39 所示。

② 检查"+"电刷架 A 和"-"电刷架 B 之间不应导通。若导通，则应进行电刷架总成的更换，如图 4-40 所示。

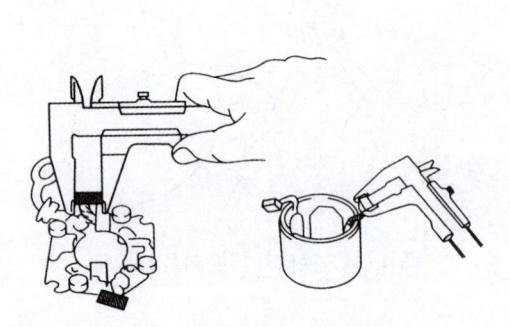

图 4-39 用游标卡尺测量电刷长度

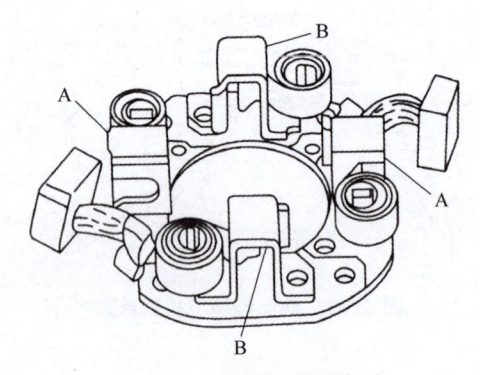

图 4-40 电刷架导通检测

③ 不同型号起动机的弹簧压力是不同的，若测得弹簧的压力不在规定的范围之内，则要更换电刷弹簧，如图 4-41 所示。

2) 传动机构的检测

握住电枢，当转动单向离合器外座圈时，驱动齿轮总成应能沿电枢轴自由滑动，检查小齿轮与花键及飞轮齿圈有无磨损和损坏，在确保驱动齿轮无损坏的情况下，握住外座圈，转动驱动齿轮，应能自由转动，反转时应锁住，否则应更换单向离合器。如图 4-42 所示。

3) 控制装置的检测

(1) 启动继电器的检查。

用万用表检查，当给继电器线圈通电时，其触点吸合，此时用万用表检查时应导通；当

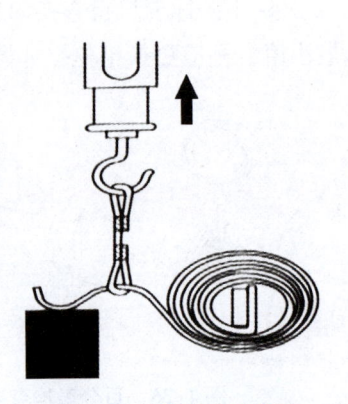

图 4-41 弹簧压力检测

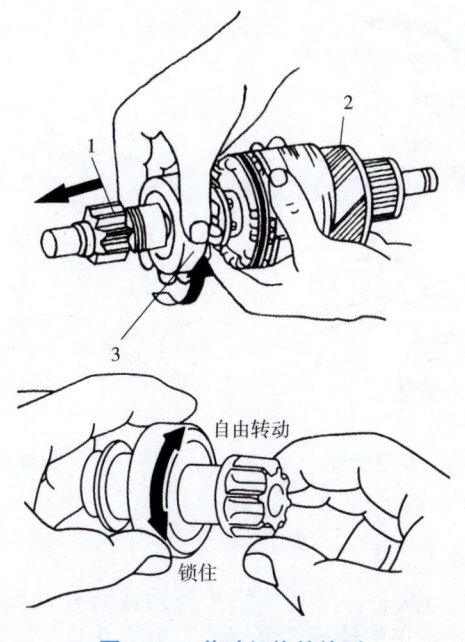

**图 4-42 传动机构的检测**
1—驱动齿轮；2—电枢；3—单向离合器外座圈

给继电器线圈断电时，其触点打开，此时用万用表检查时应不导通，如图 4-43 所示。

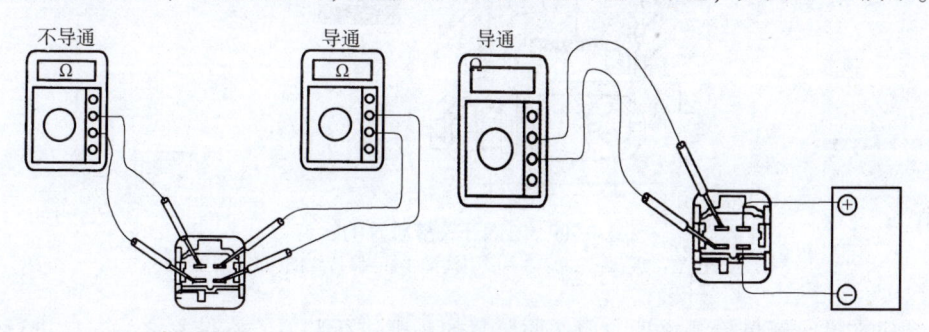

**图 4-43 启动继电器的检查**

（2）电磁开关的检查。
电磁开关在解体情况下检查的项目和方法如下。
① 活动铁芯的检查。
推入活动铁芯，然后松开，活动铁芯应能迅速回位。
② 吸引线圈的开路检查。
用欧姆表连接端子 50 和端子 C 时应导通，并且电阻的阻值应在标准范围内，其可以进行不解体检查，如图 4-44 所示。
③ 保持线圈的开路检查。
用欧姆表连接端子 50 和搭铁时，应导通，并且电阻的阻值在标准范围内，其可以进行不解体检查，如图 4-45 所示。

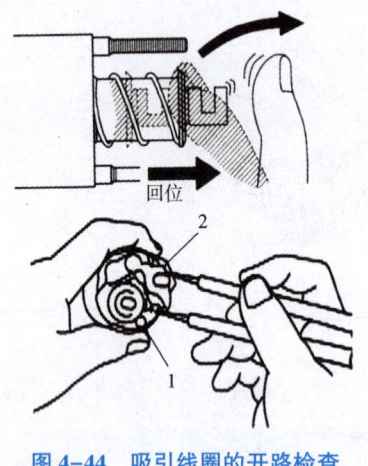

图 4-44 吸引线圈的开路检查
1—端子 50；2—端子 C

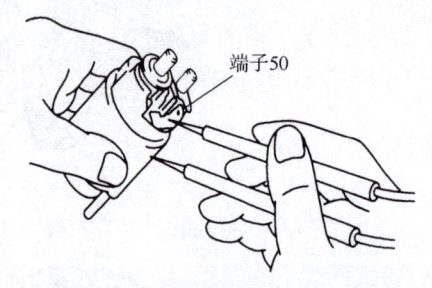

图 4-45 保持线圈的开路检查

④ 电磁开关接触片的检查。

检查时，可用手推动活动铁芯，使其接触片与两接线柱接触，然后用欧姆表连接端子 30 和端子 C 时应导通，并且在正常情况下电阻的阻值为 0 Ω，如图 4-46 所示。

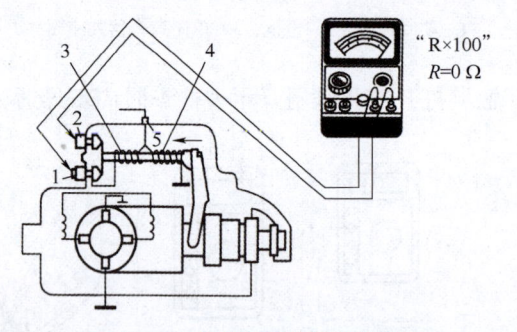

图 4-46 电磁开关接触片的检查
1—端子 C；2—端子 30；3—吸引线圈；4—保持线圈；5—端子 50

起动机在进行解体检测之后，应按照装复的步骤进行装复。在装复之后，应进行性能测试，并将检测数据记录在表 4-1 中。

表 4-1 起动机检测数据记录

| 序号 | 检测项目 | | 标准情况 | 检测情况 | 结论 |
|---|---|---|---|---|---|
| 1 | 磁场绕组 | 磁场绕组断路的检查 | 导通（0 Ω） | | (1) 合格<br>(2) 不合格 |
| | | 磁场绕组搭铁的检查 | 不导通（∞） | | |
| | | 磁场绕组短路的检查 | 每个磁极对螺丝刀的吸引力相同 | | |
| 2 | 电枢绕组 | 断路检查 万用表 | $R = 0$ Ω | | |
| | | 搭铁检查 万用表 | $R = \infty$ | | |
| | | 短路检查 万用表 | $R = \infty$ | | |
| 3 | 电枢轴弯曲度/mm | | ≤0.15 | | |

续表

| 序号 | 检测项目 | | 标准情况 | 检测情况 | 结论 |
|---|---|---|---|---|---|
| 4 | 电刷高度/mm | | 7~10 | | （1）合格<br>（2）不合格 |
| 5 | 电磁开关线圈 | 吸引线圈电阻值/Ω | 0.6以下 | | |

**2. 注意事项**

（1）在取电磁开关总成时，应将其头部向上抬，使柱塞铁芯端头的扁方与拨杆脱开后取出。

（2）在组装起动机前，应将起动机的轴承和滑动部位涂以润滑脂。

## 任务实施

| 任务场景 | 电工电子实训室 |
|---|---|
| 任务分组 | 在任务实施过程中，采取分组的方式进行，每3~5人一组，通过自荐或推荐的方式选出组长，负责本组任务实施的组织工作，实施过程中小组成员要互相帮助，共同完成任务 |
| 实施过程 | 各小组根据以上任务描述，完成以下任务的实施过程。<br>1. 获取信息：操作前需要掌握起动机的分解、起动机的装复、起动机的不解体检测、起动机的解体检测等相关知识，各组搜集相关资料。<br>2. 任务准备：明确任务内容，准备相关资料。<br>3. 任务实施：能熟练运用所学知识对起动机进行识别、检测及分析。<br>4. 考核评价：各组展示任务完成情况，配合指导教师完成考核评价表 |
| 任务要求 | 1. 安全操作：无论是拆解还是不解体检测车用起动机，都需要严格遵守安全操作规程，确保人身和设备安全；在操作过程中要小心谨慎，避免损坏起动机的零部件，并记录好每个步骤和结果，以便后续分析和处理。<br>2. 工具准备：准备好合适的拆解工具，如扳手、螺丝刀等，并确保工具状态良好，无损坏或松动现象；准备好梯子、支撑架等辅助工具，以便在拆解过程中更好地支撑和固定起动机。<br>3. 拆解要求：电源断开，在拆解起动机之前，必须先拆下电池负极上的接线头，以避免发生触电事故，确保所有与起动机相关的电路都已断开，并确认无电流通过；垂直操作，在拆解过程中，要注意垂直方向操作，避免起动机落地等事故的发生，要使用支撑架等工具将起动机固定好，以便更好地进行拆解操作；小心操作，在拆解过程中，要小心操作，避免损坏起动机的零部件，特别是电刷、电枢等关键部件，在拆解时要特别小心，避免损坏或变形。<br>4. 检测要求：在不解体检测时，需要注意不能使用万用表进行检查的项目。例如起动机的定子绕组以及起动机开关等，这些部件很脆弱，容易在检查时受到电流冲击而损坏。<br>5. 记录与标记：在拆解过程中，要记录好每个零部件的位置和顺序，以便在重新组装时能够正确安装；对于需要替换的零部件，要做好标记，以便后续购买和更换。<br>6. 记录与报告：在整个操作过程中，需要做好详细记录，并在检测后编写检测报告，对发现的问题进行说明并提出维修建议 |
| 任务反思 | 1. 起动机的拆解步骤。<br>2. 起动机不解体检测时的注意事项。<br>3. 直流电动机的检测内容及注意事项 |

**考核评价**

| 序号 | 评价项目 | 评价指标 | 分值 | 自评（20%） | 互评（20%） | 师评（60%） | 合计 |
|---|---|---|---|---|---|---|---|
| 1 | 知识目标（30分） | 掌握起动机的工作原理和基本构造，深入理解三大部分的功能和相互关系 | 5 | | | | |
| | | 熟悉起动机的常见故障类型，并了解出现这些故障可能的原因和影响因素 | 10 | | | | |
| | | 了解起动机检测的基本流程和方法及性能测试等 | 15 | | | | |
| 2 | 能力目标（50分） | 能够根据车辆故障现象，初步判断起动机是否存在问题，并确定检测方向 | 10 | | | | |
| | | 能够根据检测结果，准确判断起动机的故障类型和位置，并制定相应的维修方案 | 10 | | | | |
| | | 能够独立完成起动机的拆卸、检修、安装和调试工作，确保维修质量和安全性 | 30 | | | | |
| 3 | 素质目标（20分） | 具备严谨的工作态度和责任心 | 5 | | | | |
| | | 具备安全意识和环保意识 | 5 | | | | |
| | | 具备团队协作精神和沟通能力 | 5 | | | | |
| | | 具备持续学习的态度及专业素质和创新能力 | 5 | | | | |

**拓展阅读**

有一年秋天的一个晚上，古希腊哲学家泰勒斯见星空晴朗，便在草地上观察星星，他一边仰头看着天空，一边慢慢地走着。不料前面有个深坑，积满了雨水，泰勒斯只顾着看星星而忘了脚下，一脚踩空，人便像石头般掉了下去。待他明白过来，身子已经泡在水里了，水虽仅淹及胸部，离路面却有两三米，出不来上不去，只得高呼求救。

当路人救他出了水坑后，泰勒斯抚摸着摔痛了的身体对那人说："明天会下雨！"那人笑着摇摇头走了，将泰勒斯的预言当作笑话讲给别人听。第二天，果真下了雨，人们为泰勒斯在气象学方面的知识如此丰富而惊叹。有的人却不以为然，他们说："泰勒斯知道天上的事情，却看不见脚下的东西。"泰勒斯对这种嘲笑只付之一笑，没有说什么。

两千年后，德国的哲学家黑格尔听到了泰勒斯的这个故事。他想了想，说了一句名言："只有那些永远躺在坑里从不仰望高空的人，才不会掉进坑里！"

# 模块 5

## 半导体的认知与检测

**模块简介**

通过本模块的学习，使学生了解构成半导体的材料及 PN 结的形成及其单向导电性。了解半导体二极管、三极管的结构分类、特性以及它们的用途，并通过实验识别它们的极性并判断质量的好坏。学会半导体器件在集成运算放大电路中的应用。

## 5.1 半导体二极管的认知与检测

**任务导入**

今天，我们将一起踏入半导体器件的神奇世界，首先我们要探索的是半导体二极管。作为电子技术的基础，半导体二极管在日常生活和工业应用中扮演着至关重要的角色，从手机、电视到计算机，几乎所有的现代电子设备都离不开它。我们的课程将带领大家了解半导体二极管的结构、特性及其在电子电路中的应用。

**学习目标**

【知识目标】
1. 了解半导体的基础知识。
2. 了解 PN 结的形成及其单向导电性。

3. 了解二极管的结构。
4. 掌握二极管的伏安特性及主要参数。

【能力目标】
1. 能够正确对二极管的极性进行判别。
2. 能够对二极管质量好坏进行检测。
3. 具备解决二极管电路故障的能力。
4. 能够进行二极管电路的实验验证和性能测试。

【素质目标】
1. 具备良好的学习能力，能够不断学习与更新半导体二极管的相关知识和技术。
2. 具备良好的沟通能力和团队合作能力，能够与他人合作解决电路相关问题。
3. 具备较强的分析和解决问题的能力，能够独立分析与解决半导体二极管的故障和性能问题。
4. 具备较强的安全意识和责任心，能够正确使用和维护半导体二极管，确保工作安全和设备正常运行。

## 知识准备

### 5.1.1 半导体二极管的认知

**1. 本征半导体**

1）本征半导体的定义

完全纯净的、具有晶体结构的半导体，称为本征半导体。

本征半导体材料有硅和锗，它们都是四价元素，其原子排列方式如图5-1（a）所示，硅单晶中的共价键如图5-1（b）所示。

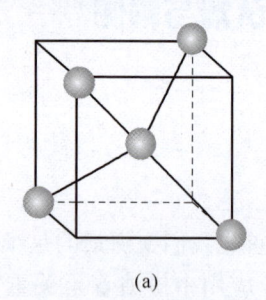

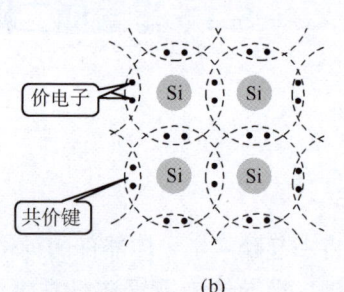

图 5-1 本征半导体晶体结构
（a）晶体中原子的排列方式；（b）硅单晶中的共价键

2）本征半导体的结构

共价键：相邻两个原子共用一对最外层电子（价电子）的组合称为共价键，如图5-2所示。

束缚电子：共价键中的价电子受共价键的束缚。

本征半导体激发会产生自由电子和空穴，如图5-3所示。

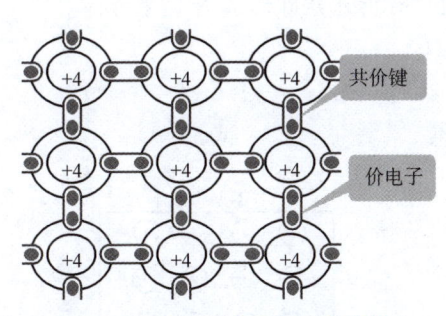

图 5-2 相邻两个原子间共价键

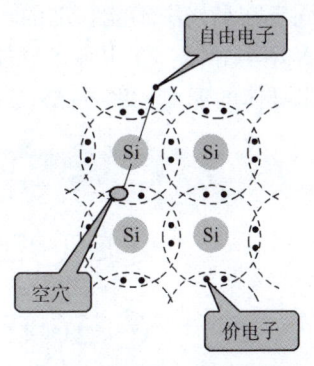

图 5-3 本征半导体激发

处于共价键上的某些电子在接受外界能量后可以脱离共价键的束缚成为自由电子。价电子脱离束缚成为自由电子后，该电子原来的位置上就会出现一个空位，这个空位称为空穴，空穴表示在该处缺少了一个电子。

丢失电子的原子显正电，称为正离子，故在分析时认为空穴是一个带正电的粒子。在本征半导体内，自由电子和空穴是成对出现的，自由电子带负电、空穴带正电，二者所带电量相等、符号相反。自由电子和空穴都是载运电荷的粒子，称为载流子。

自由电子和空穴在电场力的作用下产生定向运动，载流子在电场力作用下的定向运动称为漂移运动。本征半导体内的电流就是由这样两种载流子的漂移运动形成的。

半导体内空穴电流也是由电子定向运动产生的，但空穴电流与自由电子运动时所形成的电流不同，空穴电流是由处于共价键上的价电子不断填补空位形成的，如图 5-4 所示。在电场力的作用下，电子 e 填补了空穴的位置后，在电子 e 原来所在的位置上又出现了一个新的空位，由于电场力的作用使 e 这个电子填补 e 遗留下的空位。共价键上的电子在电场力的作用下逆电场方向不断填补空位，相当于空穴沿电场方向运动形成空穴电流，

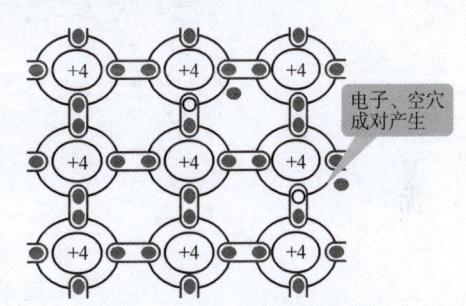

图 5-4 电子、空穴成对产生

这就是空穴电流与自由电子流的区别。所以在本征半导体内参与导电的粒子有两种——自由电子和空穴。

在本征半导体内，脱离共价键的电子成为自由电子后也可能填补某个空穴，使正离子恢复电中性，这个过程称为复合。

电子空穴对的出现，是半导体区别于导体的本质特征。

### 2. 杂质半导体

本征半导体内的载流子数目有限，为增强它的导电性，可以在本征半导体锗、硅内掺杂其他元素，以提高导电能力，例如，向硅单晶体内注入五价的砷（或磷）元素后，注入的砷原子在硅单晶体内取代某些硅原子的位置并与其他硅原子结成共价键。因砷原子外层有五个价电子，它只需要用四个电子与硅原子形成共价键，第五个电子很容易成为自由电子，因此每注入一个砷原子就会多余一个电子，如图 5-5（a）所示，而注入的原子失去一个电子

后就成为固定在晶格中不能移动的正离子。

（1）N 型半导体：在本征半导体中掺入微量五价元素即形成 N 型半导体。N 型半导体的形成如图 5-5（a）所示。

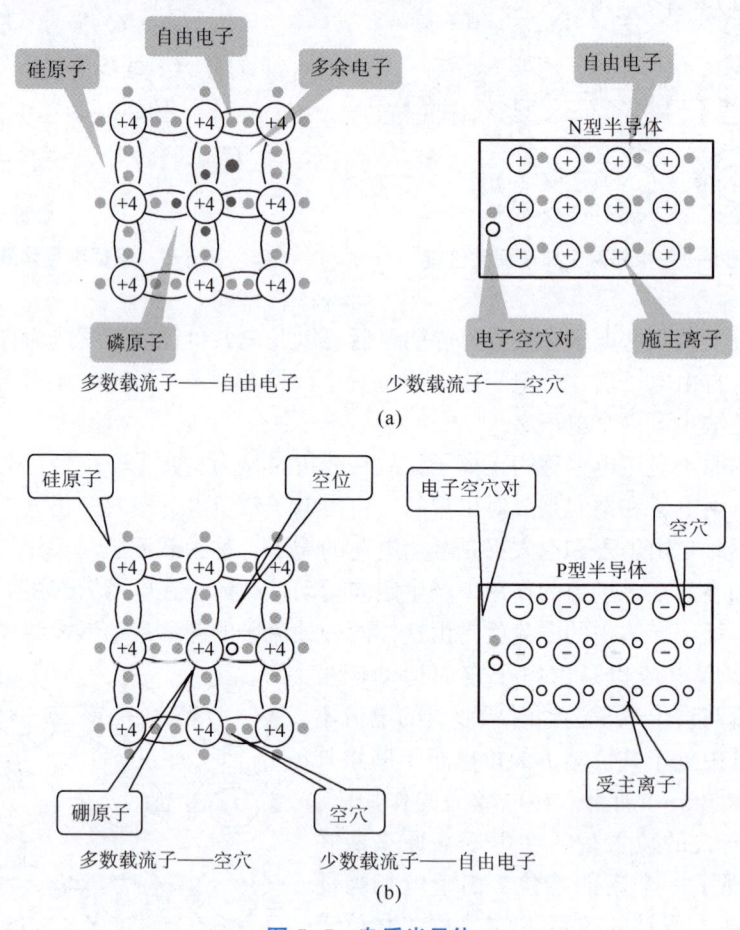

图 5-5 杂质半导体
（a）N 型半导体形成；（b）P 型半导体形成

本征半导体注入的五价原子越多，半导体内的自由电子数也就越多，导电性能得到改善。

掺入五价元素的半导体，其自由电子的数目要比空穴数目多出许多，载流子中自由电子占多数，空穴占少数。这种多数载流子是自由电子的掺杂半导体称为 N 型半导体，用图 5-5（a）所示的符号表示，符号的意思是，每注入一个五价的砷原子就会出现一个带正电的离子和一个自由电子。因此，N 型半导体从总体上看仍然是电中性的。

（2）P 型半导体：在本征半导体中掺入微量三价元素即形成 P 型半导体。

为增强本征半导体的导电性，也可以向它注入三价元素的铝（或硼）。注入的铝原子取代了某些硅原子的位置，如图 5-5（b）所示，每注入一个铝原子就会出现一个空穴，当邻近的价电子填补这个空穴后，使得注入的杂质原子成为带负电的离子，同时出现一个空穴。本征半导体掺入三价元素的杂质后，多数载流子是空穴，自由电子是少数，这种多数载流子是空穴的半导体称为 P 型半导体，P 型半导体的符号如图 5-5（b）所示，符号的意思是每注入一个三价铅原子后就会出现一个带负电的离子和一个空穴。同样，P型半导体从总体看仍然是电中性的。

### 3. PN 结形成及其单向导电性

1）PN 结形成

将 P 型半导体与 N 型半导体通过物理、化学的方法有机地结为一体后，在两种半导体的交界处就形成了 PN 结。PN 结具有非线性电阻的特性，可以制成整流元件，并且是构成多种半导体器件的基础。

PN 结的形成过程如图 5-6 所示：当 P 型半导体和 N 型半导体共处一体后，在它们的交界处两边电子、空穴的浓度不同，即 N 区多电子，P 区多空穴，因此 N 型区内的电子要向 P 型区扩散，P 型区内的空穴要向 N 型区扩散。扩散首先是从交界面处开始的，N 型区内的电子扩散到 P 型区后与空穴复合，N 型区减少了电子，因此在 N 型区的一侧出现了带正电的粒子层，这层带正电的粒子就是处于 N 型半导体共价键上失去一个自由电子的原子，它们是不能移动的正离子。同样，交界面 P 型区一侧会出现带负电的粒子层，随着电子、空穴的扩散，交界面两侧带电层逐渐增厚形成一个空间电荷区，如图 5-6 所示，N 型区带正电，P 型区带负电。

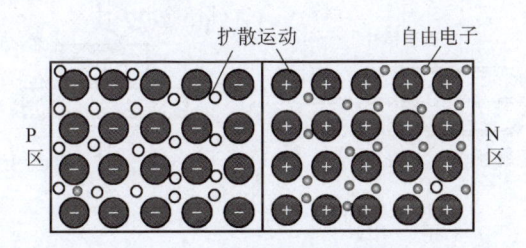

图 5-6 PN 结的形成过程

内电场的出现使载流子在电场力的作用下产生漂移运动，内电场使得 P 型区内的电子返回 N 型区。当空间带电区域比较薄时，内电场较弱，载流子的扩散运动强于漂移运动，但随着扩散的进行，空间电荷区的厚度增加，内电场加强，使扩散运动减弱，漂移运动加强，最后将导致载流子的扩散运动与漂移运动达到动态平衡，即从 N 型区扩散到 P 型区的电子数目与从 P 型区漂移到 N 型区的电子数相等，通过交界面的净载流子数为零，这时空间电荷区的宽度不再增加，空间电荷区内已不存在载流子，因而又称这个空间为耗尽层，而在半导体内部出现的空间电荷区产生的内电场阻止多数载流子继续扩散，即称这个带电区域为阻挡层或 PN 结。

2）PN 结单向导电性

（1）PN 结上加正向电压。

如图 5-7 所示，外电场将载流子推入空间电荷区，抵消一部分空间电荷，使空间电荷区变窄，削弱内电场；扩散运动增强，漂移运动减弱，平衡被打破，扩散运动大于漂移运动；在电源的作用下，扩散运动不断进行，形成正向电流，PN 结处于导通状态。

（2）PN 结上加反向电压。

如图 5-8 所示，外电场与内电场方向一致，空间电荷区变宽，内电场增强；扩散运动减弱，漂移运动增强，平衡被打破，漂移运动大于扩散运动；漂移运动是电子的运动，电子浓度小，形成反向电流很小，PN 结处于截止状态。

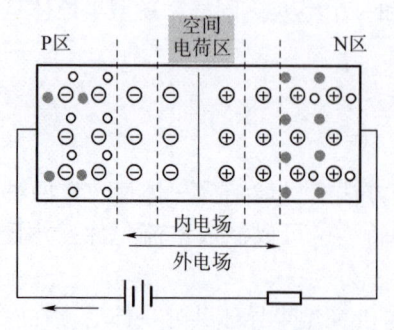

图 5-7　PN 结上加正向电压

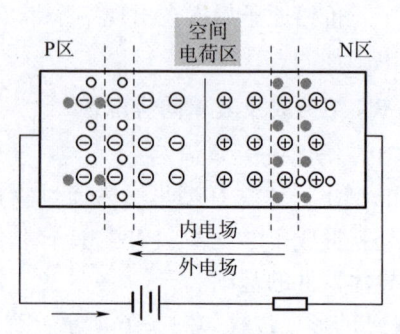

图 5-8　PN 结上加反向电压

**4. 二极管**

1）二极管的结构与符号

晶体二极管的心部是一个 PN 结，在 PN 结两端加电极引线和管壳后就制成了一个晶体二极管。二极管的结构和符号如图 5-9 所示。

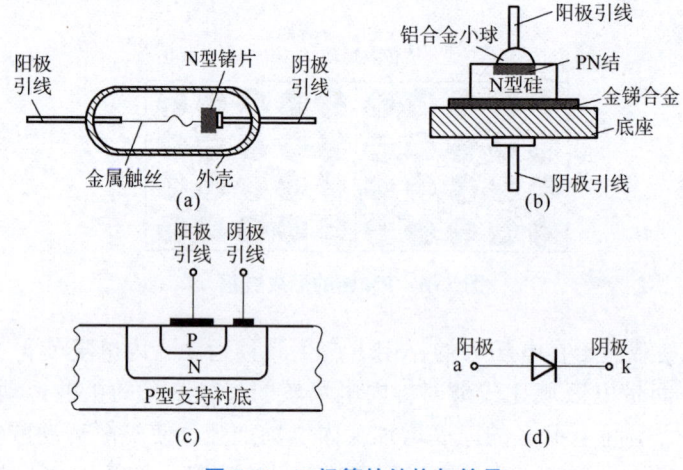

图 5-9　二极管的结构与符号

2）二极管的类型

半导体二极管按其结构的不同可分为点接触型和面接触型两类。

点接触型二极管是将一根很细的金属触丝（如三价元素铝）和一块半导体（如锗）熔接后做出相应的电极引线，再外加管壳密封而成，其结构图如图 5-9（a）所示。点接触型二极管的极间电容很小，不能承受高的反向电压和大的电流，往往用来作小电流整流、高频检波及开关管。

面接触型二极管的结构如图 5-9（b）所示。这种二极管的 PN 结面积大，可承受较大的电流，但极间电容也大。这类器件适用于整流，而不宜用于高频电路中。

图 5-9（c）所示为集成电路中平面型二极管的结构图，图 5-9（d）所示为二极管的代表符号。

二极管按用途分为晶体二极管、双向触发二极管、高频变阻二极管、变容二极管、发光二极管和肖特基二极管。

3) 二极管的伏安特性

由半导体物理特性理论得出半导体二极管的电流与电压之间有以下关系：

（1）正向特性。

由图 5-10 可见，当加二极管上的正向电压较小时，正向电流小，几乎等于零，只有当二极管两端电压超过某一数值 $U_{on}$ 时，正向电流才明显增大。通常将 $U_{on}$ 称为死区电压，死区电压与二极管的材料有关。一般硅二极管的死区电压为 0.5 V 左右，锗二极管的死区电压为 0.1 V 左右。

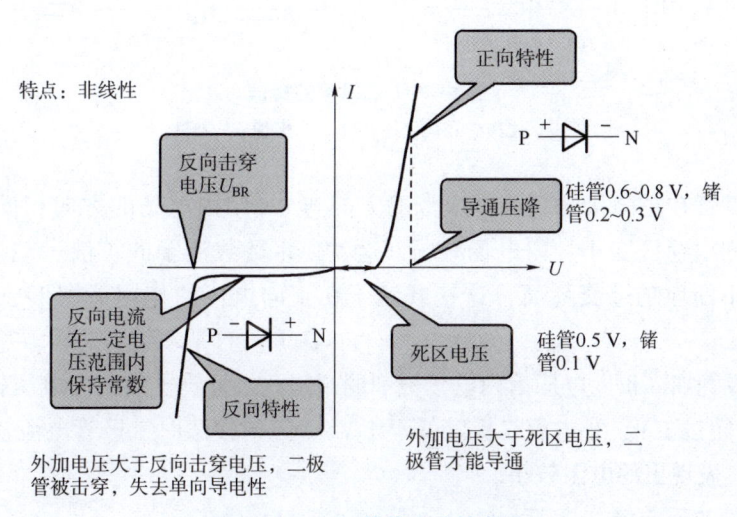

图 5-10 二极管伏安特性曲线

当正向电压超过死区电压后，随着电压的升高，正向电流将迅速增大，电流与电压的关系基本上是一条指数曲线。由正向特性曲线可见，流过二极管的电流有较大的变化，二极管两端的电压却基本保持不变，在近似分析计算中，通常将这个电压称为开启电压。开启电压与二极管的材料有关。一般硅二极管的开启电压为 0.7 V 左右，锗二极管的开启电压为 0.2 V 左右。

（2）反向特性。

二极管伏安特性曲线的左半部分称为反向特性，由图 5-10 可见，当二极管加反向电压时，反向电流很小，而且反向电流不再随着反向电压而增大，即达到了饱和，这个电流称为反向饱和电流，用符号 $I_S$ 表示。

如果反向电压继续升高，当超过 $U_{BR}$ 以后，反向电流急剧增大，这种现象称为击穿，$U_{BR}$ 称为反向击穿电压，击穿后不再具有单向导电性。应当指出，发生反向击穿并不意味着二极管损坏，实际上，当发生反向击穿后，只要注意控制反向电流的数值，不使其过大，即可避免因过热而烧坏二极管。当反向电压降低后，二极管仍可能恢复正常。

4) 晶体二极管的单向导电性

（1）二极管的正向接法。

正向接法：将电源的高电位接在二极管的 P 型区电极，低电位接在二极管的 N 型区电极，如图 5-11（a）所示，这种接法称为二极管的正向接法。

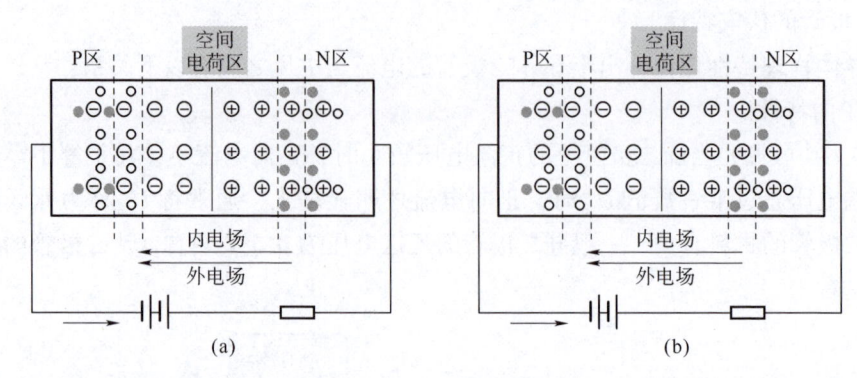

图 5-11 二极管的接法

(a) 二极管正向接法；(b) 二极管反向接法

半导体二极管在正向接法下，外电场的方向与 PN 结内电场的方向相反，在正向电压作用下将使空间电荷区变小、内电场减弱，这就使多数载流子的扩散运动强于漂移运动，多数载流子能不断地越过交界面，这些载流子在正向电压的作用下即形成二极管的正向电流。

半导体二极管加入正向电压后内电场被削弱，因此二极管子的正向电压较低，约为 1 V（大电流二极管超过 1 V，小电流二极管低于 1 V），正向接法时二极管电流较大，因此二极管在正向导电时表现出的电阻较小。

（2）二极管的反向接法。

反向接法：将电源的高电位接在二极管的 N 型区电极，低电位接在二极管的 P 型区电极，如图 5-11（b）所示，这种接法称为二极管的反向接法。

二极管加反向电压后，空间电荷区会增大、内电场增强，多数载流子的扩散运动不能进行，此时只有 P 型区和 N 型区内的少数载流子在电场力的作用下产生漂移运动。因此，反向接法下的二极管电流极小，这个电流称为二极管的反向电流。

半导体二极管的反向电流由少数载流子的漂移运动产生，在半导体内少数载流子的数目受环境温度影响，当环境温度一定时，少数载流子的数目基本上也维持一定，因此在一定的温度下，二极管反向电流在一定的反向电压范围内不随反向电压的改变而发生变化，故称二极管的反向电流为反向饱和电流。

### 5.1.2 二极管的识别与检测

**1. 二极管识别**

二极管是最常用的电子元件之一，其最大的特性就是单向导电，也就是电流只可以从二极管的一个方向流过。二极管主要应用于整流电路、检波电路、稳压电路及各种调制电路，其原理都很简单，正是由于二极管等元件的发明，才使我们现在丰富多彩的电子信息世界得以诞生。二极管在汽车中的应用主要是整流器，如图 5-12 和图 5-13 所示。二极管的作用如此强大，那么我们应该如何去检测这个元件呢？下面简单介绍几种判断、识别二极管的方法。

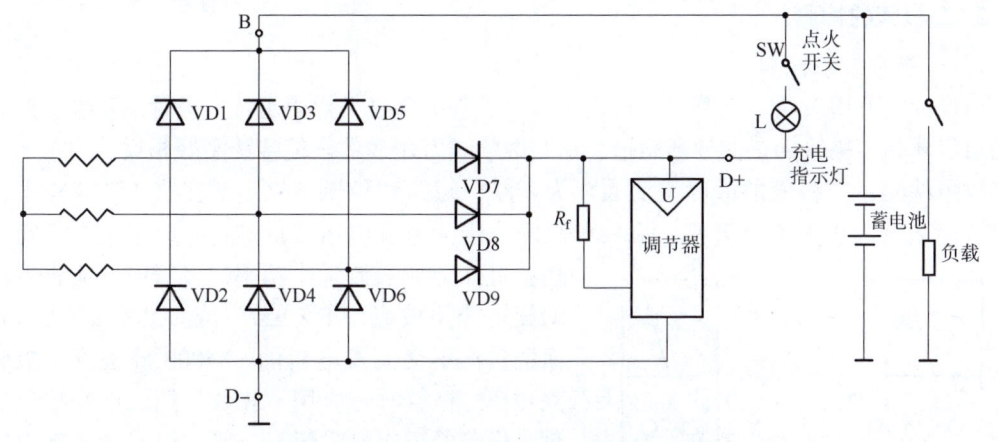

图 5-12　九管汽车交流发电机整流器原理图

图 5-13　整流器实物图

1）二极管的识别方法

二极管的识别很简单，通常通过对常见二极管（整流二极管、稳压二极管和发光二极管等）外形进行识别，理解型号的含义。

观察外壳上的符号标记，通常在二极管的外壳上标有二极管的符号，带有三角形箭头的一端为正极，另一端是负极；小功率二极管的 N 极（负极）大多采用一种色圈标出来，如图 5-14（a）所示；还有的用色点标示，如在点接触二极管的外壳上，通常标有极性色点（白色或红色），一般标有色点的一端即为正极。

有些二极管也用二极管专用符号标志"P""N"来确定二极管的极性，发光二极管的正负极可通过引脚的长短来识别，长脚为正、短脚为负，如图 5-14（b）所示。

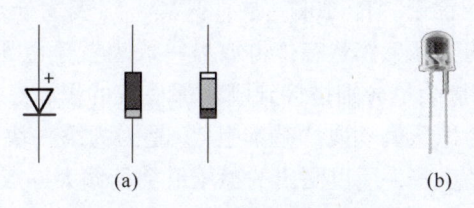

(a)　　　(b)

图 5-14　小功率二极管实物图

**2. 二极管的检测**

1) 二极管故障检测

用指针式万用表测二极管时,红表笔接二极管的负极,黑表笔接二极管的正极,此时测试的阻值才是二极管的正向导通阻值,这与数字式万用表的表笔接法刚好相反。

故障检测:二极管的故障主要表现为开路、短路和稳压不稳定。在这3种故障中,前一种故障表现为电源电压升高;后两种故障表现为电源电压变低到0 V或输出不稳定。当用指针式万用表测量小功率二极管时,应将万用表的旋转开关放到"R×100"或"R×1k"欧姆挡,而测量汽车交流发电机的1N4000硅整流二极管即大功率二极管时,应用"R×1"挡。选好挡位后测量二极管的正向电阻值。一般二极管的正向电阻为几十到几百欧,反向电阻为几百欧到几百千欧,如图5-15所示。二极管的正反向电阻相差越大,说明二极管的单向导电性越好。若$R_正 \ll R_反$,则表示二极管的单向导电性能好;若$R_正 \approx R_反$,则表示二极管已坏;若$R_正 \approx R_反 \approx 0$,则表示二极管已被击穿,两电极已短路;若$R_正 \approx R_反 \to \infty$,则表示二极管内部断路。

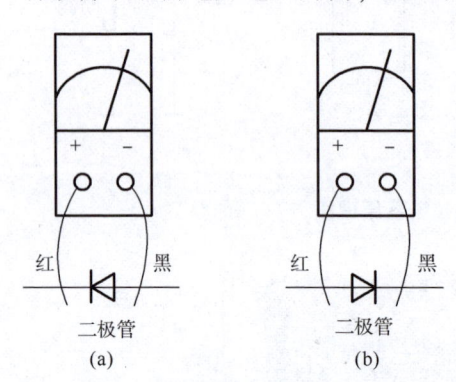

图5-15 万用表测试二极管

(a) 正向电阻小; (b) 反向电阻大

2) PN结检测

在测量PN结时,用"R×10"挡测PN结应有较明显的正反向特性(如果正反向电阻相差不太明显,则可改用"R×1"挡来测),一般正向电阻在用"R×10"挡测时表针应指示在200 Ω左右,在用"R×1"挡测时表针应指示在30 Ω左右(根据不同表型可能略有出入)。如果测量结果正向阻值太大或反向阻值太小,都说明这个PN结有问题,这个二极管也就有问题了。

这种方法在维修时特别有效,可以非常快速地找出坏管,甚至可以测出尚未完全坏掉但特性变坏的管子。比如当用小阻值挡测量某个PN结正向电阻过大时,如果换用常用的"R×1k"挡再测,可能还是正常的,但其实这个管子的特性已经变坏了,已经不能正常工作或不稳定了。测稳压二极管时,我们通常所用到的稳压管的稳压值一般都大于1.5 V,而指针表"R×1k"以下的电阻挡是用表内的1.5 V电池供电的,这样用"R×1k"以下的电阻挡测量稳压管就如同测二极管一样,具有完全的单向导电性。但指针表的"R×10k"挡是用9 V或15 V电池供电的,故在用"R×10k"挡测稳压值小于9 V或15 V的稳压管时,反向阻值就不会是∞,而是有一定的阻值,但这个阻值还是要大大高于稳压管的正向阻值。如此,我们就可以初步估测出稳压管的好坏。

测量方法:先将一块表置于"R×10k"挡,其黑、红表笔分别接在稳压管的阴极和阳极,这时就模拟出稳压管的实际工作状态;再取另一块表置于电压挡"V×10"或"V×50"(根据稳压值)上,将红、黑表笔分别搭接到刚才那块表的黑、红表笔上,这时测出的电压值基本上就是这个稳压管的稳压值。说"基本上",是因为第一块表对稳压管的偏置电流相对正常使用时的偏置电流稍小些,所以测出的稳压值会稍偏大一点,但基本相差不大。这个方法只可估测稳压值小于指针表高压电池电压的稳压管。如果稳压管的稳压值太高,就只能用外加电源的方法来测量了(这样看来,我们在选用指针表时,选用高压电池电压为15 V

的要比 9 V 的更适用些)。

3) 整流器二极管检测

(1) 检查单个二极管好坏。

若用数字式万用表检测二极管的好坏,则将数字万用表放到蜂鸣二极管挡,正、反测量。

① 若两次均听到蜂鸣声,则说明二极管是坏的;若只听到一次蜂鸣声,则说明二极管是好的。

② 若正、反两次数值均为无穷大,则也说明此二极管是坏的。质量良好的二极管正向压降一般为 500~700 mV,反向电阻为几百千欧姆。

(2) 整体式整流器的检查。

以图 5-16 所示夏利轿车 JFZ1542 型整体式发电机为例说明。当检测负极管时,应先将万用表黑表笔接"E"端(图中有三个部位),红表笔分别接 $P_1$、$P_2$、$P_3$、$P_4$ 点进行检测,万用表均应导通,如不导通,则说明该负极管断路,应更换整流器总成;再调换两表笔检测部位进行测量,万用表应不导通,如导通,则说明该负极管短路,亦需更换整流器总成。当检测正极管时,应先将万用表红表笔接整流器端子"B",黑表笔分别接 $P_1$、$P_2$、$P_3$、$P_4$ 点进行检测,万用表均应导通,如不导通,则说明该正极管断路,应更换整流器总成;再调换两表笔检测部位进行检测,此时万用表应不导通,如导通,则说明该正极管短路,亦应更换整流器总成。

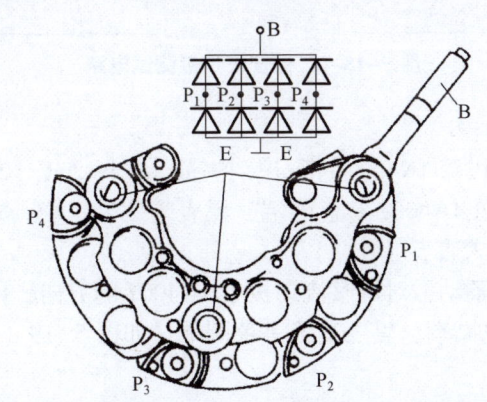

图 5-16 夏利轿车 JFZ1542 型整体式发电机整流板

### 3. 极性的判别

1) 用万用表检测法

用指针式万用表分两次测量二极管的电阻值,以阻值较小的一次测量为准,黑表笔所接的一端为正极,红表笔所接的一端为负极。因为电阻阻值小的那次,二极管处于正向偏置,即万用表内部电池的正极与二极管的正极相接,万用表内部电池的负极与二极管的负极相接,而将指针式万用表作欧姆表使用时,红表笔接干电池的负极,黑表笔接干电池的正极。通过数字式万用表检测法用两支表笔分别接触二极管的两个电极,若万用表显示值在 1 V 以下,则说明二极管处于正向导通状态,此时说明红表笔接的是二极管的正极、黑表笔接的是二极管的负极(因为红表笔带正电、黑表笔带负电)。因为此时测量的是二极管,故正向导通电阻阻值即是二极管的正向压降值。对于不同的二极管,由于内部材料不同,故所测得的压降值也不同。

在检测时,若采用指数字式万用表,显示溢出符号"1",则说明二极管处于反向截止状态,这时黑表笔接的是正极、红表笔接的是负极。如图 5-17 所示。

图 5-17　用数字式万用表检测二极管的极性实物电路法

按图 5-18 所示搭建焊接电路，接通+5 V 电源，观察 LED 灯是否发光，以发光的一次为基准，与+5 V 电源正极连接端为二极管正极，与+5 V 电源负极连接端为二极管负极。

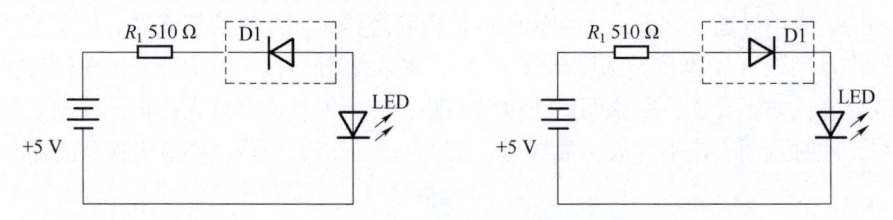

图 5-18　二极管正负极测试电路

2）检测操作步骤

（1）对小功率整流二极管 1N4007 进行识别测量，选择"R×100"欧姆挡，将指针式万用表的红表笔接整流二极管 1N4007 有色圈端，黑表笔接另一端，如图 5-19（a）所示，并记录此时的数据为 $R_1$，填入表 5-1 中。

（2）万用表两个表笔不动，对调整流二极管 1N4007 的方向，即指针式万用表的红表笔接整流二极管 1N4007 无色圈端，黑表笔接有色圈端，如图 5-19（b）所示，记录此时的数据为 $R_2$，填入表 5-1 中。

图 5-19　测量二极管示意图

（3）根据 $R_1$、$R_2$ 的数值，判断整流二极管 1N4007 质量的好坏，并将判断结果填入表 5-1 中。

（4）将指针式万用表的旋转开关拨到"R×1k"欧姆挡，重复步骤（1）、（2），测量的电阻数值分别记为 $R_3$、$R_4$，并填入表 5-2 中。

(5)选取测量 $R_3$、$R_4$ 电阻中阻值小的一次,即指针式万用表的红表笔接整流二极管 1N4007 有色圈端,黑表笔接无色圈端,判断此时红、黑表笔分别接的是二极管的哪个电极,并将判断结果填入表 5-2 中。

(6)用同样的方法重复上述步骤,分别判断出稳压二极管、发光二极管的质量好坏及极性,并将相关数据填入表 5-1 和表 5-2 中。

(7)用同样的方法重复上述步骤,对图 5-12 所示九管汽车交流发电机原理图中型号为 1N4000 的硅整流二极管进行质量好坏及极性的测量,并将相关数据填入表 5-1 和表 5-2 中。

(8)按图 5-18 搭建焊接电路,用此方法判断出二极管的正、负极,并将此结果与上述用万用表测量的结果相比较,看是否一致。

(9)将数字式万用表放到蜂鸣二极管挡,分别进行正、反向测量,如图 5-20 所示,并判断出所测二极管的好坏,以及万用表红、黑表笔分别接的是二极管的哪个电极,并填入表 5-3 中。

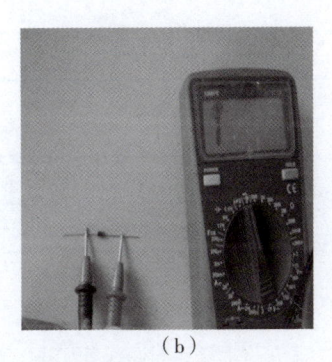

图 5-20 数字式万用表测量二极管的好坏及电极
(a)好坏测量;(b)极性测量

### 4. 注意事项

各电阻量程挡的测试电流不尽相同,量程挡越小,测试电流越大;反之,量程挡越大,测试电流越小。为了保证被测元器件的安全,必须正确选择合适的量程挡。如果用万用表的小量程欧姆挡(例如 "R×1" 或 "R×10" 挡)去测量小功率的元器件,元器件会流过大电流,如果该电流超过了元器件所允许通过的电流,元器件可能会被烧毁。当选择大量程挡(例如 "R×10k")时,万用表内部电池电压较高,所以在测量耐压较低的元器件时,万用表不宜放置在大量程的欧姆挡上。

测量中功率和大功率二极管时,可将量程置于 "R×1" 或者 "R×10" 挡;测量汽车交流发电机硅整流二极管时,应用 "R×1" 挡。

晶体二极管是非线性元器件,在用不同电阻挡测同一只晶体二极管时,所测出的电阻值会有差异,这是由于各电阻挡的测试电流不相同而造成的,属于正常现象。

指针式万用表作欧姆表使用时,对于内电路,红表笔接干电池的负极,黑表笔接干电池的正极;对于外电路,红表笔接干电池的正极,黑表笔接干电池的负极。

数字式万用表检测二极管注意事项:

(1)用数字式万用表二极管检测挡测量正向电压时,若将晶体二极管的正、负极接反,将会显示溢出符号 "1",这时可交换两支表笔再试。

（2）用数字式万用表测量大功率整流二极管的 $V_F$ 值可达 1 V。

（3）不宜用数字式万用表的电阻挡检测二极管，其原因在于数字式万用表电阻挡所提供的测试电流太小，而二极管属于非线性元件，正、反向电阻值与测试电流有很大关系，因此测试值与正常值相差很大，使单向导电性不明显，有时难以判定。因此，应该使用二极管检测挡去检测二极管。

**5. 检测结果及数据**

表 5-1　质量的判别

| 型号 | "R×100" | | 质量 | |
|---|---|---|---|---|
| | $R_1$ | $R_2$ | 好 | 坏 |
| | | | | |
| | | | | |
| | | | | |
| | | | | |

表 5-2　极性的判别

| 型号 | "R×1k" | | 极性 | |
|---|---|---|---|---|
| | $R_3$ | $R_4$ | 红表笔 | 黑表笔 |
| | | | | |
| | | | | |
| | | | | |
| | | | | |

表 5-3　数字式万用表测量结果

| 型号 | 极性 | |
|---|---|---|
| | 红表笔 | 黑表笔 |
| | | |
| | | |
| | | |

**任务实施**

| 任务场景 | 电工电子实训室 |
|---|---|
| 任务分组 | 在任务实施过程中，采取分组的方式进行，每 3~5 人一组，通过自荐或推荐的方式选出组长，负责本组任务实施的组织，实施过程中小组成员要互相帮助，共同完成任务 |

续表

| 实施过程 | 各小组根据以上任务描述，完成以下任务的实施过程。<br>1. 获取信息：操作前需要掌握本征半导体、杂质半导体、PN 结、二极管的结构与符号、二极管识别与检测的方法等相关知识，各组搜集相关资料。<br>2. 任务准备：明确任务内容，准备工具、设备及相关资料，做好现场防护。<br>3. 任务实施：识别二极管、检测二极管元件、检查整流器二极管。<br>4. 考核评价：各组展示任务完成情况，配合指导教师完成考核评价表 |
|---|---|
| 任务要求 | 1. 安全操作：在测量前确保电路处于断电状态，关闭电源；选择适当工具，根据测量需求选择合适的万用表或专用测试仪器，并设置正确的测量范围和模式。<br>2. 二极管测量时，需注意各电阻量程挡的测试电流不尽相同，量程挡越小，测试电流越大；反之，量程挡越大，测试电流越小。为了保证被测元器件的安全，必须正确选择合适的量程挡。如果用万用表的小量程欧姆挡（例如"R×1"或"R×10"挡）去测量小功率的元器件，元器件会流过大电流，如果该电流超过了元器件所允许通过的电流，元器件可能会被烧毁。<br>3. 测量中功率和大功率二极管时，可将量程置于"R×1"或者"R×10"挡；测量汽车交流发电机硅整流二极管时应用"R×1"挡。<br>4. 不宜用数字式万用表的电阻挡检测二极管，其原因在于数字式万用表电阻挡所提供的测试电流太小，而二极管属于非线性元件，正、反向电阻值与测试电流有很大关系，因此测试值与正常值相差很大，使单向导电性不明显，有时难以判定。因此，应该使用二极管检测挡去检测二极管。<br>5. 记录与报告：在整个检测过程中，需要做好详细记录，并在检测后编写检测报告，对发现的问题进行说明并提出维修建议 |
| 任务反思 | 1. 二极管具有什么性质。<br>2. 如何识别二极管的极性。<br>3. 如何检测二极管质量的好坏 |

## 考核评价

| 序号 | 评价项目 | 评价指标 | 分值 | 自评（20%） | 互评（20%） | 师评（60%） | 合计 |
|---|---|---|---|---|---|---|---|
| 1 | 知识目标（30 分） | 了解半导体基础知识，了解 PN 结的形成 | 5 | | | | |
| | | 了解二极管的结构 | 10 | | | | |
| | | 掌握二极管的伏安特性及主要参数 | 15 | | | | |
| 2 | 能力目标（50 分） | 能够正确对二极管的极性进行判别；能够对二极管的质量好坏进行检测 | 10 | | | | |
| | | 具备解决二极管电路故障的能力 | 10 | | | | |
| | | 能够进行二极管电路的实验验证和性能测试 | 30 | | | | |

续表

| 序号 | 评价项目 | 评价指标 | 分值 | 自评（20%） | 互评（20%） | 师评（60%） | 合计 |
|---|---|---|---|---|---|---|---|
| 3 | 素质目标（20分） | 具备良好的学习能力，并能自主学习 | 5 | | | | |
| | | 具备良好的沟通能力和团队合作能力 | 5 | | | | |
| | | 具备较强的分析和解决问题的能力 | 5 | | | | |
| | | 具备较强的安全意识和责任心 | 5 | | | | |

**拓展阅读**

汉朝有一个人名叫孙敬，从小就喜欢读书，勤奋好学。孙敬每天晚上都学得很晚，为了避免发困，影响读书，他想了个办法：用绳子的一头拴住头发，另一头拴在房梁上，一打盹，头一低，绳子就会把头皮揪疼，精神就又振作起来，这样又可以全身心投入到学习中去了。孙敬勤学苦练，学习收获很大。这就是历史上有名的"头悬梁"的故事。

战国的时候，有个人名叫苏秦，他很想干一番大事业，然而由于学识不够，总也找不到合适的事情。他心里想：一个人难道能这么没有志气吗？从此，他下决心发愤读书，读到深夜，要打盹了，就用锥子往大腿上刺一下，鲜血直流。于是，他又振奋起精神，坚持学下去。苏秦就是这样刻苦读书，持之以恒，最终成为战国时期著名的政治家。这就是历史上著名的"锥刺股"的故事。

## 5.2 三极管的认知与检测

### 任务导入

图 5-21 所示为扩音器的原理图，声音信号转换为电信号，经放大电路后，电信号又转换为声音信号，如声音话筒，即话筒是将声音信号转换为电信号，经放大电路放大后，变成大功率的电信号，推动扬声器，再将其还原为声音信号。放大电路又称放大器，是指能把微弱的电信号转换为较强的电信号的电子线路。放大器的核心元件（即放大元件）是半导体三极管。

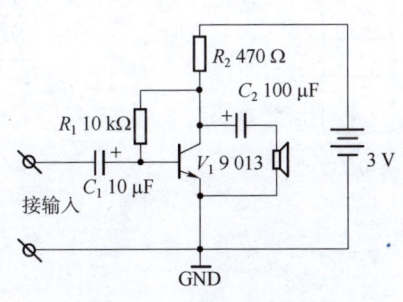

图 5-21 扩音器原理图

### 学习目标

【知识目标】
1. 了解三极管的结构、作用类型、外观及相关标识。
2. 了解满足三极管放大、饱和、截止作用的条件。
3. 掌握共射极放大电路的工作原理。
4. 了解三极管设置静态工作点的目的。

【能力目标】
1. 会用万用表判断三极管的种类和电极。
2. 会用万用表判断三极管的质量。
3. 掌握三极管的常见应用电路。

【素质目标】
1. 具备良好的学习能力，能够不断学习与更新三极管的相关知识和技术。
2. 具备良好的沟通能力和团队合作能力，能够与他人合作解决电路相关问题。
3. 具备较强的安全意识和责任心，能够正确使用和维护三极管，确保工作安全和设备正常运行。

## 学习准备

### 5.2.1 三极管的结构与符号

三极管是一个三层结构且具有两个 PN 结的元件。三极管的中间层称为基区，基区两边分别称为发射区和集电区。三极管的发射区与集电区是同类型的半导体，所以三极管就有两种形式，即图 5-22（a）所示的 NPN 型管和图 5-22（b）所示的 PNP 型管，这两种三极管符号也在图 5-22 中示出。

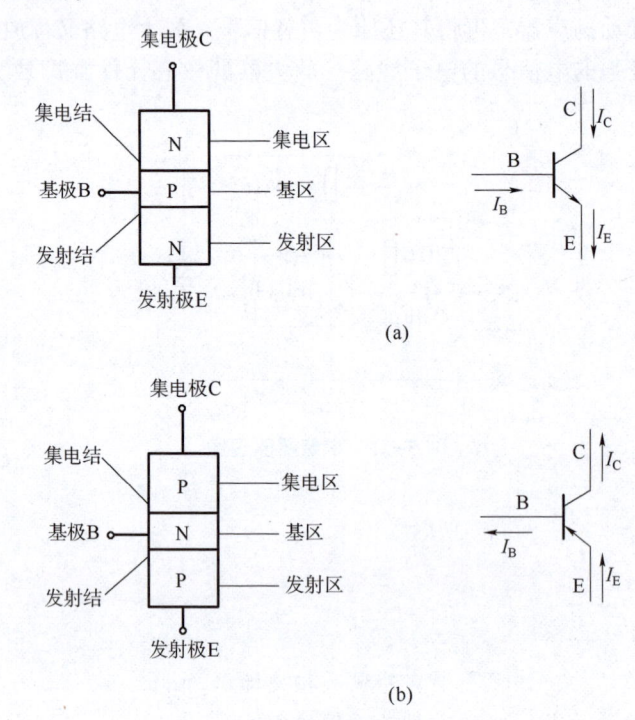

**图 5-22 三极管的结构及符号**
（a）NPN 型；(b) PNP 型

三极管的基区半导体类型与发射区和集电区不同，所以在基区与发射区、基区和集电区之间分别形成 PN 结。发射区与基区之间的 PN 结称为发射结，集电区与基区间的 PN 结称为集电结。由三极管这三个区引出的电极，分别称为基极（B）、发射极（E）和集电极（C）。在三极管中，三个电极的电流方向是确定的，NPN 型和 PNP 型三极管各级电流的方向是不同的。对于 NPN 型三极管，电路符号中发射极电极形象地指出了发射极电流的流动方向是由管内流向管外，而基极电流和集电极电流是流入管内的；PNP 型三极管的情况正好相反，电流从发射极流入，由集电极和基极流出。由此可见，三极管的电路符号指明了该管的类型，同时也指明了发射极电流的流动方向，进而可推知该管基极和集电极电流的流动方向。

### 5.2.2 三极管的放大作用

二极管有两个电极，给它加一个电压（正向偏置或反向偏置）就有正向导通和反向截止的两种工作状态。而三极管有三个电极，必须有两个外加电压才能决定三极管两个 PN 结的工作状态，所以有一个电极必须是共用的。按共用极的不同，三极管电路可构成共发射极、共基极和共集电极三种接法，在后面介绍中，一般以 NPN 型三极管共发射极接法为例分析三极管电路的工作情况。若要实现三极管的放大作用，可按图 5-23 所示连接电路。发射极作为公共端接地，并选取 $U_{CC}>U_{BB}$。在基极回路电源 $U_{BB}$ 的作用下，发射结正向偏置（即基极电位高于发射极电位）；在集电极回路电源 $U_{CC}$ 的作用下，集电结反向偏置（即集电极电位高于基极电位）。

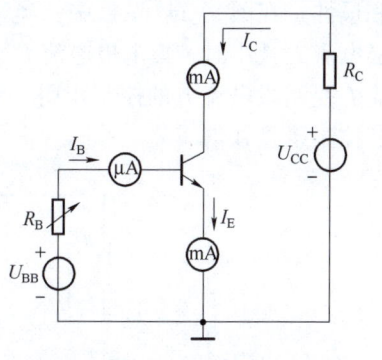

图 5-23 三极管的放大作用

适当调节电阻 $R_B$ 的大小，观察三个电流表所监测的基极电流 $I_B$、集电极电流 $I_C$、发射极电流 $I_E$ 数值，可以发现三极管各极之间电流分配关系：$I_E=I_B+I_C$，且 $I_C>>I_B$，并且三者大小取决于发射结电压 $U_{BE}$ 的大小（调节 $R_B$ 可改变 $U_{BE}$），$U_{BE}$ 增大时，$I_B$ 增大，$I_C$ 和 $I_E$ 都会随之相应增大。基极电流 $I_B$ 和集电极电流 $I_C$ 数量关系：基极电流 $I_B$ 增大时，集电极电流 $I_C$ 成比例增大，并且 $I_C$ 和 $I_B$ 的比值基本为一常数，用字母 $\beta$ 表示，即

$$\beta=\frac{I_C}{I_B} \text{ 或 } I_C=\beta I_B \tag{5-1}$$

式中　$\beta$——三极管的电流放大系数，即集电极电流 $I_C$ 为基极电流 $I_B$ 的倍数，它体现了三极管的电流放大能力。

常用小功率三极管的 $\beta$ 值为 20~150，通常以 100 左右为宜，$\beta$ 值太小，电流放大作用差；$\beta$ 值太大，温度对它的稳定性影响又太大，会影响放大电路的性能。这种情况下三极管工作于放大状态。

增大 $R_B$ 阻值使发射结电压在 0.5 V 以下时，集电极电流 $I_C$ 和发射极电流 $I_E$ 都基本为零。这种情况下三极管工作于截止状态。

减小 $R_B$ 阻值使基极电流 $I_B$ 增加到一定数值时，就会发现集电极电流 $I_C$ 不随基极电流 $I_B$ 增大而增大。这种情况下三极管工作于饱和状态。

综上所述，三极管具有电流放大能力，它能将基极电流 $I_B$ 放大 $\beta$ 倍而形成集电极电流 $I_C$，就其本质而言，这种"放大"是一种控制，是以较小的电流 $I_B$ 控制较大的电流 $I_C$。

### 5.2.3　三极管的三种工作状态

三极管工作状态的不同是由其集电结和发射结偏置不同造成的，它可以分成放大状态、饱和状态及截止状态，这些不同工作状态表现出来的特性是不同的，所以将被应用于不同的场合。

#### 1. 放大状态

对于处于放大状态的三极管，各极之间的电流关系为 $I_E=I_B+I_C$，并且 $I_C=\beta I_B$，即

$$I_E=I_B+\beta I_B=(1+\beta)I_B$$

三极管处于放大状态的条件是发射结正向偏置、集电结反向偏置。图 5-24 所示为处于放大状态的三极管电流和电压示意图。如图 5-24（a）所示电路采用一个电源供电，它是在图 5-23 所示电路的基础上，将电阻 $R_B$ 接到 $U_{BB}$ 正极的一端改接到 $U_{CC}$ 的正极上，这样可以省去 $U_{BB}$。为了进一步简化电路，图 5-24（a）中电源 $U_{CC}$ 省去未画，只标出它对地电位值

和极性。在图 5-24（a）中，当基极电流 $I_B$ 增大时，集电极电流 $I_C$ 也会按 $\beta$ 倍关系增大；基极电流 $I_B$ 减小时，集电极电流 $I_C$ 也会按 $\beta$ 倍关系减小。放大状态的这个重要特征是集电极电流 $I_C$ 受基极电流 $I_B$ 的控制作用。实质上我们所说的放大就是这种以较小的 $I_B$ 控制较大的 $I_C$，其控制量是 $\beta$ 倍。

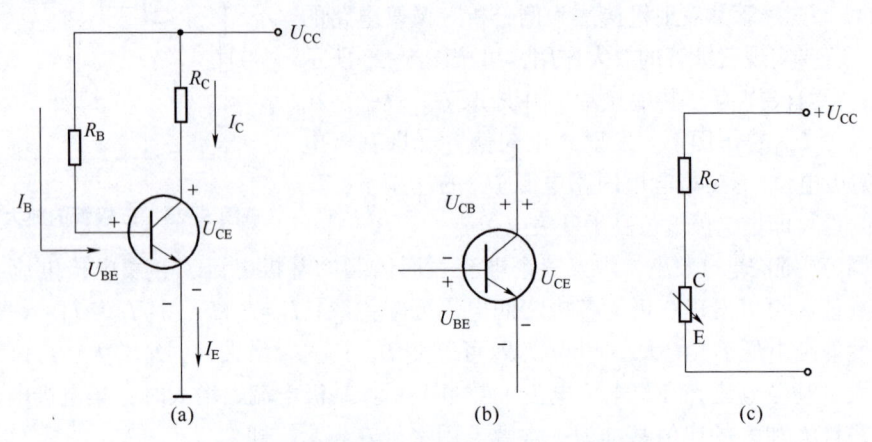

图 5-24 放大状态三极管电流、电压示意图

在图 5-24（b）中标出了发射结的正向偏置电压 $U_{BE}$ 和集电结的反向偏置电压 $U_{CB}$，由于发射极接地，所以集电极与发射极之间的电压 $U_{CE}$ 为上正下负，即集电极 C 的电位比发射极 E 的电位高，$U_{CE}$ 的数值大小可由图 5-24（a）所示电路求得，$U_{CE} = U_{CC} - I_C R_C$。将三极管三极引脚各点电位相比较发现，处于放大状态的三极管，集电极电位最高，基极电位次之，最低的是发射极电位。

如图 5-24（c）所示，当三极管处于放大状态时，集电极 C 和发射极 E 之间相当于通路，用一个变化的电阻表示其间电压降，变化情况可认为是受基极电流控制的。对于处于饱和状态的三极管，当基极电流 $I_B$ 增大时，集电极电流 $I_C$ 增大很小或不再增大，基极电流 $I_B$ 失去对集电极电流 $I_C$ 的控制作用，因而三极管饱和时没有放大作用。

**2. 饱和状态**

三极管处于饱和状态的条件是发射结正向偏置，集电结也是正向偏置。图 5-25 所示为处于饱和状态的三极管电流和电压示意图。

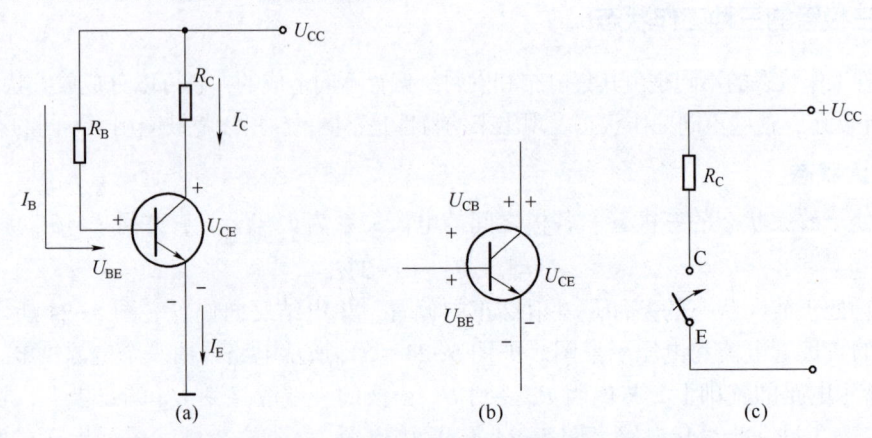

图 5-25 处于饱和状态的三极管电流和电压示意图

在图 5-25（a）中，若减小 $R_B$，使发射结正向偏置电压 $U_{BE}$ 增加，这一阶段三极管还是工作在放大状态，基极电流 $I_B$ 对集电极电流 $I_C$ 仍然有控制作用，并且 $I_B$ 增加，$I_C$ 也增加，$U_{CE}$（$=U_{CC}-I_CR_C$）减小。当 $U_{CE}$ 减小到接近为零时（硅管约为 0.3 V，锗管约为 0.1 V，称为饱和压降），集电极电流 $I_C = \dfrac{U_{CC}-U_{CE}}{R_C} \approx \dfrac{U_{CC}}{R_C}$ 已达到最大值，此时若再增加 $I_B$，$I_C$ 已不可能再增加，即三极管已经饱和。由此可知，三极管处于饱和状态时的条件是

$$I_{CS} \approx \frac{U_{CC}}{R_C} \tag{5-2}$$

$$I_{BS} = \frac{I_{CS}}{\beta} \approx \frac{U_{CC}}{\beta R_C} \tag{5-3}$$

式中 $I_{CS}$，$I_{BS}$——临界饱和电流，只要满足 $I_B \geq I_{BS}$，则三极管处于饱和状态。

在图 5-25（b）中标出了发射结与集电结的正向偏置电压 $U_{BE}$ 和 $U_{CB}$，考虑到饱和时三极管 $U_{CE} \approx 0.3$ V，将三极管三根引脚各点电位比较发现，处于饱和状态的三极管，基极电位最高，集电极电位次之，发射极电位最低。

如图 5-25（c）所示，当三极管处于饱和状态时，集电极 C 和发射极 E 之间若略去很小的电压降（0.3 V），则相当于一个开关处于闭合状态，即相当于短路。处于截止状态的三极管，各极电流（$I_B$、$I_C$ 和 $I_E$）都为零或极小，因而三极管截止时没有放大作用。

### 3. 截止状态

三极管处于截止状态的条件是发射结反向偏置，集电结也是反向偏置。图 5-26 所示为处于截止状态三极管电流和电压示意图。

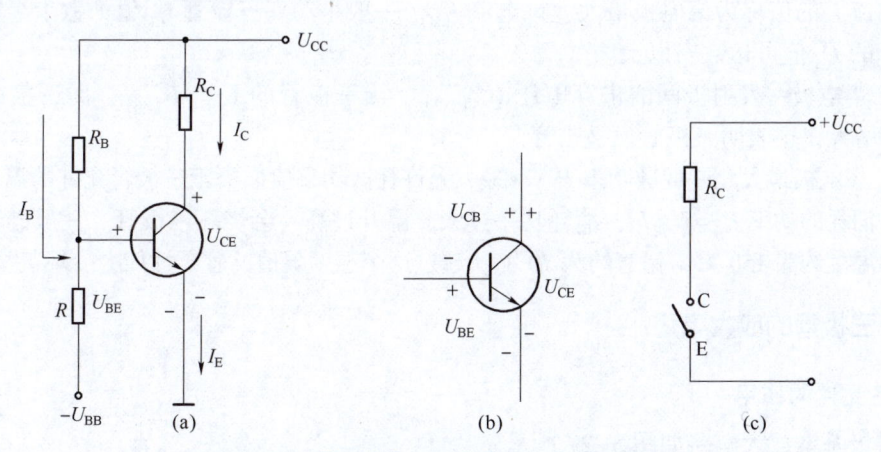

图 5-26　截止状态三极管电流、电压示意图

在图 5-26（a）中，由于发射结和集电结都反向偏置，基极电流和集电极电流 $I_B=0$，所以 $I_C=0$，那么集电极电阻 $R_C$ 上就没有电压降。三极管集电极 C 和发射极 E 之间电压为

$$U_{CE} = U_{CC} - I_C R_C = U_{CC}$$

在图 5-26（b）中标出了发射结与集电结的反向偏置电压 $U_{BE}$ 和 $U_{CB}$，考虑到在截止时 $U_{CE}=U_{CC}$，将三极管三极引脚各点电位比较发现，处于截止状态的三极管集电极电位最高，发射极电位次之，基极电位最低。

如图 5-26（c）所示，当三极管处于截止状态时，集电极 C 和发射极 E 之间电压降为

电源电压，相当于一个开关处于断开状态，即开路。三极管三种状态各有其特点，一般情况下，在模拟电子电路中，三极管主要工作在放大状态，避免其工作在饱和或截止状态，否则会使被放大的交流信号出现失真。在数字电子电路中，三极管主要工作在饱和与截止两种状态，起开关作用。

### 5.2.4 三极管的主要参数

三极管的参数用来表明它的性能及适用范围，为使用三极管提供依据。三极管的参数很多，主要的有以下几项。

**1. 电流放大系数 $\beta$**

三极管制成之后 $\beta$ 值也就确定了，因此同一型号的三极管，$\beta$ 值不可能相同。一般三极管 $\beta$ 值范围很大，通常使用的三极管 $\beta$ 值为 20～100（大功率三极管 $\beta$ 值较低，一般只有 20~30）。若三极管的 $\beta$ 值太小，则电流放大作用差，但 $\beta$ 值过高（高于 100 以上），管子性能受环境温度影响较大，性能不稳定。三极管 $\beta$ 值过高或过低均不适用。

**2. 穿透电流 $I_{CE0}$**

穿透电流的大小是衡量三极管质量的一个指标。若穿透电流过大，则三极管不受控制的电流成分增大，管子的性能下降。穿透电流受环境温度变化影响很大，若温度升高，则 $I_{CE0}$ 增大。

**3. 极限参数**

（1）集电极最大允许电流 $I_{CM}$。三极管在使用时，集电极电流 $I_C$ 过大会损坏三极管，即使管子没被烧毁，三极管的 $\beta$ 值也会大大下降。通常将 $\beta$ 值下降到额定值的 2/3 时所对应的集电极电流 $I_C$ 的值称为集电极最大允许电流 $I_{CM}$。一般小功率三极管 $I_{CM}$ 值为数十毫安，大功率三极管的 $I_{CM}$ 值可达数安以上。

（2）集电极—发射极间的击穿电压 $U_{(BR)CEO}$。当三极管的 $U_{CE} > U_{(BR)CEO}$ 时，集电极电流 $I_C$ 会突然增大，这表明三极管已被击穿。

（3）集电极最大允许耗散功率 $P_{CM}$。最大允许耗散功率值取决于三极管允许的温升。三极管工作时消耗的功率 $P_C = U_{CE} I_C$，消耗功率过大、温升过高，会烧坏三极管。一般硅管最高允许使用的温度约为 150 ℃，锗管约为 70 ℃，超过这个温度限值，管子性能会变坏甚至被烧毁。

### 5.2.5 三极管的放大电路

**1. 各元件的作用**

共射极基本放大电路如图 5-27 所示。

（1）三极管 VT：放大元件，$i_C = \beta i_B$，是整个电路的核心器件，要保证集电结反偏、发射结正偏，使三极管工作在放大区。

（2）基极电源 $V_{CC}$ 与基极电阻 $R_B$：在无信号输入时使三极管处于导通状态，并提供大小适当的基极电流。

（3）耦合电容 $C_1$、$C_2$：隔离输入、输出与放大电路的直流联系，使交流信号顺利输入、输出。

（4）集电极电源 $V_{CC}$：为电路提供能量，并保证集电结反偏。

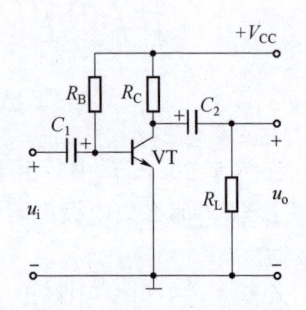

图 5-27 共射极基本放大电路

（5）集电极电阻 $R_C$：将三极管集电极、发射极回路中的交流电流信号转变为交流电压信号。

### 2. 放大电路的静态分析

静态是当放大电路没有输入信号时的工作状态。

静态工作点：当放大电路没有输入信号（即 $ui=0$）时，在三极管输入、输出特性上对应的一个工作点 $Q$（$I_B$、$I_C$、$U_{CE}$）。

静态工作点设置如图 5-28 所示。

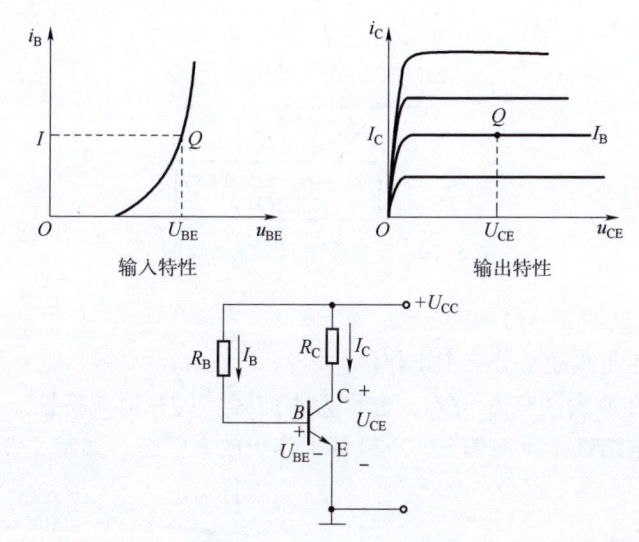

输入特性　　　　输出特性

图 5-28　静态工作点设置

$$I_{BQ} = \frac{U_{CC} - U_{BEQ}}{R_B} \approx \frac{U_{CC}}{R_B} \tag{5-4}$$

$$I_{CQ} \approx \bar{\beta} I_{BQ} \approx \beta I_{BQ} \tag{5-5}$$

$$U_{CEQ} = U_{CC} - R_C I_{CQ} \tag{5-6}$$

### 3. 放大电路的动态分析

放大电路在有输入信号时的工作状态称为动态。动态分析是指在静态值确定后分析信号的传输情况，其考虑的只是电流和电压的交流分量。微变等效电路法是动态分析的基本方法，其中放大电路的微变等效电路就是把非线性元件三极管的放大电路等效成为一个线性电路。

三极管特性实验电路如图 5-29 所示。

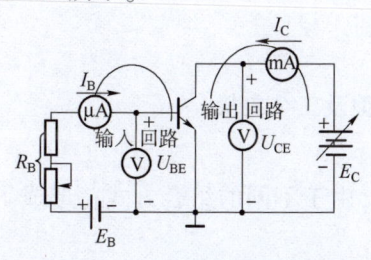

图 5-29　三极管特性实验电路

三极管正常工作时的发射结电压，对于 NPN 型硅管：$U_{BE} \approx 0.6~0.7$ V；对于 PNP 型锗管：$U_{BE} \approx -0.2~-0.3$ V。

三极管特性曲线如图 5-30 和图 5-31 所示。

1）输入特性（见图 5-30）

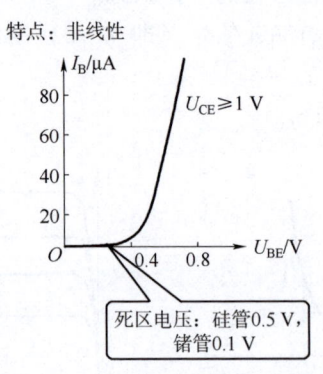

图 5-30 三极管输入特性曲线图

2）输出特性（见图 5-31）

三极管输出特性曲线通常分三个工作区。

（1）放大区：在放大区有 $I_C = \beta I_B$，也称为线性区，具有恒流特性。在放大区，发射结处于正向偏置，集电结处于反向偏置，三极管工作于放大状态。如图 5-31 所示。

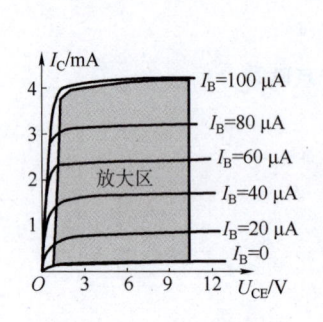

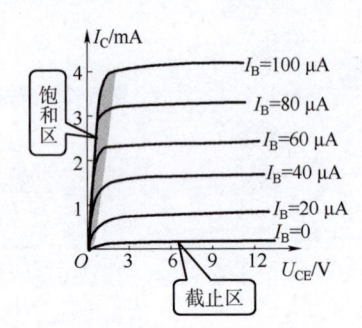

图 5-31 三极管输出特性曲线图

（2）截止区：$I_B<0$ 以下区域为截止区，有 $I_C \approx 0$。在截止区发射结处于反向偏置，集电结也处于反向偏置，三极管工作于截止状态。

（3）饱和区：当 $U_{CE} \leq U_{BE}$ 时，三极管工作于饱和状态。在饱和区，发射结处于正向偏置，集电结也处于正向偏置。当处于深度饱和时，硅管 $U_{CES} \approx 0.3$ V，锗管 $U_{CES} \approx 0.1$ V。

### 5.2.6 三极管的识别与检测

**1. 目测法判断三极管的管型及三个电极**

1）三极管管型的判别

三极管由两个 PN 结构成，由于不同的组合方式，形成了一种是 NPN 型的三极管，另一种是 PNP 型的三极管。

一般管型是 NPN 型还是 PNP 型应从管壳上标注的型号来辨别。依照部分标准，三极管型号表示如下：

(1) 符号的第一部分"3"表示三极管。

(2) 符号的第二部分表示器件的材料和结构：

A——PNP 型锗材料；

B——NPN 型锗材料；

C——PNP 型硅材料；

D——NPN 型硅材料。

小结：AC 表示 PNP 管；BD 表示 NPN 管。

(3) 符号的第三部分表示功能：

U——光电管；

K——开关管；

X——低频小功率管（$f$<3 MHz，$P$<1 W）；

G——高频小功率管（$f$>3 MHz，$P$<1 W）；

D——低频大功率管（$f$<3 MHz，$P$>1 W）；

A——高频大功率管（$f$>3 MHz，$P$>1 W）。

另外，3DJ 型为场效应管，BT 打头的表示半导体特殊元件。

例如：3AX 为 PNP 型低频小功率管；

3BX 为 NPN 型低频小功率管；

3CG 为 PNP 型高频小功率管；

3DG 为 NPN 型高频小功率管；

3AD 为 PNP 型低频大功率管；

3DD 为 NPN 型低频大功率管；

3CA 为 PNP 型高频大功率管；

3DA 为 NPN 型高频大功率管。

此外国际流行的电子制作中常用的三极管有 90×× 系列的 9011~90115 型高频小功率管，包括低频小功率硅管 9013（NPN）、9012（PNP），低噪声管 9014（NPN），高频小功率管 90115（NPN）等。它们的型号一般都标在塑壳上，且样子都一样，都是 TO-92 标准封装，即除 9012 和 9015 为 PNP 型管外，其余均为 NPN 型管。在老式的电子产品中还能见到 3DG6（低频小功率硅管）、3AX31（低频小功率锗管）等型号，它们的型号也都印在金属的外壳上。

2) 三极管电极的判别

三极管由两个 PN 结构成，共用的一个电极称为三极管的基极（用字母 b 表示），其他的两个电极称为集电极（用字母 c 表示）和发射极（用字母 e 表示）。

三极管的种类很多，并且不同型号有不同的用途。三极管大多是由塑料封装或金属封装，对于常见三极管的外观，有一个箭头的电极是发射极，箭头朝外的是 NPN 型三极管，而箭头朝内的是 PNP 型三极。此外，外壳上箭头所指的方向表示电流的方向。

### 2. 用指针式万用表检测

1) 检查三极管 PN 结的好坏

(1) 开路测量三极管的好坏。

用万用表测量三极管时，应把万用表的旋转开关拨到欧姆挡，对于小功率三极管最好用

"R×1k"或"R×100"的挡位，测量大功率三极管时最好用"R×100"挡。因为在更高的欧姆挡"R×10k"，万用表内串联有电压较高的电池，可能使三极管的PN结被反向击穿；而在更低的欧姆挡"R×1"，则由于万用表内串联的内阻太小，可能使小功率三极管的电流过大而导致PN结损坏。

硅管的两个PN结正向电阻为几百欧到几千欧（表针指示在表盘中间或偏右一点），反向电阻应很大，在500 kΩ以上（表针基本不动）。锗管的正、反向电阻值比硅管相应小一些。

如果测出的PN结正、反向电阻差不多，都很大或都很小，则表明三极管内部短路或断路，已经损坏。

（2）在路测量三极管好坏。

在路测量三极管好坏与在路测量二极管的好坏方法相同，因为在实际电路中，三极管的偏置电阻一般都比较大，大多在几百甚至几千欧姆以上，这样我们就可以用万用表的"R×10"或"R×1"挡来测量PN结的好坏。在测量时，用"R×10"挡测量PN结应有较明显的正反向特性（如果正反向电阻相差不太明显，则可改用"R×1"挡来测），一般正向电阻在"R×10"挡测量时表针应指示在200 Ω左右，在"R×1"挡测量时表针应指示在30 Ω左右（根据不同表型可能略有出入）。如果测量结果正向阻值太大或反向阻值太小，都说明这个PN结有问题，这个管子也就有问题了。

这种方法在维修时特别有效，可以非常快速地找出坏管，甚至可以测出尚未完全坏掉但特性变坏的管子。比如当用小阻值挡测量某个PN结正向电阻过大时，如果换用常用的"R×1k"挡再测，可能还是正常的，但这个管子的特性其实已经变坏，不能正常工作或不稳定了。

（3）如果三极管的三个电极是已知的，我们还可以用下面的方法来判别三极管的好坏。

方法如下：通常采用"R×1k"挡，不管是NPN型管还是PNP型管，不管是小功率、中功率还是大功率管，测其发射结、集电结都应呈现与二极管完全相同的单向导电性，反向电阻无穷大，其正向电阻大约在10 kΩ。

为进一步估测管子特性的好坏，必要时还应变换电阻挡位进行多次测量，方法是：置"R×10"挡测量PN结正向导通电阻都在200 Ω左右；置"R×1"挡测量PN结正向导通电阻都在30 Ω左右（以上为47型表测得数据，其他型号表可能略有不同，可多试测几次总结一下，做到心中有数）。如果读数偏大太多，可以断定管子的特性不好。此外，还可将表置于"R×10k"挡再测，耐压再低的管子（基本上三极管的耐压都在30 V以上），其集电结反向电阻也应在∞，但其发射结的反向电阻可能会有一些，表针会稍有偏转（一般不会超过满量程的1/3，根据管子的耐压不同而不同）。同样，在用"R×10k"挡测量E、C间（对NPN管）或C、E间（对PNP管）的电阻时，表针可能略有偏转，但这不表示管子是坏的。但在用"R×1k"以下挡测量C、E或E、C间电阻时，表头指示应为无穷大，否则说明管子有问题。

应该说明一点的是，以上测量是针对硅管而言的，对锗管不适用，不过现在锗管也已很少见了。另外，所说的"反向"是针对PN结而言，对NPN型管和PNP型管，其方向实际上是不同的。

2）三极管管型和电极的判别

（1）三极管基极和管型的辨别。

① 三极管基极的辨别。

第一种方法：测试时，将一表笔接在假设的基极上，将另一表笔分别接到另外两个电极上。若测得的两次阻值均很大或均很小,则把两个表笔互换一下,再重复上述测试;若测得的阻值相反,即均很小或均很大,则原来假设的基极是正确的。否则假设的基极是错误的,应重新假设再做测试。

第二种方法:用万用表的两根表笔分别接晶体三极管三个管脚中的任意两个管脚进行正接测量和反接测量各一次。如果在正、反接时测得的电阻均很大,则此次测量中所空下的管脚即为基极。

因为无论是 NPN 型三极管还是 PNP 型三极管,都可以把它们的发射结和集电结等效为两个背靠背连接的二极管,当万用表的一根表笔和基极相接而另一根表笔与其他任一极相接时,则在正、反接的过程中总有一次测得的是二极管的正向电阻,其电阻数值较小。当将万用表的两根表笔分别与集电极、发射极相接时,无论是正接还是反接,总是一个正向电阻和一个反向电阻相串联,其电阻数值必然远远大于一般二极管的正向电阻。

② 三极管管型的辨别(NPN 型、PNP 型)。

当三极管的基极判定后,将指针式万用表的黑表笔(接表内电池的正极)接到基极,将红表笔(接表内电池的负极)分别接另外两个电极,如果测得两次阻值都很大,则此管是 PNP 型;反之,两次阻值都很小,则是 NPN 型。

③ 三极管集电极和发射极的判别。

现在常见的三极管大部分是塑封的,那么如何准确判断三极管三只引脚的基极、集电极和发射极呢。三极管的基极很容易测出来,但怎么断定哪个是集电极、哪个是发射极,这里推荐以下几种方法:

第一种方法:在三极管基极判定后,可假定其余两个管脚中的任意一个为集电极,另一个为发射极,通过一个 100 kΩ 的电阻把假定的集电极和基极接通,如图 5-32 所示。

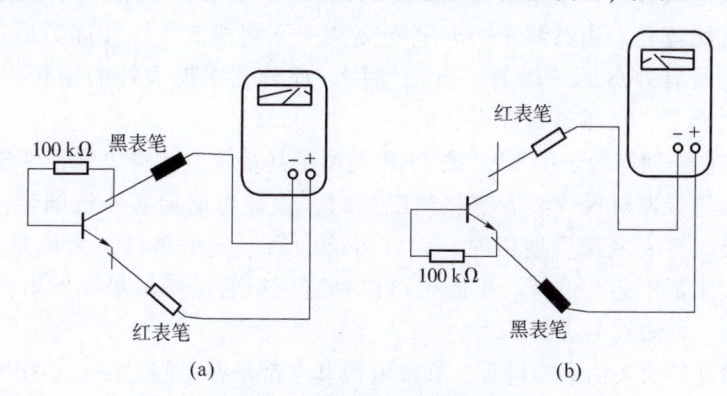

图 5-32 判断集电极和发射极

如果是 NPN 型的三极管,则将万用表的黑表笔接到假定的集电极,红表笔接到假定的发射极,然后把假定的集电极和发射极互换,进行第二次测量(即 100 kΩ 的电阻仍然接通假定的集电极和基极,万用表的黑表笔仍然接到假定的集电极,红表笔接到假定的发射极),在两次测量中,电阻阻值小的那一次假设正确,即与黑表笔相接的是集电极,与红表笔相接的是发射极,如图 5-32 所示。

如果是 PNP 型的三极管,则将万用表的红表笔接到假定的集电极,黑表笔接到假定的发射极,然后把假定的集电极和发射极互换,进行第二次测量。在两次测量中,电阻阻值小的那一次假设正确,即与红表笔相接的是集电极,与黑表笔相接的是发射极,如图 5-32 所示。

第二种方法：先假定一电极为发射极，测量其 $\beta$ 值的大小，然后按相反的假设再测一次 $\beta$ 值，两次测量中测得 $\beta$ 值大的一次假设是正确的。

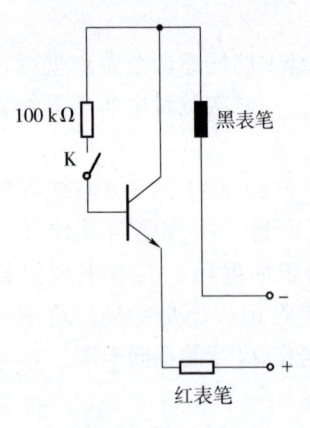

$\beta$ 值的测量方法如图 5-33 所示，用万用表"R×100"或"R×1k"挡测量，对于 NPN 型晶体三极管，将黑表笔接集电极，红表笔接发射极（如果是 PNP 型晶体三极管，则表笔的接法正好相反）。把开关接通前和接通后的万用表读数加以比较，如果前、后两次读数相差较大，则表示 $\beta$ 值较大。这是因为开关断开时 $I_B=0$，而开关接通后，基极有一定的电流，引起集电极有较大的电流，集电极电流越大，表示 $\beta$ 值越大。

第三种方法：对于有测三极管 $h_{FE}$ 插孔的指针式万用表，先测出基极后，将三极管随意插到插孔中（当然基极是可以插准确的），测一下 $h_{FE}$ 值，然后再将管子倒过来再测一遍，测得 $h_{FE}$ 值比较大的一次，各管脚插入的位置是正确的。

**图 5-33　用万用表测量 $\beta$**

第四种方法：对无 $h_{FE}$ 测量插孔的表，或管子太大不方便插入插孔的，可以用这种方法。对 NPN 型管，先测出基极（无论管子是 NPN 型还是 PNP 型），将表置于"R×1k"挡，将红表笔接假设的发射极（注意拿红表笔的手不要碰到表笔尖或管脚），黑表笔接假设的集电极，同时用手指捏住表笔尖及这个管脚，将管子拿起来，用舌尖舔一下基极，看表头指针应有一定的偏转，如果各表笔接得正确，指针偏转会大些，如果接得不对，指针偏转会小些，其差别是很明显的，由此即可判定管子的集电极和发射极。对 PNP 型管，要将黑表笔接假设的发射极（手不要碰到笔尖或管脚），红表笔接假设的集电极，同时用手指捏住表笔尖及这个管脚，然后用舌尖舔一下基极，如果各表笔接得正确，则表头指针会偏转得比较大。当然测量时表笔要交换一下测两次，比较读数后才能最后判定。这个方法适用于所有外形的三极管，方便实用。此外，根据表针的偏转幅度，还可以估计出管子的放大能力，当然这是凭经验的。

第五种方法：先判定管子的 NPN 或 PNP 类型及其基极后，将表置于"R×10k"挡，对 NPN 型管，黑表笔接发射极、红表笔接集电极时，表针可能会有一定偏转；对 PNP 型管，黑表笔接集电极、红表笔接发射极时，表针可能会有一定的偏转。无论是 NPN 型管还是 PNP 型管，反过来都不会有偏转。由此也可以判定三极管的集电极和发射极。不过对于高耐压的管子，这个方法就不适用了。

对于常见的进口的大功率塑封管，其集电极基本都是在中间。中、小功率管有的基极可能在中间，比如常用的 9014 三极管及其系列的其他型号三极管（2SC11515、2N5401、2N5551 等三极管），其基极有的在就中间，当然它们也有集电极在中间的，所以在维修和更换三极管，尤其是这些小功率三极管时，不可拿来就按原样直接安上，一定要先测一下。

**3. 实验步骤**

（1）用目测法判断出汽车行车电脑电路中三极管的管型及三个电极。

（2）用指针式万用表判断三极管 15050 的 PN 结好坏、管型及三个电极。

① 将指针式万用表的旋转开关拨至"R×100"欧姆挡，欧姆调零。

② 测出三极管内部两个 PN 结正、反向电阻值，两次电阻阻值分别记为 $R_1$、$R_2$，并填入表 5-4 中。

③ 根据测量结果判断出此三极管的好坏，并将判断结果填入表 5-4 中。

④ 15050 管脚向下，正对扁平面，用万用表的两根表笔分别接三极管三个管脚中左面与中间的两个管脚进行正接测量和反接测量各一次，发现两次测量值相差很大；再重新用万用表的两根表笔分别接三极管三个管脚中左面与右面的两个管脚进行正接测量和反接测量各一次，我们会发现在正、反接时测得的电阻均很大，则此次测量中所空下的管脚即为基极，并将判断结果填入表 5-4 中。

⑤ 将指针式万用表的黑表笔接到已经判断出的基极上，将红表笔分别接另外两个电极，测得两次电阻阻值分别记为 $R_3$、$R_4$，并将数据填入表 5-4 中。

⑥ 根据 $R_3$、$R_4$ 的数值判断出 15050 的管型，并将判断结果填入表 5-4 中。

⑦ 15050 管脚向下，正对扁平面，假定左面管脚为三极管的集电极，右面管脚为三极管的发射极，按照图 5-32 所示，通过一个 100 kΩ 的电阻把假定的集电极和基极接通。

⑧ 将万用表的黑表笔接到左面管脚假定的集电极上，红表笔接到右面管脚假定的发射极，此时从万用表上读出一个电阻阻值记为 $R_5$，并填入表 5-4 中。

⑨ 把步骤⑦中假定的集电极和发射极互换，即 15050 管脚向下，正对扁平面，假定右面管脚为三极管的集电极，左面管脚为三极管的发射极，进行第二次测量（即：100 kΩ 的电阻仍然接通假定的集电极和基极，万用表的黑表笔仍然接到假定的集电极，红表笔接到假定的发射极），此时从万用表上读出一个电阻阻值记为 $R_6$，并填入表 5-4 中。

（3）按照图 5-32 所示搭建电路。

① 15050 管脚向下，正对扁平面，先假定左面管脚为发射极、右面管脚为集电极。

② 将万用表旋转开关拨至"R×100"欧姆挡进行测量，将黑表笔接到假定的集电极、红表笔接到假定的发射极。

③ 将开关处于断开状态，读出此时万用表读数记为 $R_1$，并填入表 5-5 中。

④ 将开关处于接通状态，读出此时万用表读数记为 $R_2$，并填入表 5-5 中。

⑤ 重新假定左面管脚为集电极、右面管脚为发射极。

⑥ 将万用表旋转开关拨至"R×100"欧姆挡进行测量，将黑表笔接到假定的集电极、红表笔接到假定的发射极。

⑦ 将开关处于断开状态，读出此时万用表读数记为 $R_3$，并填入表 5-5 中。

⑧ 将开关处于接通状态，读出此时万用表读数记为 $R_4$，并填入表 5-5 中。

⑨ 根据上述结果，重新判断出三极管 15050 的三个电极，并将判断结果与步骤（2）的判断结果进行比较。

（4）用上述同样的方法判断出三极管 15550 的管型及好坏，并将判断结果填入表 5-6 和表 5-7 中。

（5）用上述同样的方法判断出三极管 IF640 的管型及好坏，并将判断结果填入表 5-8 和表 5-9 中。

### 4. 注意事项

（1）测量正、反向电阻时，双手不可同时接触被测电阻的两端，否则人体电阻就会与被测电阻并联，使测量结果不正确。

（2）要明确指针式万用表的红表笔接的是万用表内部电池的负极，相反黑表笔接的是万用表内部电池的正极。

(3) 在假定三极管的三个电极时，一定要明确方向。

**5. 实验结果及数据**

表 5-4　三极管 15050 的判别

| 电阻 $R$ | 阻值/Ω | PN 结 | 管型 | 三个电极<br>（管脚向下，正对扁平面） |
|---|---|---|---|---|
| $R_1$ | | 好 | | |
| $R_2$ | | 坏 | | |
| $R_3$ | | | | |
| $R_4$ | | | | |
| $R_5$ | | | | |
| $R_6$ | | | | |

表 5-5　测 $\beta$ 值判别三极管 15050 的电极

| 电阻 $R$ | $R_1$ | $R_2$ | $R_3$ | $R_4$ |
|---|---|---|---|---|
| 阻值/Ω | | | | |
| 三个电极<br>（管脚向下，正对扁平面） | | | | |

表 5-6　三极管 15550 的判别

| 电阻 $R$ | 阻值/Ω | PN 结 | 管型 | 三个电极<br>（管脚向下，正对扁平面） |
|---|---|---|---|---|
| $R_1$ | | 好 | | |
| $R_2$ | | 坏 | | |
| $R_3$ | | | | |
| $R_4$ | | | | |
| $R_5$ | | | | |
| $R_6$ | | | | |

表 5-7　测 $\beta$ 值判别三极管 15550 的电极

| 电阻 $R$ | $R_1$ | $R_2$ | $R_3$ | $R_4$ |
|---|---|---|---|---|
| 数值/Ω | | | | |
| 三个电极<br>（管脚向下，正对扁平面） | | | | |

表 5-8　三极管 IF640 的判别

| 电阻 $R$ | 阻值/Ω | PN 结 | 管型 | 三个电极<br>（管脚向下，正对扁平面） |
|---|---|---|---|---|
| $R_1$ |  | 好 |  |  |
| $R_2$ |  | 坏 |  |  |
| $R_3$ |  |  |  |  |
| $R_4$ |  |  |  |  |
| $R_5$ |  |  |  |  |
| $R_6$ |  |  |  |  |

表 5-9　测 $\beta$ 值判别三极管 IF640 的电极

| 电阻 $R$ | $R_1$ | $R_2$ | $R_3$ | $R_4$ |
|---|---|---|---|---|
| 数值/Ω |  |  |  |  |
| 三个电极<br>（管脚向下，正对扁平面） |  |  |  |  |

## 任务实施

| 任务场景 | 电工电子实训室 |
|---|---|
| 任务分组 | 在任务实施过程中，采取分组的方式进行，每 3~5 人一组，通过自荐或推荐的方式选出组长，负责本组任务实施的组织工作，实施过程中小组成员要互相帮助，共同完成任务 |
| 实施过程 | 各小组根据以上任务描述，完成以下任务的实施过程。<br>1. 获取信息：操作前需要掌握三极管的结构与符号、三极管的三种工作状态、三极管的主要参数、三极管识别与检测的方法等相关知识，各组搜集相关资料。<br>2. 任务准备：明确任务内容，准备工具、设备及相关资料，做好现场防护。<br>3. 任务实施：目测法判断三极管的管型及三个电极，用指针式万用表检测判断三极管 15050 的 PN 结好坏、管型及三个电极，检查整流器二极管。<br>4. 考核评价：各组展示任务完成情况，配合指导教师完成考核评价表 |
| 任务要求 | 1. 任务设定：明确检测目标，如判断三极管的管型（NPN 或 PNP）、识别基极、测量放大倍数 $\beta$ 等；根据检测目标选择合适的测试仪器和电路设计。<br>2. 基本要求：整理工作台，挑选必要的工具摆放；整顿工作台，物品分类定位摆放；清扫工作台，保持台面干净；人员分工按位就坐，注意操作安全，养成良好素养，认真对待任务工作，节约爱护，避免不必要的物品损毁。<br>3. 测试环境与工作条件：确保测试环境与工作条件的稳定性和可靠性。由于三极管的工作受到温度、湿度和电源等因素的影响，因此需要在适当的环境条件下进行测量。例如，在进行静态工作点的测量时，应将温度控制在合适的范围内，避免温度对测试结果的影响。 |

续表

| 任务要求 | 4. 测量方法与步骤：熟悉测量的方法和步骤。具体的测量方法将根据测量的参数和特性而有所不同。例如，在测量三极管的电流放大倍数时，可以使用基本的电流测量方法，通过改变输入和输出电流的比例来计算放大倍数；而在测量三极管的开关特性时，可以通过改变输入信号的幅度和频率来观察输出信号的切换情况。<br>5. 记录与分析：详细记录测量数据，包括电压、电流、电阻值等关键参数；对测量结果进行分析，判断三极管的性能是否符合预期要求，如果发现异常数据或现象，应进一步分析原因并采取相应措施 |
|---|---|
| 任务反思 | 1. 三极管具有什么性质。<br>2. 如何识别三极管的极性。<br>3. 如何检测三极管质量的好坏 |

### 考核评价

| 序号 | 评价项目 | 评价指标 | 分值 | 自评（20%） | 互评（20%） | 师评（60%） | 合计 |
|---|---|---|---|---|---|---|---|
| 1 | 知识目标（30分） | 认识三极管的结构、结构特色、图形符号和分类 | 5 | | | | |
| | | 掌握三极管的简单测试方法 | 15 | | | | |
| | | 能了解三极管的作用 | 10 | | | | |
| 2 | 能力目标（50分） | 能判别三极管的类型 | 10 | | | | |
| | | 能判别三极管各管脚的极性 | 30 | | | | |
| | | 能检测三极管质量的好坏 | 10 | | | | |
| 3 | 素质目标（20分） | 具备与他人合作解决电路相关问题的能力 | 5 | | | | |
| | | 具备良好的学习能力，并能自主学习 | 5 | | | | |
| | | 具备良好的沟通能力和团队合作能力 | 5 | | | | |
| | | 具备较强的安全意识和责任心 | 5 | | | | |

### 扩展阅读

吕蒙是三国时期东吴的名将。他出身贫寒，所以读书不多，懂得的知识很少。有一次，吴王孙权劝他多读些书，说读书对治军有很大的益处。吕蒙就决定下一番苦功夫，不辜负吴王的期望。从那以后，吕蒙不管军务如何繁忙，每天都要抽出一些时间读书，渐渐地，学问大有长进。一天，东吴大都督鲁肃跟吕蒙谈起了军事，吕蒙提出的见解非常深刻而精辟，鲁肃听后，觉得他跟自己以往印象中重武轻文的吕蒙大不相同，就大为赞赏。吕蒙开玩笑地说："咱们三日不见，你当然要刮目相看了呀！"

吕蒙的先天条件并不好，但他具有不断进取的精神，所以终达到智勇兼全。对青少年来说，为了能够适应社会的需要和满足自己的生存需要，必须从现在开始，抓紧宝贵的学习时间和机会，培养好的学习习惯和方法，培养并树立竞争和忧患意识。

## 5.3 集成运算放大器的认知

### 任务导入

在我们探讨电子学的领域时，有一个神奇而关键的电子元件，你知道这个元件是什么吗？它就是集成运算放大器，简称运放。你是否好奇，为什么在各种电子设备中，从简单的音频放大器到复杂的控制系统，都能看到运放的身影？为什么它能够如此精确地放大、调整电压信号，使得电路按照我们的意愿进行工作？我们将探讨运放的基本原理、结构、特性以及它在各种电路中的应用。我们将通过一系列的问题和实例，引导大家深入理解和运用运放的知识。首先，我们将从运放的基本原理开始，了解它如何实现信号的放大和调整。

### 学习目标

**【知识目标】**
1. 了解集成运算放大器的组成、符号、特性及传输特性。
2. 掌握集成运算放大器的工作特点。
3. 掌握集成运算放大电路中的负反馈类型。
4. 掌握集成运算放大电路实现的运算功能。

**【能力目标】**
1. 掌握集成运算放大器的工作原理。
2. 掌握集成运算放大器的特性及其应用。
3. 能够判断集成运算放大电路中的负反馈类型。
4. 熟悉集成运算放大电路在放大、比较、滤波和积分等方面的应用。

**【素质目标】**
1. 具备良好的学习能力，并能自主学习，能够不断学习与更新集成运算放大器的相关知识和技术。
2. 具备良好的沟通能力和团队合作能力，能够与他人合作解决电路相关问题。

### 知识准备

#### 5.3.1 集成运算放大器的简介

**1. 集成运算放大器的组成**

集成运算放大器的种类很多，电路也各不相同，但基本结构一般都是由以下三个部分组成，如图 5-34 所示。

图 5-34 集成运算放大器的组成

（1）输入级是提高运算放大器质量的关键部分，要求其输入电阻能减小零点漂移和抑制干扰信号。输入级大多采用差动放大。

（2）中间级的主要作用是使集成运算放大器具有较强的放大能力，通常由多级共射（或共源）放大器构成，并经常采用复合管做放大器。

（3）输出级与负载相接，要求其输出电阻低，带负载能力强，能输出足够大的电压和电流，一般由互补对称电路或射极输出器构成。

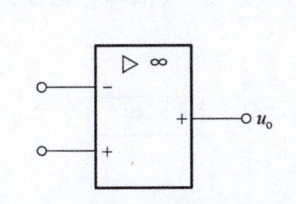

**2. 集成运算放大器的符号**

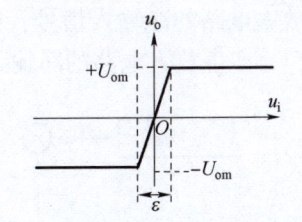

集成运算放大器的符号如图 5-35 所示，图中"△"表示放大器，三角形所指的方向为信号传输方向，"∞"表示开环增益极高。它有"+"和"-"两个输入端，当在"+"端输入信号 $U_i$ 时，输出信号 $U_o$ 与 $U_i$ 的极性相同，故"+"端称为同相端；当在"-"端输入信号 $U_i$ 时，输出信号 $U_o$ 与 $U_i$ 的极性相反，故"-"端称为反相端。

**3. 集成运算放大器的电压传输特性**

集成运算放大器的输出电压与输入电压（即同相输入端与反相输入端之间的差值电压）之间的关系曲线称为电压传输特性。对于正、负两路电源供电的集成运算放大器，其电压传输特性如图 5-36 所示，其特性曲线分线性区（图中斜线部分）和非线性区（图中斜线以外的部分）。在线性区输出电压 $u_o = A_{uo}(U_+ - U_-)$，其中 $A_{uo}$ 为开环电压放大倍数；而在非线性区，$u_o = \pm U_{om}$（最大输出电压）。由于外电路没有引入负反馈，集成运算放大器的开环增益非常高，只要加很微小的输入电压，输出电压就会达到最大值 $\pm U_{om}$，所以集成运算放大器电压传输特性中的线性区非常窄。

图 5-35 集成运算放大器的符号　　图 5-36 集成运算放大器的电压传输特性

## 5.3.2 集成运算放大器的工作特点

**1. 集成运算放大器的理想特性**

在分析运算放大器时，为了便于分析和计算，一般可将它视为一个理想运算放大器，其主要条件如下：

（1）开环差模电压放大倍数：$A_{uo} \to \infty$。

(2) 差模输入电阻：$r_{id} \to \infty$。

(3) 输出电阻：$r_o \to 0$。

(4) 共模抑制比：$K_{CMR} \to \infty$。

**2. 理想集成运算放大器线性区的特点**

(1) 因为理想运算放大电路的输入偏置电流为零，输入电阻为无穷大，该电路不会向外部电路索取任何电流，所以流入放大器反相输入端和同相输入端的电流为零。也就是说，集成运算放大电路是与电路相连接的，但输入电流又近似为零，相当于断开一样，故通常称为"虚断"。

(2) 因为开环差模电压放大倍数为无穷大，所以当输出电压为有限值时，差模输入电压 $U_+ - U_- = U_o / A_{uo} = 0$，即 $U_+ = U_-$。也就是说，集成运算放大器两个输入端对地的电压总是相等的，二者不接地，但电位又总相等，相当于短路，通常称为"虚短"。如果同相输入端接地（或通过电阻接地），即 $U_+ = 0$，则反相输入端电位也为零，但又不接地，则称为"虚地"。

一般实际的集成运算放大器工作在线性区时，其参数很接近理想条件，因此工作在线性区的实际集成运算放大器基本上也具备这两个特点。

### 5.3.3 集成运算放大电路中负反馈的判断

当放大电路中引入负反馈时，则能够改善放大电路的一系列性能。本部分主要讨论负反馈。

**1. 负反馈的基本知识**

1) 什么叫反馈

将放大电路输出信号（电压或电流）的一部分或全部，通过一定的方式（反馈电路）送回到放大电路输入端，使放大电路的输入量不仅受输入信号的控制，而且还受放大电路输出量的影响，就叫反馈。反馈的概念可由图 5-37 所示的框图来描述。图 5-37 中箭头表示信号流动的方向；$x_i$ 表示来自信号源的输入信号，$x_o$ 表示放大电路的输出信号，$x_f$ 表示反馈信号，$x_i'$ 表示放大电路的净输入信号，符号 ⊗ 表示比较环节。输入信号 $x_i$ 和反馈信号 $x_f$ 在此相叠加（比较），产生放大电路的净输入信号 $x_i'$。

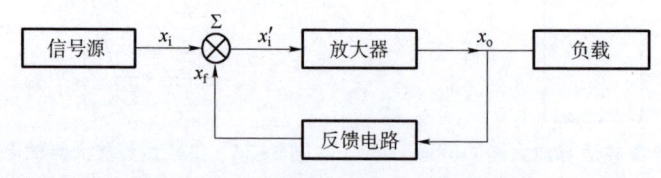

图 5-37 反馈放大电路的一般方框图

如果送回输入回路的信号（称为反馈信号）有削弱原来输入信号的作用，使放大器的净输入信号减小，导致放大电路的放大倍数减小，这种反馈称为负反馈；反之，反馈信号起加强原输入信号的作用，使放大电路的净输入信号增大，则称正反馈。

负反馈虽然使放大电路的放大倍数减小，但却换来了放大电路性能的改善。正反馈可以提高放大电路的放大倍数，但放大电路中的其他性能则往往因引进正反馈而变坏，所以正反馈在放大电路中很少使用。

2）负反馈放大电路类型

（1）电压反馈和电流反馈。

从反馈放大电路的输出端来看，根据反馈网络的输出回路与负载 $R_L$ 是并联还是串联的情况，可分为电压反馈和电流反馈。

如图 5-38 所示，若反馈网络与负载 $R_L$ 并联，反馈信号取自输出电压 $U_o$，或者说反馈信号与输出电压成正比，这种方式称为电压反馈。

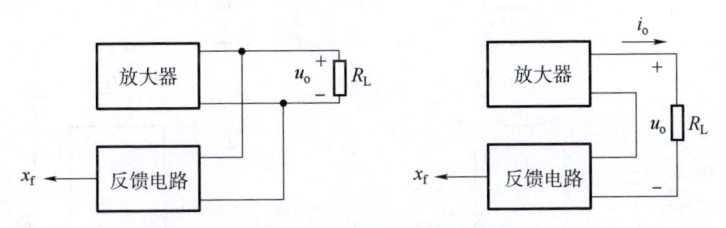

图 5-38　电压反馈和电流反馈

若反馈电路与负载 $R_L$ 串联，反馈信号取自输出电压 $I_o$，或者说反馈信号与输出电流成正比，这种方式称为电流反馈。

3）并联反馈和串联反馈

从反馈放大电路的输入端看，根据反馈网络在输入回路与信号源是并联还是串联的情况，可分为并联反馈和串联反馈，如图 5-39 所示。

并联反馈是指反馈信号与输入信号并联连接，即反馈信号与输入信号分别加到电路的输入端。在并联反馈中，反馈信号与输入信号的相位可以相同或相反，这取决于反馈网络的类型。并联反馈中的反馈信号通常是以电流的形式出现在输入端，这是因为并联反馈的反馈电路与输入电路并联，而反馈信号与输入信号在电流上相加或相减。

串联反馈是指反馈信号与输入信号串联连接，即反馈信号与输入信号相加后作为电路的输入。在串联反馈中，反馈信号与输入信号的相位可以相同或相反，这取决于反馈网络的类型。反馈信号的大小取决于反馈系数，即反馈信号与输出信号的比值。串联反馈中的反馈信号以电压的形式出现在输入端，这是因为串联反馈的反馈电路与输入电路串联，反馈信号与输入信号在电压上相加或相减。

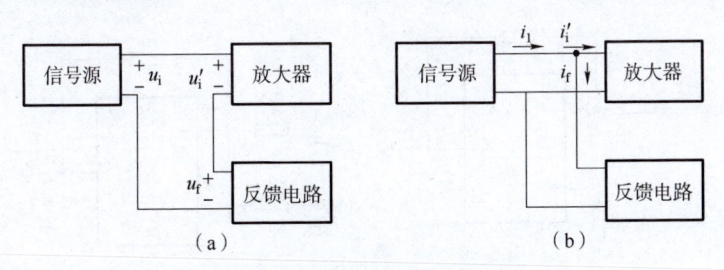

图 5-39　串联反馈和并联反馈
（a）串联反馈；（b）并联反馈

归纳起来，负反馈的四种基本类型，即：
电压串联负反馈，如图 5-40（a）所示；
电压并联负反馈，如图 5-40（b）所示；
电流串联负反馈，如图 5-40（c）所示；
电流并联负反馈，如图 5-40（d）所示。

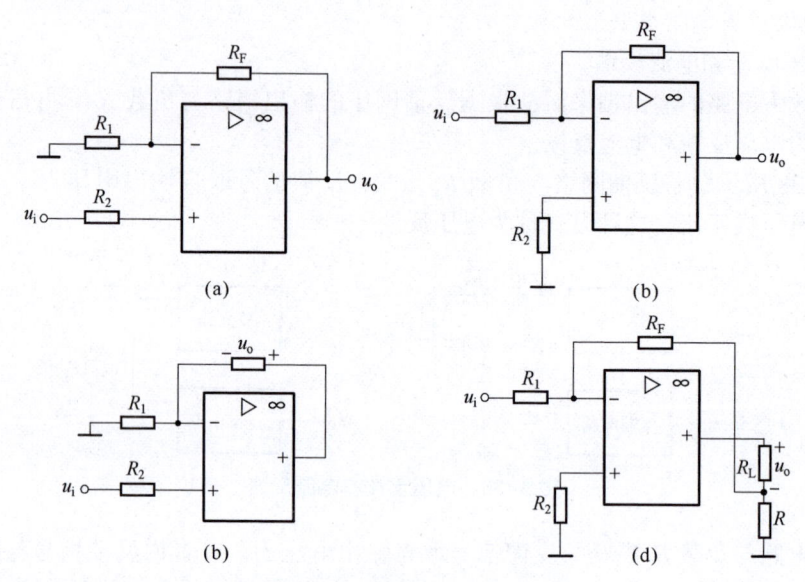

图 5-40 负反馈的四种基本类型

(a) 电压串联负反馈；(b) 电压并联负反馈；(c) 电流串联负反馈；(d) 电流并联负反馈

4) 反馈的判别

不同类型的反馈对放大电路的影响是不同的，因此要掌握反馈的性质（正反馈还是负反馈）和类型的判断方法，才能正确分析和合理使用负反馈电路。

(1) 反馈性质的判别。

识别电路反馈的极性通常采用瞬时极性法。其方法是将反馈信号与放大电路输入端的连接断开，假想从放大电路的输入端加入某种瞬时极性的输入信号（即信号的变化趋势，用符号"⊕"表示增加，用符号"⊖"表示减小）。根据放大电路的结构，推想各相关点电压瞬时极性的变化，再推得通过反馈电路送回输入回路的反馈信号极性的变化，如果反馈信号与输入信号的极性相同则为正反馈，否则为负反馈。

【例 5-1】 试用瞬时极性法识别图 5-41 所示电路的反馈极性。

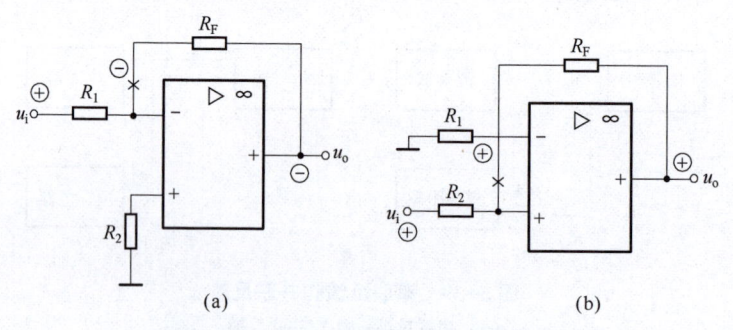

图 5-41 用瞬时极性法判别反馈极性

**解** (1) 在图 5-41 (a) 所示电路中，先断开反馈支路，给反相输入端加"⊕"瞬时信号，经集成运算放大器放大后输出端为"⊙"信号（倒相作用），经反馈电阻 $R_F$ 引回到同相输入端为"⊙"，与原反相输入端加的"⊕"信号相反，使净输入信号削弱，为负反馈。

(2) 在图 5-41 (b) 所示电路中，若给同相输入端加"⊕"信号，运算放大器输出端为"⊕"信号，经反馈引回同相输入端为"⊕"，与原同相输入端加的"⊕"信号相同，使净输入信号加强，为正反馈。

(3) 反馈类型的判别。

首先判定放大电路中有无反馈，这可根据电路中是否存在沟通输出回路与输入回路的中间环节来确定。

其次判别反馈的类型。先根据反馈信号的来源区别电压反馈和电流反馈：电压反馈的反馈网络在输出回路与负载 $R_L$ 并联，反馈信号取自输出电压 $U_{Lo}$；电流反馈的反馈网络在输出回路与负载 $R_L$ 串联，反馈信号取自输出电流。然后根据反馈网络与信号源的连接形式区别串联反馈和并联反馈：串联反馈作用于基本放大电路输入端的为 $U_i$ 和 $U_f$；并联反馈作用于基本放大电路输入端的为 $I_i$ 和 $I_f$。

在判断反馈究竟是电压反馈还是电流反馈时，通常采用所谓的"短路法"，即假想地把反馈放大电路的输出端交流短路（使交流负载为零，$U_o=0$），看此时反馈信号是否消失。如果反馈消失，则为电压反馈；反之，则为电流反馈。

在判断是串联反馈还是并联反馈时，也可假想地将放大电路的信号输入端短路（即使 $U_i=0$）。若此时反馈信号仍能加到基本放大电路输入端，则为串联反馈，否则为并联反馈。

### 2. 负反馈对放大电路的影响

负反馈对放大器性能的影响是多方面的。不同组态的负反馈，不仅能稳定输出电压、输出电流和改变输入电阻、输出电阻，而且对于交流负反馈，不论是什么组态，都能稳定放大倍数、减小非线性失真、抑制放大器内部的噪声等。但是，所有性能的改善都是以降低放大倍数为代价换来的。

1) 降低放大倍数

从负反馈的定义可知，反馈信号与输入信号比较，使净输入信号减小，而基本放大电路的放大倍数不变，负反馈作用导致输出信号减小。因此，具有负反馈放大器的放大倍数比不加负反馈时要低。为了能获得所需要的放大倍数，又能改善放大器的性能，在工程技术中常常有意识地把基本放大电路（未加负反馈的放大电路）的放大倍数设计得比较高，然后再根据实际需要引入不同类型的负反馈，这样既能满足所需的放大倍数，又能获得负反馈所带来的各种优点。

2) 提高放大倍数的稳定性

当外界条件变化（如负载电阻、晶体管 $\beta$ 值变化等）时，即使输入信号一定，也将引起输出信号变化，即放大倍数变化。引入负反馈后，由于它的自动调节作用，使输出信号的变化得到遏制，使放大倍数趋于不变，因此提高了放大倍数的稳定性。

3) 减小非线性失真

放大电路中的半导体元件都是非线性元件，虽然在小信号时可视为线性元件，但是在大信号时，元件固有的非线性将使输出信号的波形失真，即非线性失真，如图 5-42 (a) 所示。引入负反馈后，反馈电路将输出失真的信号送回到输入电路，使净输入信号产生与输出失真相反的"预失真"信号，经放大，输出信号的失真得到了一定程度的"补偿"，如图 5-42 (b) 所示。需要指出，负反馈只能在一定程度上减小放大电路产生的非线性失真，但对输入信号本身的失真不能减小。

4) 改变放大电路的输入、输出电阻

负反馈对放大电路输入、输出电阻的影响与放大电路的反馈组态有关。由前面分析可知，电压负反馈会减小输出电阻，电流负反馈会增大输出电阻；并联反馈会减小输入电阻，串联反馈会增大输入电阻。

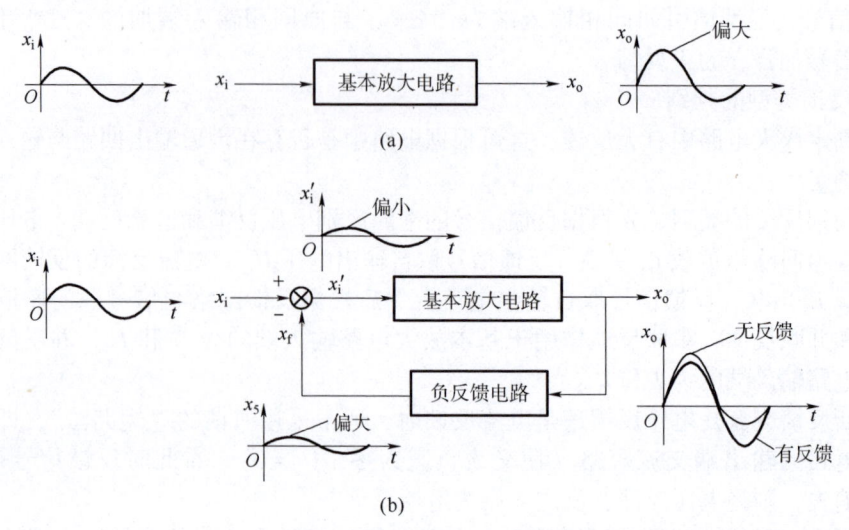

图 5-42 负反馈减小非线性失真

### 5.3.4 集成运算放大器的应用

**1. 基本集成运算放大电路**

运算放大器能完成比例、加减、积分与微分、对数与反对数以及乘除等运算，现将比例运算、加减运算介绍如下。

1）比例运算放大电路

将输入信号按比例放大的电路，称为比例运算放大电路。按输入信号加入不同输入端的方式不同，可将比例运算放大电路分为反相输入比例运算放大电路和同相输入比例运算放大电路。

（1）反相输入比例运算电路。

反相输入比例运算放大电路的原理图如图 5-43 所示。输入信号 $U_i$ 从反相端输入，所以 $U_o$ 与 $U_i$ 相位相反。输出电压经过 $R_f$ 反馈到反相输入端，构成电压并联负反馈电路。因为输出信号与输入信号的相位相反，因此该电路也称为反相比例运算放大电路，其中，$R_f$ 称为反馈电阻，$R_1$ 称为输入电阻，$R'$ 称为输入平衡电阻。选择参数时应使 $R'=R_1//R_f$，让集成运算放大器两个输入端的外接电阻相等，确保其处于平衡对称的工作状态。

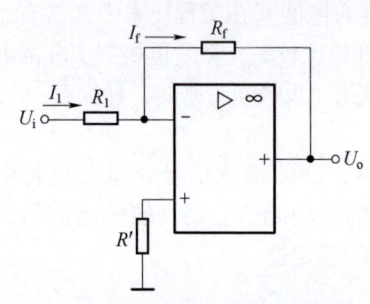

图 5-43 反相比例运算放大电路

根据分析集成运算放大电路的两个重要特点（"虚短""虚断"）可知，$U_+=U_-=0$（因为 $U_+=0$，所以"虚地"），$I_1=I_f=0$，所以

$$I_1=\frac{U_i-U_-}{R_1}=\frac{U_i}{R_1}$$

$$I_f=\frac{U_--U_o}{R_f}=-\frac{U_o}{R_f}$$

$$u_o=-I_fR_f=-\frac{R_f}{R_1}u_i$$

即闭环电压放大倍数为

$$A_{uf} = \frac{U_o}{U_i} = -\frac{R_f}{R_1}$$

可以看出：$U_o$ 与 $U_i$ 呈比例关系，改变比例系数，即可改变 $U_o$ 的数值。其中，负号表示输出电压与输入电压极性相反，即该电路实现了对反相端输入信号的反相比例运算功能，故称为反相比例运算放大电路。

在反相输入运算放大电路中，如果 $R_f = R_1$，则 $A_{uf} = -R_f/R_1 = -1$，即输出电压与输入电压大小相等、相位相反，这种电路称为反相比例运算放大电路。

【例 5-2】 如图 5-43 所示的反相比例运算放大电路。
① 若 $R_1 = 1$ kΩ，$U_i = 0.1$ V，$U_o = -3$ V，求 $R_f$。
② 若 $U_o = -2$ V，$R_f = 100$ kΩ，$U_i = 0.2$ V，求 $R_1$。

解

$$R_f = -\frac{U_o}{U_i}R_1 = -\frac{-3}{0.1} \times 1 = 30 \text{ (kΩ)}$$

$$R_1 = -\frac{U_i}{U_o}R_f = -\frac{0.2}{-2} \times 100 = 10 \text{ (kΩ)}$$

（2）同相输入比例运算放大电路。

同相输入比例运算放大电路的原理图如图 5-44 所示。输入信号 $U_i$ 经 $R'$ 加到同相输入端，输出信号经 $R_f$ 和 $R_1$ 分压后反馈到反相输入端。

因为输出信号与输入信号的相位相同，所以该电路也称为同相比例运算放大电路。为保持输入端平衡，使平衡电阻 $R' = R_1 // R_f$，根据分析集成运算放大电路的两个重要特点（"虚短""虚断"）可知，$U_+ = U_- = U_i$（"虚短"，但不是"虚地"），$I_+ = I_- = 0$，所以

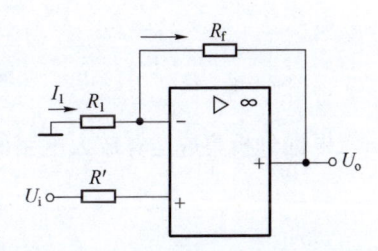

图 5-44 同相比例运算放大电路

$$\frac{u_i}{R_1} = \frac{u_o - u_i}{R_f}$$

则

$$u_o = \left(1 + \frac{R_f}{R_1}\right)u_i \tag{5-7}$$

即闭环电压放大倍数为

$$A_{uf} = \frac{U_o}{U_i} = 1 + \frac{R_f}{R_1} \tag{5-8}$$

可以看出：$U_o$ 与 $U_i$ 呈比例关系，改变比例系数，即改变 $R_f/R_1$，即可改变 $U_o$ 的值，由于输入、输出电压的极性相同且有比例关系，故称为同相比例运算放大电路。

在同相输入运算放大电路中，当 $R_f = 0$ 或 $R_1 = \infty$ 时，$A_{uf} = 1 + (R_f/R_1) = 1$，即输出电压与输入电压大小相等、相位相同，这种电路放大器称为电压跟随器。

【例 5-3】 同相比例运算放大电路如图 5-44 所示。
① 若 $R_1 = 5.1$ kΩ，=100 kΩ，则当 $U_o = 1$ V 时，求 $U_i$。
② 若 $R_f = 100$ kΩ，则当 $A_{uf} = 20$ 时，求 $R_1$。

**解** 
$$U_i = \frac{R_1}{R_1+R_f}U_o = \frac{5.1}{100+5.1} \times 1 = 0.049(\text{V})$$

$$R_1 = \frac{R_f}{A_{uf}-1} = \frac{100}{20-1} = 5.26 \text{ (k}\Omega\text{)}$$

2) 加法与减法运算放大电路

（1）加法运算放大电路。

加法运算又叫求和运算，在反相比例运算放大电路的基础上增加若干个输入支路便组成了反相加法运算放大电路，这种电路放大器也称为反相加法器，如图 5-45 所示。

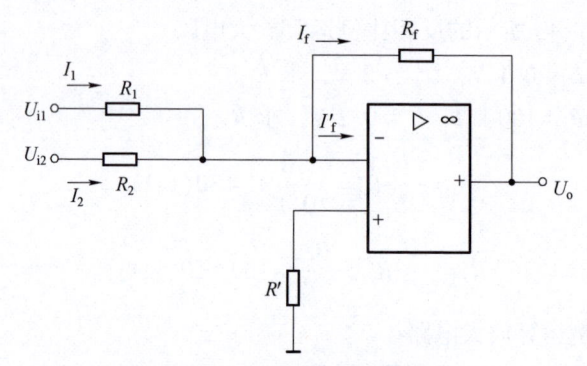

图 5-45 反相加法运算放大电路

根据分析集成运算放大电路的两个重要的特点（"虚短""虚断"）可知

$$I_1 = \frac{U_{i1}}{R_1}, \quad I_2 = \frac{U_{i2}}{R_2}$$

$$I_f = I_1 + I_2$$

又因为反相输入端为虚地，故有

$$u_o = -I_f R_f$$

即

$$U_o = -\left(\frac{U_{i1}}{R_1} + \frac{U_{i2}}{R_2}\right)R_f \tag{5-9}$$

可以看出，电路实现了反相加法运算，式中的负号表明输出电压与输入电压的相位相反。

如果在图 5-45 所示的输出端再接一级反相器，可消去负号，从而实现常规的加法运算。

为保持输入端平衡，则应使平衡电阻 $R' = R_1 // R_2 // R_f$。

【例 5-4】 在图 5-46 所示的加法运算放大电路中，已知 $U_{i1} = 0.2$ V，$U_{i2} = -0.3$ V，$U_{i3} = 0.4$ V，$R_1 = 20$ kΩ，$R_2 = 10$ kΩ，$R_3 = 5$ kΩ，$R_f = 20$ kΩ，试求输出电压 $U_o$ 和电阻 $R'$ 之值。

**解** 
$$U_o = -\left(\frac{U_{i1}}{R_1} + \frac{U_{i2}}{R_2} + \frac{U_{i3}}{R_3}\right)R_f = -\left(\frac{0.2}{20} - \frac{0.3}{10} + \frac{0.4}{5}\right) \times 20 = -1.2(\text{V})$$

$$R' = R_1 // R_2 // R_3 // R_f = \frac{1}{\frac{1}{20}+\frac{1}{10}+\frac{1}{5}+\frac{1}{20}} = 2.5(\text{k}\Omega)$$

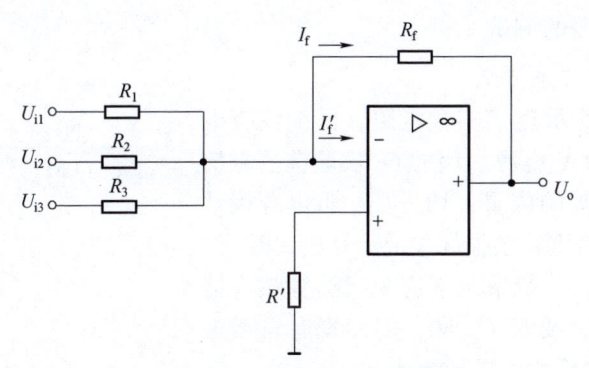

图 5-46 加法运算放大电路

（2）减法运算放大电路。

减法运算放大电路是实现若干个输入信号相减功能的电路，常用差动输入方式来实现，如图 5-47 所示，输入信号 $U_{i1}$、$U_{i2}$ 分别加到运算放大器的反相输入端和同相输入端上。

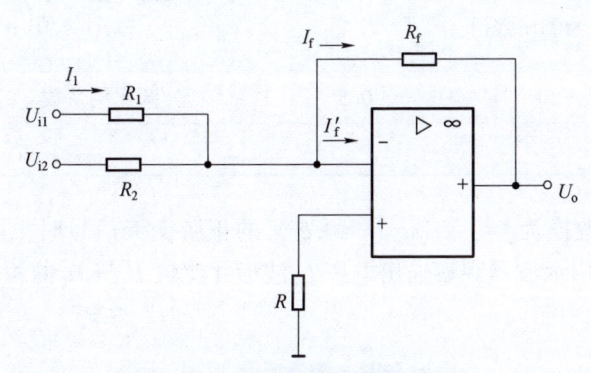

图 5-47 差动减法运算放大电路

下面利用叠加原理来进行分析。当 $U_{i1}$ 单独作用时，有

$$U_{o1} = -\frac{R_f}{R1}U_{i1}$$

当 $U_{i2}$ 单独作用时，有

$$U_{o2} = \left(1+\frac{R_f}{R_1}\right)\left(\frac{R}{R+R_2}\right)U_{i2}$$

所以

$$U_o = U_{o1}+U_{o2} = -\frac{R_f}{R_1}U_{i1}+\left(1+\frac{R_f}{R_1}\right)\left(\frac{R}{R+R_2}\right)U_{i2}$$

当 $R_1=R_2$，$R_f=R$ 时，则

$$U_o = -\frac{R_f}{R_1}(U_{i1}-U_{i2}) \tag{5-10}$$

由此可见，输出电压正比于两个输入电压之差。这种运算电路实现了差值运算，因此又称为差动输入比例运算放大电路。如果取 $R_1=R_f$，则 $U_o=U_{i2}-U_{i1}$，这时电路就称为减法放大运算电路。由于信号电压同时从反相输入端和同相输入端输入，故电路存在共模电压，为了保证运算精度，要选用共模抑制比高的集成运算放大电路。

## 2. 集成运算放大器的测试

1) 反相比例运算关系测试

（1）按图 5-48 所示连接实验电路，仔细检查电路无误后，再接通±12 V 电源。（注意：实验前要看清运算放大器组件各管脚的位置；切忌正、负电源极性接反和输出端短路，否则将会损坏集成运算放大器。）

（2）接通电源后，一般情况下应先对运算放大器"调零"，即 $U_i = 0$ 时，要求 $U_o = 0$，如发现有自激振荡，还应"消振"，之后才可进行测试。

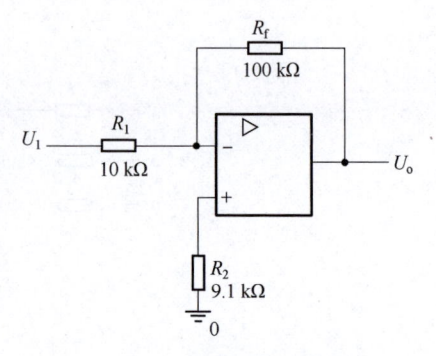

图 5-48 反相比例运算电路

（3）当电路输入不同大小的直流电压时，用万用表测出相应的直流输出电压 $U_o$ 记入表 5-10 中。

表 5-10 测量结果（一）

| 原始测试数据 ||||||| 计算值（比例系数 $\frac{U_o}{U_i}$） ||
|---|---|---|---|---|---|---|---|---|
| $U_i$/V | 0.2 | 0.5 | 1 | -0.2 | -0.5 | -1 | 实测比例系数 | 理论比例系数 |
| $U_o$ | | | | | | | | |

（4）当输入信号改换为 $f = 1$ kHz，$U_i = 0.5$ V 的正弦交流信号时，用交流毫伏表测量相应的输出 $U_o$ 的大小，用示波器观察输出电压 $U_o$ 波形并比较 $U_i$ 与 $U_o$ 的相位，将测试结果记入表 5-11 中。

表 5-11 测量结果（二）

| 原始测试结果 |||| 计算值 ||
|---|---|---|---|---|---|
| 输入正弦信号 || 输出正弦信号 || 测量 $A_u$ 值 | 理论 $A_u$ 值 |
| $U_i$ | $U_i$波形 | $U_o$ | $U_o$波形 | | |
| 0.5 V | | | | | |

2) 同相比例运算关系测试

按图 5-49 所示连接实验电路，给其输入 $f = 1$ kHz，$U_i = 0.5$ V 的正弦交流信号，用交流毫伏表测量相应的输出电压 $U_o$ 的大小，用示波器观察输出电压 $U_o$ 的波形并比较 $U_i$ 与 $U_o$ 的相位，将测试结果记入表 5-12 中。

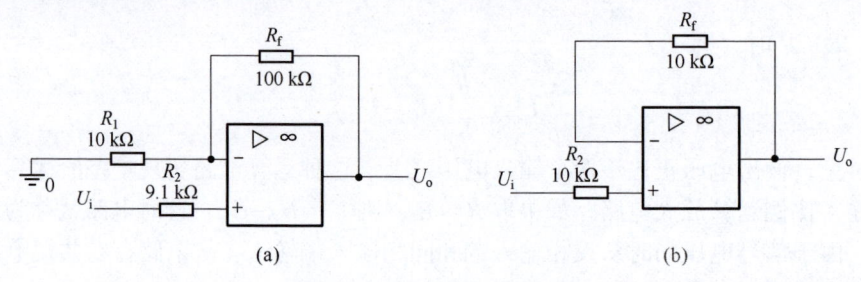

图 5-49 同相比例运算电路

表 5-12 测量结果（三）

| 原始测试结果 | | | | 计算值 | |
|---|---|---|---|---|---|
| 输入正弦信号 | | 输出正弦信号 | | 测量 $A_u$ 值 | 理论 $A_u$ 值 |
| $U_i$ | $U_i$ 波形 | $U_o$ | $U_o$ 波形 | | |
| 0.5 V | | | | | |

3）反相加法器运算关系的测试

按图 5-50 所示连接实验电路。给输入端分别输入不同的直流电压信号，用万用表直流电压挡分别测出相应的直流输出电压 $U_o$，并将测量结果与理论计算值比较，记入表 5-13 中。

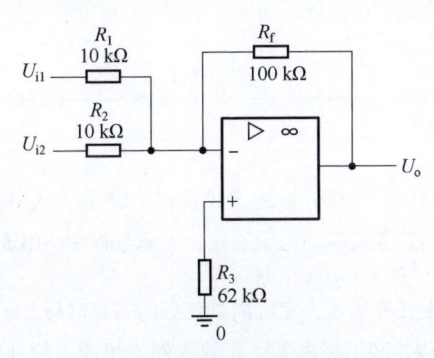

图 5-50 反相加法器运算电路

表 5-13 测量结果（四）      V

| 原始测试数据 | | | 理论估算值 | |
|---|---|---|---|---|
| $U_{i1}$ | 0.3 | −0.3 | 0.3 | −0.3 |
| $U_{i2}$ | 0.2 | 0.2 | 0.2 | 0.2 |
| $U_o$ | | | | |

4）减法运算器运算关系的测试

按图 5-51 所示连接实验电路。给输入端分别输入不同的直流电压信号，用万用表测出相应的直流输出电压 $U_o$，并将测量结果与理论计算值进行比较，记入表 5-14 中。

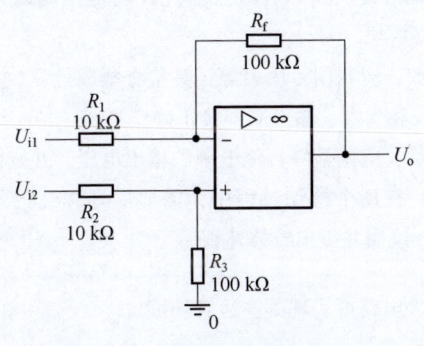

图 5-51 减法运算器运算电路

表 5-14 测量结果（五）　　　　　　　　　　　　　　　　　　　　　　V

| | 原始测试数据 | | 理论估算值 | |
|---|---|---|---|---|
| $U_{i1}$ | 1 | 0.2 | −1 | 0.2 |
| $U_{i2}$ | 0.5 | −0.2 | 0.5 | −0.2 |
| $U_o$ | | | | |

观察积分微分运算器运算关系。

## 任务实施

| 任务场景 | 电工电子实训室 |
|---|---|
| 任务分组 | 在任务实施过程中，采取分组的方式进行，每 3~5 人一组，通过自荐或推荐的方式选出组长，负责本组任务实施的组织工作，实施过程中小组成员要互相帮助，共同完成任务 |
| 实施过程 | 各小组根据以上任务描述，完成以下任务的实施过程。<br>1. 获取信息：操作前了解集成运算放大器的组成、符号和特性及传输特性；掌握集成运算放大器的工作特点、集成运算放大器电路中的负反馈类型，熟悉集成运算放大电路在放大、比较、滤波、积分等应用的相关知识，各组搜集相关资料。<br>2. 任务准备：明确任务内容，准备工具、设备及相关资料，做好现场防护。<br>3. 任务实施：运用集成运算放大器实现加、减、乘、除、积分、微分等运算，测试各类型的负反馈电路。<br>4. 考核评价：各组展示任务完成情况，配合指导教师完成考核评价表 |
| 任务要求 | 1. 安全操作：在测量前确保电路处于断电状态，关闭电源。选择适当工具，根据测量需求选择合适的万用表或专用测试仪器，并设置正确的测量范围和模式。<br>2. 不要接错电源的极性，确保电源正负极正确连接到集成运算放大器的对应引脚。<br>3. 静电敏感的集成块在试验中不能用手触摸，或者说需要先将手洗净。<br>4. 输入信号的幅值必须在运算放大器允许的范围之内，不能输入大于其限定的信号，这可以避免损坏集成块。<br>5. 在进行实验前，应利用万用表等工具检查集成运算放大器各引脚间是否有短路现象，并确保电源、地线和输入、输出端连接正确<br>6. 在接入电路前，应调整好直流电源的输出电压，并确保其极性连接正确。<br>7. 记录与报告：在整个检测过程中，需要做好详细记录，并在检测后编写检测报告，对发现的问题进行说明并提出维修建议 |
| 任务反思 | 1. 集成运算放大电路可实现哪些运算功能。<br>2. 如何测试负反馈 |

## 评价考核

| 序号 | 评价项目 | 评价指标 | 分值 | 自评（20%） | 互评（20%） | 师评（60%） | 合计 |
|---|---|---|---|---|---|---|---|
| 1 | 知识目标（25分） | 了解集成运算放大电路的基本工作原理和特性，掌握集成运算放大器电路中的负反馈类型 | 5 | | | | |
| | | 熟悉集成运算放大电路在各种电子领域的应用，如模拟信号放大、比较、滤波、积分等 | 10 | | | | |
| | | 理解集成运算放大电路的输入、输出特性，如输入阻抗、输出阻抗、增益等参数 | 10 | | | | |
| 2 | 能力目标（50分） | 掌握使用集成运算放大电路进行基本信号放大、滤波、比较等功能的设计和实现 | 10 | | | | |
| | | 熟练选择适合特定应用的集成运算放大器及其外围电路组成 | 10 | | | | |
| | | 具备进行集成运算放大电路仿真、调试和测试的能力 | 30 | | | | |
| 3 | 素质目标（25分） | 具有对集成电路设计与应用的兴趣和热情 | 5 | | | | |
| | | 具备良好的沟通能力和团队合作能力，能够与他人合作解决电路相关问题 | 5 | | | | |
| | | 具备解决问题的能力和创新思维，能够根据实际需求优化电路设计 | 5 | | | | |
| | | 具有较强的安全意识和责任心，确保工作安全和设备正常运行 | 5 | | | | |
| | | 能够树立责任意识和规则意识 | 5 | | | | |
| | | 合计 | | | | | |
| | | 综合得分 | | | | | |

**拓展阅读**

　　一百多年前，有一位穷苦的牧羊人，他带着两个幼小的儿子以替别人放羊为生。有一天，他们赶着羊来到一个山坡上，一群大雁鸣叫着从他们头顶飞过，并很快消失在远方。牧羊人的小儿子问父亲："大雁要往哪里飞？"牧羊人说："它们要去一个温暖的地方，在那里安家，度过寒冷的冬天。"大儿子眨着眼睛羡慕地说："要是我也能像大雁那样飞起来就好了。"小儿子也说："要是能做一只会飞的大雁该多好啊！"牧羊人沉默了一会儿，然后对两个儿子说："只要你们想，你们也能飞起来。"两个儿子试了试，都没能飞起来，他们用怀疑的眼神看着父亲，牧羊人说："让我飞给你们看。"于是他张开双臂，但也没能飞起来。可是，牧羊人肯定地说："我因为年纪大了才飞不起来，你们还小，只要不断努力，将来就一定能飞起来，去想去的地方。"

　　两个儿子牢牢记住了父亲的话，并一直努力着，等他们长大，他们果然飞起来了，因为他们发明了飞机。这两个人就是美国的莱特兄弟。心若在，梦就在；用心灌溉，梦想之花终会开。

# 模块 6 三相桥式整流滤波直流稳压电源的设计

## 模块简介

本模块的主要任务是让学生掌握三相桥式整流滤波直流稳压电源的基本原理、设计方法和实践技能。通过本模块，使学生深入理解三相交流电的基本概念和特性，掌握三相桥式整流电路的工作原理和整流过程，学习滤波电路的基本原理和类型，理解直流稳压电源的基本组成和工作原理。根据给定要求，设计三相桥式整流、滤波、稳压电路，以保证输出电压的稳定性和可靠性。

## 6.1 三相桥式整流滤波直流稳压电源的认知

### 任务导入

在电力系统的日常运行中，稳定可靠的电源供应对各类设备的正常运作至关重要。本部分主要探讨一种高效、稳定的电源设备——三相桥式整流滤波直流稳压电源。通过深入了解其工作原理和特点，我们将能够更好地理解它在电力系统中的应用价值。

首先，让我们思考以下几个问题：

（1）当我们使用手机、电脑等电子设备时，它们是如何获取稳定直流电的？

（2）当电网电压波动或负载发生变化时，如何确保输出的直流电压能基本保持不变？

这些问题实际上都与三相桥式整流滤波直流稳压电源密切相关。接下来，我们将逐步揭开它的神秘面纱。

## 学习目标

【知识目标】
1. 掌握三相桥式整流电路的基本原理。
2. 理解滤波电路的工作原理。
3. 掌握稳压电路的基本原理。
4. 熟悉三相桥式整流滤波直流稳压电源的整体结构。

【能力目标】
1. 能够分析和设计三相桥式整流滤波直流稳压电源电路。
2. 能够使用仪器仪表进行测试和调试。
3. 具备电路故障排查和修复能力。

【素质目标】
1. 在学习过程中,注重数据的准确性和实验的规范性,培养严谨的科学态度。
2. 通过分析和解决电路中的问题,提高问题解决能力,培养创新思维。
3. 在团队项目中,学会与他人合作,共同完成任务,并有效沟通,提高团队合作和沟通能力。

## 知识准备

### 6.1.1 单相整流电路

许多电子设备都需要直流电流供电。获得直流电的方法有很多,如汽车上的蓄电池、直流发电机等。但较为经济适用的方法是利用二极管的单向导电性通过整流、滤波、稳压电路将交流电源变换成直流电源。常用的整流电路有单相半波整流电路、单相全波整流电路,以及单相桥式整流电路及汽车上可用到的交流发电机整流电路。

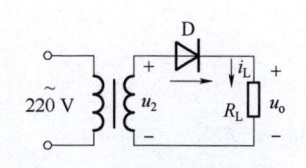

**1. 单相半波整流电路**

单相半波整流电路如图 6-1 所示,电路中只使用一只二极管,变压器用来将电源电压变换到整流负载工作所需要的电压值。

图 6-1 单相半波整流电路

单相半波整流电路的工作原理如下:交流电压 $u_2$ 作用在二极管 D 与负载 $R_L$ 串联的电路上,在交流电压 $u_2$ 的正向电压下,二极管导电。

如果忽略二极管上的正向电压,则交流电压 $u_2$ 的正半波相等,即正半周的电压全部作用在负载上;当交流电压 $u_2$ 变成负半周时,二极管工作在反向电压下,二极管不导电,电路中没有电流,负载 $R_L$ 上没有电压,交流电压 $u_2$ 的负半周全部作用在二极管上。

如果交流电压 $u_2 = \sqrt{2}U_2\sin\omega t$,则交流电压 $u_2$、输出电压 $u_o$ 和二极管上电压 $u_D$ 的波形如图 6-2 所示。

如果将二极管 D 视为一个理想元件,即正向导通时管压降为零、反向时电阻为无穷大,

根据图 6-2 可以求得单相半波整流电路的整流输出电压 $u_o$ 的平均值 $U_{oAV}$ 为

$$U_{oAV} = \frac{1}{2\pi} \int_0^\pi u_2 d\omega t$$
$$= \frac{1}{2\pi} \int_0^\pi \sqrt{2} U_2 \sin \omega t d\omega t$$
$$= 0.45 U_2 \qquad (6-1)$$

单相半波整流电路中作用在二极管上的最大反向电压 $U_{RM}$ 等于被整流的交流电压 $u_2$ 的最大值，即

$$U_{RM} = \sqrt{2} U_2 \qquad (6-2)$$

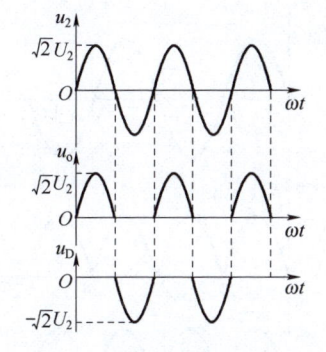

图 6-2 单相半波整流电路波形

【例 6-1】 在图 6-1 所示电路中，已知负载电阻 $R_L = 200\ \Omega$，电压 $u_2 = 25\sqrt{2} \sin 314t$ V，求输出电压的平均值 $U_{oAV}$，以及电流的平均值 $I_{AV}$，并为该电路选一个二极管。

解 首先计算整流输出电压的平均值 $U_{oAV}$ 和电流平均值 $I_{AV}$，由式（6-1）可得

$$U_{oAV} = 0.45 U_2 = 0.45 \times 25 = 11.25\ (\text{V})$$

负载电流的平均值为

$$I_{AV} = \frac{U_{oAV}}{R_L} = \frac{11.25}{200} = 0.05625\ (\text{A})(56.25\ \text{mA})$$

二极管的主要参数是正向电流的平均值和允许承受的反向工作电压。根据上面公式计算的结果可知，通过二极管的电流平均为 56.3 mA，二极管工作时承受的最大反向电压 $U_{RM} = 25\sqrt{2}$ V，根据这两个数值可查阅产品目录选择二极管型号，使选择的二极管电压、电流值 $\geq$ 实际工作位即可。为此可选型号为 $2^{CP}-11$ 的二极管，$2^{CP}-11$ 的参数值 $U_{RM} = 25\sqrt{2}$ V 可以满足要求。

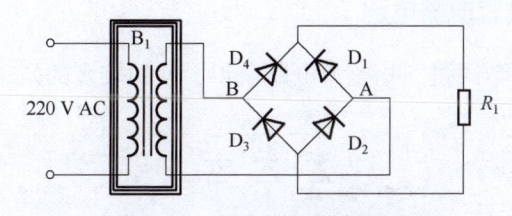

## 2. 单相桥式整流电路

单相桥式整流电路是小功率整流电路中应用最广的一种电路，如图 6-3 所示。

由图 6-3 可以看出，在交流电压 $u_2$ 的正半周时，A 点为高电位，B 点为低电位，所以二极 $D_1$ 和 $D_3$ 作用着正向电压而导电二极管 $D_2$ 和 $D_4$ 承受反向电压，不导电。如果忽略二极管正向导通时的管压降，则可以认为在 $D_1$、$D_3$ 导电时，交流电压 $u_2$ 的正半周全部作用到负载上，输出电压 $u_o = u_2$。

图 6-3 单相桥式整流电路

在电压 $u_2$ 的负半周，B 端为高电位、A 端为低电位，这时 $D_1$ 和 $D_3$ 承受反向电压不导电，而 $D_2$ 和 $D_4$ 作用着正向电压而导电。若忽略 $D_2$ 和 $D_4$ 导通时的管压降，则电压 $u_2$ 的负半周通过 $D_2$ 和 $D_4$ 作用到负载 $R_L$ 输出电压的极性与正半周时相同。所以在桥式整流电路中，

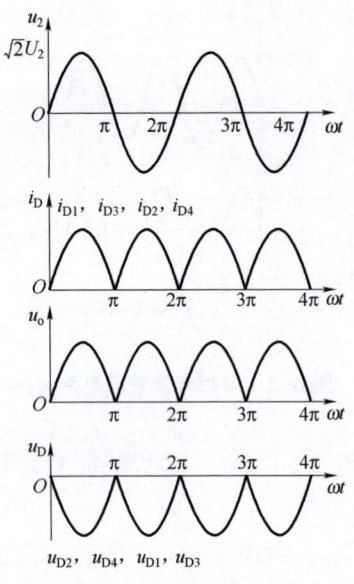

图 6-4 单相桥式整流电路波形图

负载 $R_L$ 在电源 $u_2$ 的正、负半周内均有电流通过，而且电流方向保持不变，输出为一脉动的直流。

在单相桥式整流电路工作时，电源电压 $u_2$、整流输出电压 $u_o$ 及二极管 $D_1(D_3)$ 和 $D_2(D_4)$ 上的电压波形如图 6-4 所示。

单相桥式整流电路整流输出电压 $u_o$ 的平均值 $U_{oAV}$ 为

$$U_{oAV} = \frac{1}{2\pi} \int_0^{2\pi} |u_2| d\omega t = 0.9 U_2 \qquad (6-3)$$

单相桥式整流电路整流输出电压的平均值比单相半波电路提高了一倍，输出电压脉动减小并改善了变压器的工作条件。因此单相桥式整流电路应用得很广泛。

单相桥式整流电路的负载在整个周期内都有电流通过，但是每只二极管都是半周导电，所以通过每只二极管的电流平均值只是负载中电流平均值的一半，即各二极管的电流平均值 $I_{DAV} = I_{oAV}/2$。对于不导电的半周，二极管承受的反向电压最大值 $U_{RM} = \sqrt{2} U_2$，与半波时相同。

【例 6-2】 如图 6-3 所示电路，若负载电阻 $R_L$ 为 180 Ω，要求通过负载电流的平均值 $I_{oAV} = 1.5$ A，试计算电源电压 $u_2$ 的有效值及选择电路所需的二极管参数。

**解** 首先计算交流电压 $u_2$ 的有效值。因为 $I_{oAV} = 1.5$ A，$R_L = 180$ Ω，所以整流输出电压的平均值为

$$U_{oAV} = I_{oAV} R_L = 270 \text{ V}$$

电压 $u_2$ 的有效值为

$$U_o = U_{oAV}/0.9 = 300 \text{ V}$$

由于是单相桥式电路，通过二极管中的电流平均值 $I_{DAV} = I_{oAV}/2$，所以每只二极管的电流平均值为 $I_{DAV} = 0.75$ A，即二极管上承受的反向电压最大值为

$$U_{RM} = \sqrt{2} U_2 = 424 \text{ V}$$

根据计算出的 $I_{DAV}$ 和 $U_{RM}$ 值查阅产品目录，可选型号为 $2^{CZ_1}$、工作电流为 1 A、反向电压为 500 V 的二极管。

### 6.1.2 汽车交流发电机整流器电路

大功率的直流电能多数通过三相整流电路获得，使用较多的是三相桥式电路，如图 6-5 所示。

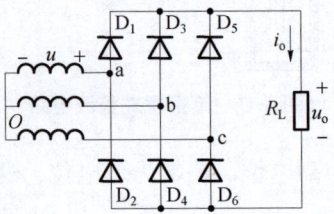

图 6-5 三相桥式整流电路

三相桥式整流电路由六只二极管组成,由于二极管只能在正向电压下导电,所以在某个时刻三相整流电路中哪些二极管导电、哪些不导电只要比较一下每个二极管的阳极与阴极之间的电位差是正还是负就可以确定。

作用在整流电路中的三相电源为$u_a u_b u_c$的波形,如图6-6所示。根据三相电压的波形可以看出,在一般情况下这三个电压总是有一个最高、一个最低、一个处于中间值。例如在$t_1 \to t_2$时刻,$u_a$最高、$u_b$最低、$u_c$处于中间,因此对于阴极连接在一起的$D_1$、$D_3$、$D_5$这三只二极管而言,当$D_1$导电后,二极管$D_3$和$D_5$均作用着反向电压,因此不能导电。整流输出的电流将从电源的a线流经$D_1$管到负载$R_L$,流经负载的电流由$D_2$、$D_4$、$D_6$这三只二极管的哪个管子流回电源,要看这三只管子中的哪一个具备导电条件。因为电源中b相最低,所以二极管$D_4$导电,$D_4$导电后$D_2$和$D_6$均作用着反向电压,这两个二极管在$t_1 \to t_2$这个时刻不能导电,因此此时负载电流经二极管$D_4$流入电源的b线。如果忽略导电二极管的管压降,则在$t_1 \to t_2$时刻,整流输出的电压值与电源a-b线间的电压$u_{ab}$相等。

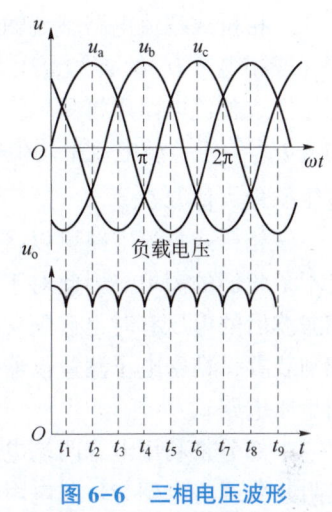

图6-6 三相电压波形

由图6-6可以看出,三相电压一般时刻只有一相电压最高、一相最低,所以三相整流电路的电流一定从三相电源电压最高的那一线流出,经过负载后,从电压最低的那一线流回电源,整流输出电压$u_o$等于电源的线电压。

由图6-6可以看出,随着时间的推移,时间到达$t_2 \to t_3$时,a相电压逐渐下降而b相电压上升,过了a相与b相电压值相等的那一点之后,b相电压升为最高,这时二极管$D_1$停止导电(为截止状态),二极管$D_3$导电,整流电源的输出电流自动地由a线供出转换为由b线供出,输出电压$u_o$等于线电压$u_{bc}$,即a相电压与b相电压值相等的那一点,是三相整流电路电流输出由a线转换为b线的转换点,这一点称为三相整流电路的自然换相点。

当时间到$t_2 \to t_3$时,电压$u_c$降至$u_b$之下,而电压$u_a$仍保持最高,这时导电的二极管由$D_1$、$D_4$转换成为$D_1$、$D_6$,时间到$t = t_3$后,$u_b$上升到$u_a$之上,即过了$u_a$与$u_b$值相等点之后,整流输出电压$u_o = u_{ac}$,所以该点也是自然换相点。同样c相电压与b相电压值相等的点也是自然换相点。由此可见,在三相桥式整流电路中,整流输出电压$u_o$分别由三相电源的三个线电压轮流供电,输出电压的瞬时值始终与电源线电压相等,在一个周期内每只二极管的导电时间都是1/3周期。

三相桥式整流电路输出电压的平均值:

$$U_{oAV} = \frac{6}{2\pi} \int_{\frac{\pi}{3}}^{\frac{2\pi}{3}} u_{AB} d(\omega t)$$

$$= \frac{3}{\pi} \int_{\frac{\pi}{3}}^{\frac{2\pi}{3}} \sqrt{2} U_{AB} \sin \omega t d(\omega t)$$

$$= \frac{3\sqrt{2}}{\pi} U_{AB}(-\cos \omega t) \Big|_{\frac{\pi}{3}}^{\frac{2\pi}{3}}$$

$$= 1.35 U_{AB} = 2.34 U_{AN}$$

三相桥式整流电路整流输出电压的平均值 $U_{oAV}$ 等于被整流的三相交流线电压 $U_L$ 的 1.35 倍（或相电压 $U_P$ 的 2.39 倍），即整流输出电压提高了而且输出电压的脉动减小（见图 6-7）；三相桥式整流电路中每只二极管的导电时间为 1/3 电源电压周期，所以通过二极管的电流平均值 $I_{DAV}$ 等于负载电流平均值的 1/3，每只不导电的二极管承受的最大反向电压 $U_{RBE}$ 等于线电压的最大值 $\sqrt{2} U_{AB}$。

三相桥式整流电路可以将交流电转换成直流电，但输出的电压均有较大的脉动成分，满足不了我们的需求。因此对于大多数的电子设备，在整流器电路中都要接有滤波器。经整流和滤波后的电压有时也会随交流电源电压的波动和负载的变化而变化，而电压不稳定会引起控制装置、精密电子测量仪器、自动控制等电路的不稳定，甚至无法正常工作，这就要求采用稳压电路。

本部分将利用电容两端电压不能突变和流过电感的电流不能突变的特点，将电容与负载电阻并联或将电感与负载电阻串联组成滤波电路，在滤波电路后加上稳压管电路，即可得到所需要的稳定直流电源。

### 6.1.3 滤波电路

**1. 电容滤波电路**

图 6-7 所示为单相桥式整流电容滤波电路及波形图，滤波电容容量大，因此一般采用电解电容，在接线时要注意电解电容的正、负极。电容滤波电路利用电容的充、放电作用，使输出电压趋于平滑。

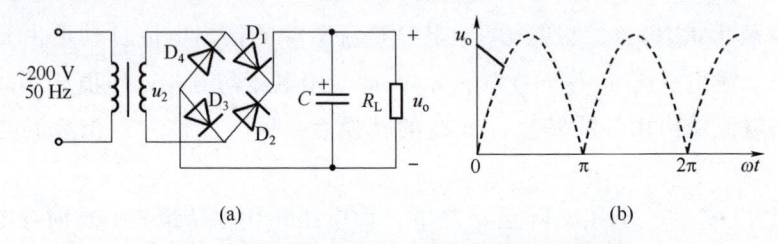

图 6-7 单相桥式整流电容滤波电路及波形图

(a) 电路；(b) $u_o$ 的波形

1）滤波原理

当 $u_2$ 为正半周并且数值大于电容两端电压 $u_C$ 时，二极管 $D_1$ 和 $D_3$ 导通，$D_2$ 和 $D_4$ 截止，电流一路流经负载电阻 $R_L$，另一路对电容 $C$ 充电。当 $u_C > u_2$ 时，导致 $D_1$ 和 $D_3$ 管反向偏置而截止，电容通过负载电阻 $R_L$ 放电，$u_C$ 按指数规律缓慢下降。

当 $u_2$ 为负半周幅值变化到恰好大于 $u_C$ 时，$D_2$ 和 $D_4$ 因加正向电压而变为导通状态，$u_2$ 再次对 $C$ 充电；当 $u_C$ 上升到 $u_2$ 的峰值后又开始下降，下降到一定数值时 $D_2$ 和 $D_4$ 变为截止，$C$ 对 $R_L$ 放电；当 $u_C$ 按指数规律下降，放电到一定数值时，$D_1$ 和 $D_3$ 变为导通，重复上述过程。

2) $R_L$、C 对充放电的影响

电容充电时间常数为 $r_D C$，因为二极管的 $r_D$ 很小，所以充电时间常数小，充电速度快；$R_L C$ 为放电时间常数，因为 $R_L$ 较大，放电时间常数远大于充电时间常数，因此，滤波效果取决于放电时间常数。电容 C 越大，负载电阻 $R_L$ 越大，滤波后输出电压越平滑，并且其平均值越大，如图 6-8 所示。

### 2. 电感滤波电路

在大电流的情况下，由于负载电阻 $R_L$ 很小，若采用电容滤波电路，则电容容量势必很大，而且整流二极管的冲击电流也非常大，在此情况下应采用电感滤波。如图 6-9 所示，由于电感线圈的电感量要足够大，所以一般需要采用有铁芯的线圈。

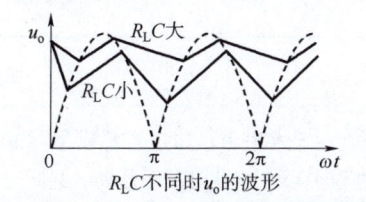

图 6-8 $R_L C$ 对充放电的影响波形图

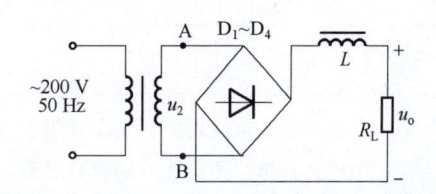

图 6-9 单相桥式整流电感滤波电路及波形图

当流过电感的电流发生变化时，电感线圈中产生的感生电动势将阻止电流的变化。当通过电感线圈的电流增大时，电感线圈产生的自感电动势与电流方向相反，阻止电流的增加，同时将一部分电能转化成磁场能存储于电感之中；当通过电感线圈的电流减小时，自感电动势与电流方向相同，阻止电流的减小，同时释放出存储的能量，以补偿电流的减小。因此，经电感滤波后，不但负载电流及电压的脉动减小，波形变得平滑，而且整流二极管的导通角增大。

在电感线圈不变的情况下，负载电阻越小，输出电压的交流分量越小，只有在 $R_L \gg \omega L$ 时才能获得较好的滤波效果。L 越大，滤波效果越好。另外，由于滤波电感电动势的作用，故可以使二极管的导通角接近 π，减小了二极管的冲击电流，平滑了流过二极管的电流，从而延长了整流二极管的寿命。

## 6.1.4 稳压电路

利用电路的调整作用使输出电压稳定的过程称为稳压。本部分以硅稳压管稳压电路为例，分析稳压电路的原理。

### 1. 硅稳压管稳压电路组成

由硅稳压管组成的简单稳压电路如图 6-10 所示，硅稳压管 DW 与负载 $R_{fz}$ 并联，$R_f$ 为限流电阻。

### 2. 硅稳压管稳压电路原理

若电网电压升高，则整流电路的输出电压 $U_{sr}$ 也随之升

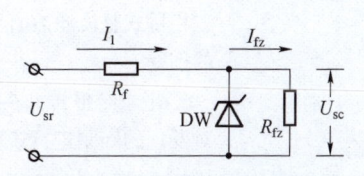

图 6-10 硅稳压管稳压电路

高，引起负载电压 $U_{sc}$ 升高。由于稳压管 DW 与负载 $R_{fz}$ 并联，故 $U_{sc}$ 只要有很少一点增长，就会使流过稳压管的电流急剧增加，使得 $I_1$ 也增大，限流电阻 $R_f$ 上的电压降增大，从而抵消了 $U_{sr}$ 的升高，保持负载电压 $U_{sc}$ 基本不变；反之，若电网电压降低，则会引起 $U_{sr}$ 下降，

导致 $U_{sc}$ 也下降，稳压管中的电流急剧减小，使得 $I_1$ 减小，$R_f$ 上的压降也减小，从而抵消了 $U_{sr}$ 的下降，保持负载电压 $U_{sc}$ 基本不变。

若 $U_{sr}$ 不变而负载电流增加，则 $R_f$ 上的压降增加，造成负载电压 $U_{sc}$ 下降。$U_{sc}$ 只要下降一点点，稳压管中的电流就迅速减小，使 $R_f$ 上的压降再减小下来，从而保持 $R_f$ 上的压降基本不变，使负载电压 $U_{sc}$ 得以稳定。

综上所述，稳压管起着电流的自动调节作用，而限流电阻起着电压调整作用，稳压管的动态电阻越小，限流电阻越大，输出电压的稳定性越好。

### 任务实施

| 任务场景 | 电工电子实训室 |
| --- | --- |
| 任务分组 | 在任务实施过程中，采取分组的方式进行，每3~5人一组，通过自荐或推荐的方式选出组长，负责本组任务实施的组织工作，实施过程中小组成员要互相帮助，共同完成任务 |
| 实施过程 | 各小组根据以上任务描述，完成以下任务的实施过程。<br>1. 获取信息：操作前理解滤波电路的工作原理、稳压电路的基本原理、三相桥式整流滤波直流稳压电源的整体结构等相关知识，各组搜集相关资料。<br>2. 任务准备：明确任务内容，准备相关资料，做好现场防护。<br>3. 任务实施：自主学习与探究滤波电路的工作原理、稳压电路的基本原理、三相桥式整流滤波直流稳压电源的整体结构。<br>4. 考核评价：各组展示任务完成情况，配合指导教师完成考核评价表 |
| 任务要求 | 1. 安全操作：确保实验环境整洁、干燥，避免潮湿或积水导致的触电风险。<br>2. 明确任务目标：全面解析三相桥式整流电路的工作原理及结构特点；准确掌握电路中各元器件的功能与选择方法，并能独立完成整流电路的参数计算与优化设计。<br>3. 强调自主学习与探究：鼓励学生通过查阅资料、观看教学视频、参加线上讨论等方式自主学习滤波电路、稳压电路、三相桥式整流滤波直流稳压电源的相关知识；引导学生通过探究电路的工作原理等内容，培养其独立思考和解决问题的能力。<br>4. 注重实践技能培养：在任务实施过程中，注重培养学生的实践技能，如三相桥式整流滤波直流稳压电源调试、维护等操作技能。<br>5. 鼓励学生进行实际操作：如搭建简单的三相桥式整流滤波直流稳压电源模型、进行三相桥式整流滤波直流稳压电源的性能测试等，以加深对三相桥式整流滤波直流稳压电源的理解。<br>6. 记录与报告：在整个检测过程中，需要做好详细记录，并在检测后编写检测报告，对发现的问题进行说明，提出维修建议 |
| 任务反思 | 1. 滤波电路的原理。<br>2. 三相桥式整流滤波直流稳压电源的结构 |

## 考核评价

| 序号 | 评价项目 | 评价指标 | 分值 | 自评（20%） | 互评（20%） | 师评（60%） | 合计 |
|---|---|---|---|---|---|---|---|
| 1 | 知识目标（30分） | 掌握三相桥式整流电路的基本原理 | 10 | | | | |
| | | 理解滤波电路的工作原理，掌握稳压电路的基本原理 | 10 | | | | |
| | | 熟悉三相桥式整流滤波直流稳压电源的整体结构 | 10 | | | | |
| 2 | 能力目标（50分） | 能够分析和设计三相桥式整流滤波直流稳压电源电路 | 10 | | | | |
| | | 能够使用仪器仪表进行测试和调试 | 10 | | | | |
| | | 具备电路故障排查和修复能力 | 30 | | | | |
| 3 | 素质目标（20分） | 具有分析问题和解决问题的能力 | 5 | | | | |
| | | 具有创新思维 | 5 | | | | |
| | | 具有团队合作和沟通意识 | 5 | | | | |
| | | 具有严谨的科学态度 | 5 | | | | |

## 拓展阅读

一个农场主悬赏100美元寻找他丢失在谷仓里的一只名贵金表。金表太小，谷仓太大，稻草太多。

人们在夜晚来临时还没有找到金表，一个个放弃重赏的诱惑离去了，只有一个小男孩还在坚持寻找着。在一切喧闹声消失后，一个奇特的声音"嘀嗒、嘀嗒"声不停地响起。

小孩循声找到了金表，最终得到了100美元。

其实寻找财富的方法很简单，只要保持宁静的心就可以了。

一个看得透、断得准的人可驾驭事物而不被事物所驾驭，他可以洞察到事物的深处，了解并能把握其本质。观察严谨，思考细致，推理明晰，所以天下没有什么东西是不能被他发现的。

## 6.2 三相桥式整流滤波直流稳压电源的验证

### 任务导入

在电力电子技术的世界里，三相桥式整流滤波直流稳压电源以其高效、稳定的性能，在各个领域发挥着不可或缺的作用。然而，理论知识的学习只是第一步，真正的理解和掌握需要通过实践来验证。在三相桥式整流滤波直流稳压电源的搭建与测试中，可以通过搭建电路、调试参数，更深入地理解其工作原理和性能特点。如何选择合适的元件？如何确保电路的稳定性和可靠性？如何准确地测试电源的性能参数？这些问题的解决，不仅需要我们扎实地掌握理论知识，更需要我们具备实践操作的技能和解决问题的能力，更好地理解和掌握三相桥式整流滤波直流稳压电源的技术要点，为其在实际应用中的优化和改进提供有力的支持。

### 学习目标

**【知识目标】**

1. 通过验证任务，加深对三相桥式整流电路将三相交流电转换为脉动直流电过程的理解。
2. 了解滤波电路如何将整流后的脉动直流电变平滑，以及稳压电路如何保持输出电压的稳定。
3. 了解电源的关键性能参数（如输出电压、输出电流、纹波电压等）及相应的测试方法。
4. 在搭建和测试电源的过程中，掌握电气安全知识，了解并遵循相关安全规程。

**【能力目标】**

1. 根据电路图，正确选择元件，搭建三相桥式整流滤波直流稳压电源电路，并具备调试电路参数的能力。
2. 能够使用仪器仪表（如万用表、示波器等）对电源进行测试，分析测试结果，判断电源性能是否满足要求。
3. 在验证过程中遇到问题时，能够分析原因，提出解决方案，并进行实践验证。

**【素质目标】**

1. 养成严谨的科学态度，在验证任务中，保持严谨的科学态度，对实验数据进行客观、准确的分析和评价。
2. 在团队合作中，能够积极与他人沟通，分享经验，共同解决问题，提高团队效率。
3. 通过验证任务，发现自身不足，积极寻求改进方法，持续学习和提升自我能力。
4. 在实验中，始终保持安全意识，遵循操作规程，对实验结果的准确性负责。

### 知识准备

#### 6.2.1 实验原理

（1）车用三相桥式整流滤波直流稳压电源的构成如图 6-11 所示。

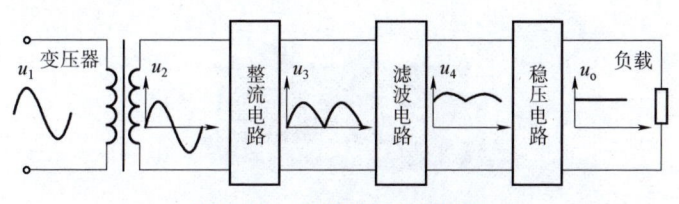

图 6-11　直流稳压电源框图

（2）直流稳压电源的实验电路原理图如图 6-12 所示。

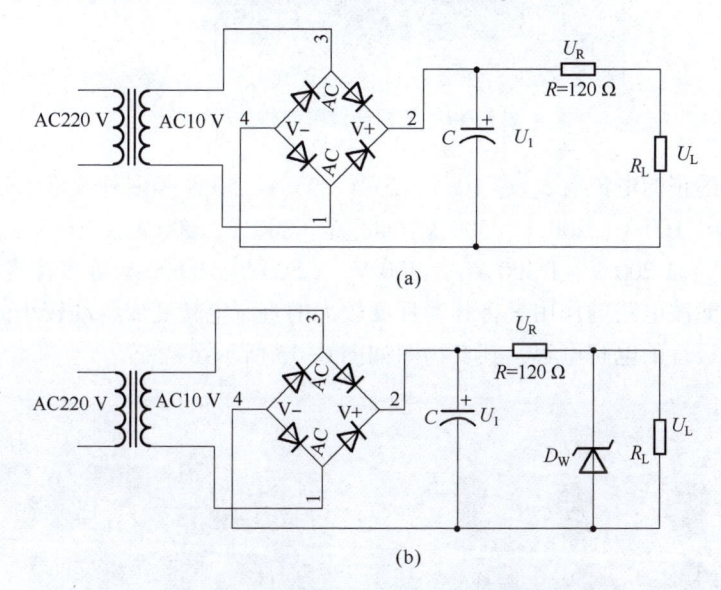

图 6-12　直流稳压电源实验电路原理图
（a）整流、滤波电路原理图；（b）整流、滤波、稳压电路原理图

第一部分：三相变压器用于把交流电转换成整流电路所需要的电压，三相变压器实物如图 6-13 所示。

图 6-13　三相变压器实物

第二部分：三相全波整流电路用于把交流电转变成脉动的直流电，全桥是由 6 只整流二极管按桥式全波整流电路的形式连接并封装为一体构成的，图 6-14 所示为其外形。

三相全波整流桥不需要输入电源的零线（中性线），整流桥堆一般用在全波整流电路中。

图 6-14 三相全波整流桥外形

全波整流桥的正向电流有 5 A、10 A、20 A、35 A、50 A 等多种规格,耐压值(最高反向电压)有 50 V、100 V、200 V、300 V、400 V、800 V、600 V、700 V、800 V、900 V、1 000 V、1 100 V、1 200 V、1 300 V、1 400 V、1 500 V、1 600 V 等多种规格。

第三部分:滤波电路的作用是将脉动程度较大的直流电转变成脉动较小的直流电,此处所用的电容为有极性的电解电容,其实物图如图 6-15 所示。

图 6-15 电解电容实物图

第四部分:稳压电路的作用是将脉动较小的直流电转换成稳定的直流电,此处一般用稳压二极管,其实物图如图 6-16 所示。

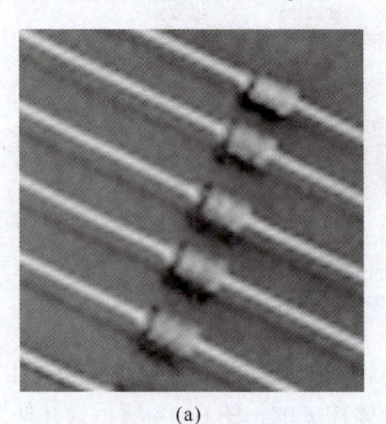

(a) (b)

图 6-16 稳压二极管实物图
(a) 直插式;(b) 贴片式

## 6.2.2 实验步骤

(1) 电路设计。

① 按电路图检查电路元件是否齐全。

a. 整流变压器的规格为输入交流电压 220 V、输出交流电压 10 V。

b. 整流二极管型号为 1N4007。

c. 滤波电解电容为 470 μF。

d. 稳压二极管电压为 6.2 V。

e. 两个定值电阻分别为 120 Ω 和 240 Ω。

f. 可变电阻器为 1 kΩ。

② 按图 6-12 所示电路原理图正确焊接电路板并连线。

③ 焊接好电路后,调试电路,使其正常工作。

(2) 用数字万用表测量各级输出电压。

① 将数字万用表的旋转开关拨至交流 10 V 电压挡。

② 测量变压器变压后的输出电压,记为 $U_1$,并填入表 6-1 中。

③ 将数字万用表的旋转开关拨至直流 10 V 电压挡。

④ 测量经整流电路后得到的脉动较大的直流电压值,记为 $U_2$,并填入表 6-1 中。

⑤ 测量经滤波电路后得到的脉动较小的直流电压值,记为 $U_3$,并填入表 6-1 中。

⑥ 测量经稳压电路后得到的稳定直流电压值,记为 $U_4$,并填入表 6-1 中。

(3) 用双踪示波器观察各级输出电压,并将波形填入表 6-1 中。

① 示波器测量 AC 220 V 信号

a. 将 T/DIV 调节到 5 ms,即代表 X 轴每格 5 ms,根据被测量信号频率的高低调节该旋钮,使被测信号能完整显示。

b. 将 V/DIV 调节到 10 V,即代表 Y 轴每格 10 V,根据被测量信号幅值的大小调节该旋钮,使被测信号能完整显示。

c. 选择输入通道,选择通道 1(CH1)或通道 2(CH2)均可。

d. 耦合方式选择,选择哪个通道,就把哪个通道的耦合方式选择为交流(AC)。

e. 根据输入通道的选择,将示波器的探头插到相对应的通道插座上,探头上有一个双位开关,将开关拨到"×10"位置,此时被测信号衰减 10 倍,从显示屏上读出的幅值乘以 10 才是被测信号的真正幅值。

f. 将探头上的地与被测信号的地连到一起,探头接触被测点,即可在显示屏上看到幅值为正负 220 V、频率为 50 Hz 的交流信号。

② 示波器测量 AC 220 V 整流信号。

a. 将 T/DIV 调节到 5 ms,即代表 X 轴每格 5 ms,根据被测量信号频率的高低调节该旋钮,使被测信号能完整显示。

b. 将 V/DIV 调节到 10 V,即代表 Y 轴每格 10 V,根据被测量信号幅值的大小调节该旋钮,使被测信号能完整显示。

c. 选择输入通道,选择通道 1(CH1)或通道 2(CH2)均可。

d. 耦合方式选择,选择哪个通道,就把哪个通道的耦合方式选择为直流(DC)。

e. 根据输入通道的选择，将示波器的探头插到相对应的通道插座上，探头上有一个双位开关，将开关拨到"×10"位置，此时被测信号衰减 10 倍，从显示屏上读出的幅值乘以 10 才是被测信号的真正幅值。

f. 将探头上的地与被测信号的地连到一起，探头接触被测点，即可在显示屏上观测信号。用示波器测量滤波信号、稳压信号的方法与上述用示波器测量 AC 220 V 整流信号的方法相同。

（4）不接电解电容，将负载的可变电阻器调到 120 Ω（$R_L$ = 120 Ω）时，用双踪示波器观察负载输出波形，并将波形图填入表 6-2 中。

（5）不接电解电容，将负载的可变电阻器调到 240 Ω（$R_L$ = 240 Ω）时，用双踪示波器观察负载输出波形，并将波形图填入表 6-2 中。

（6）接电解电容时，改变负载 $R_L$ 的值，测量相应电压值，并将数据填入表 6-3 中。

### 6.2.3 注意事项

（1）焊接电解电容时要注意极性，否则焊接错误会影响整个实验进度。

（2）要认真处理好六个二极管中共阴极、共阳极的极性，并考虑好布线后再进行焊接。

（3）示波器要避免频繁开机、关机。

（4）在观察荧屏上的亮斑并进行调节时，亮斑的亮度要适中，不能过亮。

（5）如果发现波形受外界干扰，可将示波器外壳接地。

（6）"Y 输入"的电压不可太高，以免损坏仪器，在最大衰减时也不能超过 400 V。"Y 输入"导线悬空时，受外界电磁干扰会出现干扰波形，应避免出现这种现象。

（7）关机前先将辉度调节旋钮沿逆时针方向转到底，使亮度减到最小，然后再断开电源开关。

### 6.2.4 实验结果及数据处理

表 6-1 各级输出的电压

| 电压 | $U_1$（变压后） | $U_2$（整流后） | $U_3$（滤波后） | $U_4$（稳压后） |
|---|---|---|---|---|
| 数值/V | | | | |
| 波形图 | | | | |

表 6-2 双踪示波器观察负载输出波形

| 负载 | 120 Ω | 240 Ω |
|---|---|---|
| 波形图 | | |

表 6-3 改变负载 $R_L$ 时的电压值

| 负载 $R_L$ 值/Ω | | | | |
|---|---|---|---|---|
| 电压/V | | | | |

## 任务实施

| 任务场景 | 电工电子实训室 |
|---|---|
| 任务分组 | 在任务实施过程中，采取分组的方式进行，每3~5人一组，通过自荐或推荐的方式选出组长，负责本组任务实施的组织工作，实施过程中小组成员要互相帮助，共同完成任务 |
| 实施过程 | 各小组根据以上任务描述，完成以下任务的实施过程。<br>1. 获取信息：操作前需要学会根据电路图，正确选择元件，搭建三相桥式整流滤波直流稳压电源电路；学会使用仪器仪表（如万用表、示波器等）对电源进行测试、分析测试结果、判断电源性能是否满足要求等相关知识，各组搜集相关资料。<br>2. 任务准备：明确任务内容，准备工具、设备及相关资料，做好现场防护。<br>3. 任务实施：根据电路图，正确选择元件，搭建三相桥式整流滤波直流稳压电源电路，并具备调试电路参数的能力；使用仪器仪表（如万用表、示波器等）对电源进行测试，分析测试结果，判断电源性能是否满足要求。<br>4. 考核评价：各组展示任务完成情况，配合指导教师完成考核评价表 |
| 任务要求 | 1. 安全操作：确保实验所用的交流电源符合要求，避免过载和短路；注意整流后的直流电压可能较高，防止触电，操作时保持手部干燥；仔细检查线路连接是否正确、牢固，避免接错线导致故障或危险。<br>2. 实验前准备：充分理解三相桥式整流滤波和直流稳压的工作原理，准确无误地搭建实验电路，确保元件布局合理。<br>3. 参数测量：测量并记录相关的电压、电流等关键参数。<br>4. 性能分析：分析电源的输出特性，如电压稳定性、纹波大小等。<br>5. 问题排查：能够及时发现实验中出现的问题，并尝试分析和解决。<br>6. 记录与报告：在整个实验过程中，需要认真记录实验数据和观察到的现象，以便后续分析，并在实验后编写报告，对发现的问题进行说明并提出建议 |
| 任务反思 | 1. 三相桥式整流滤波和直流稳压的工作原理。<br>2. 实验中的注意事项 |

## 考核评价

| 序号 | 评价项目 | 评价指标 | 分值 | 自评（20%） | 互评（20%） | 师评（60%） | 合计 |
|---|---|---|---|---|---|---|---|
| 1 | 知识目标（30分） | 理解三相桥式整流电路将三相交流电转换为脉动直流电的过程 | 10 | | | | |
| | | 了解滤波电路如何将整流后的脉动直流电变平滑，以及稳压电路如何保持输出电压的稳定 | 10 | | | | |
| | | 了解电源的关键性能参数及相应的测试方法 | 10 | | | | |

续表

| 序号 | 评价项目 | 评价指标 | 分值 | 自评（20%） | 互评（20%） | 师评（60%） | 合计 |
|---|---|---|---|---|---|---|---|
| 2 | 能力目标（50分） | 能够根据电路图，正确选择元件，搭建三相桥式整流滤波直流稳压电源电路，并具备调试电路参数的能力 | 10 | | | | |
| | | 能够使用仪器仪表对电源进行测试，分析测试结果，判断电源性能是否满足要求 | 10 | | | | |
| | | 在验证过程中遇到问题时，能够分析原因，提出解决方案，并进行实践验证 | 30 | | | | |
| 3 | 素质目标（20分） | 具备严谨的科学态度 | 5 | | | | |
| | | 具有共同解决问题的能力，提高团队效率 | 5 | | | | |
| | | 具备持续学习和提升自我的能力 | 5 | | | | |
| | | 能够始终保持安全意识，遵循操作规程 | 5 | | | | |

**拓展阅读**

有位老师走进教室，拿出一张白纸，然后又取出一支笔，在上面画了一个圆圆的黑点。然后，老师就对同学们说："请问这是什么？"同学们齐声说："一个黑点！"

老师假装很惊讶地说："你们都只看到一个黑点吗？"同学们还是说："对啊！"

这时老师才说："其实我拿出来的是一大张白纸啊，但因为在上面画了个黑点，你们就全去注意那个黑点了。黑点就像是人身上的缺点，总是容易被人注意到，所以我们要好好修养自己；另外，也不要因为别人的一两个缺点就将其完全否定！"

感悟：每个人都有优点和缺点，我们看人不可以只看一面。但因为缺点总是容易被放大，所以对自己的言行举止也要多修养、多留心！

# 模块 7

## 数字电路的认知及应用

### 模块简介

本模块的主要学习任务是帮助学生全面认识和理解数字电路的基本概念、工作原理和设计方法。通过本模块，学生将能够掌握数字电路的基本概念、特点和分类，理解数字电路中基本元件（如逻辑门、触发器、计数器等）的工作原理和特性，学会使用数字电路进行逻辑设计和分析，了解数字电路在实际应用中的重要性和应用领域，培养学生的逻辑思维能力和电子设计能力。

## 7.1 数字电路的认知

### 任务导入

随着信息技术的飞速发展，数字电路作为现代电子技术的核心，已经广泛应用于通信、计算机、消费电子等各个领域。掌握数字电路的基本知识，对于理解现代电子系统的工作原理和设计方法至关重要。例如在手机、电视、电脑等电子产品，以及工业自动化、智能控制等领域中，数字电路得到了广泛的应用。

### 学习目标

【知识目标】
1. 理解数字电路的定义、特点和分类，明确数字电路与模拟电路的主要区别，以及触

发器（如 RS 触发器、JK 触发器、D 触发器等）的特性和工作原理。

2. 掌握基本的逻辑运算（如与、或、非、异或等），理解其在数字电路中的应用。

3. 学习数字电路设计的基本步骤，包括需求分析、逻辑设计、电路实现和测试验证等。

【能力目标】

1. 能够分析数字电路的功能和工作原理，理解电路中各元件的作用和相互之间的关系。

2. 能够根据实际需求，设计数字电路系统，包括选择合适的元件、确定电路连接方式等。

3. 能够使用仿真软件对设计的数字电路进行仿真验证，分析解决仿真过程中出现的问题。

4. 能够将理论知识应用于实践中，通过搭建实际电路来验证设计的正确性。

【素质目标】

1. 养成对待数字电路学习的严谨态度，注重细节和精确性，确保学习的准确性和可靠性。

2. 在理解和应用数字电路知识的基础上，进行创新性思考和实践，尝试新的设计方法和思路，提高设计能力。

3. 养成主动学习和探索新知识的能力，关注数字电路技术的发展动态，能够自觉查找和学习相关资料，拓展知识面和视野。

4. 在数字电路的学习和实践中，注重与他人合作和交流，能够与他人共同协作，解决问题和完成任务，同时在团队中发挥自己的优势，提升共同推动项目进展的能力。

### 知识准备

## 7.1.1 基本逻辑关系及门电路

**1. 基本逻辑关系及门电路**

1) 与逻辑关系及门电路

图 7-1 所示为与门电路。

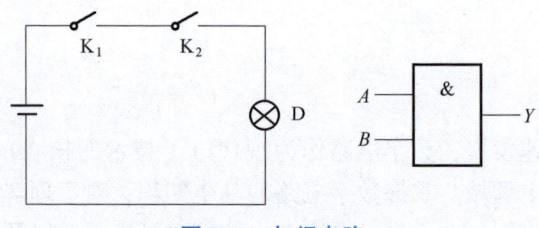

图 7-1 与门电路

与逻辑关系：

$$Y=AB \tag{7-1}$$

与逻辑关系除用式（7-1）表示外，也可用逻辑状态真值表（见表 7-1）来表示，由与门真值表和逻辑关系表达式即可得出逻辑乘的运算规律为

$$0 \cdot 0=0, \ 0 \cdot 1=0$$

表 7-1 与逻辑关系真值表

| A | B | AB |
|---|---|---|
| 0 | 0 | 0 |
| 0 | 1 | 0 |
| 1 | 0 | 0 |
| 1 | 1 | 1 |

逻辑功能总结为"有 0 出 0，全 1 出 1。"

目前常用的与门集成电路有 74LS015，它的内部有四个二输入与门电路，图 7-2（a）和图 7-2（b）所示分别为其外引脚图和逻辑图。

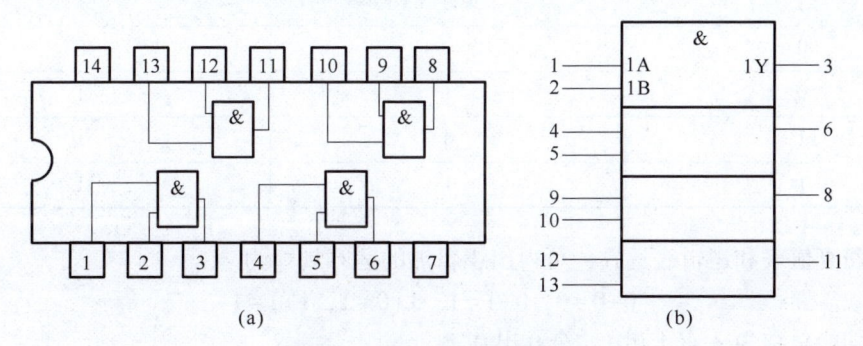

图 7-2 四个二输入与门电路
（a）外引脚图；（b）逻辑图

与门电路应用举例。与门电路一般用来控制信号的传送。例如有一个二输入与门电路，假设在 A 端输入一控制信号，B 端输入一个持续的脉冲信号，图 7-3 所示为与门电路的工作波形图，只有当 A=1 时，B 信号才能通过，在 Y 端得到输出信号，此时相当于与门被打开；当 A=0 时，与门被封锁，信号 B 不能通过。

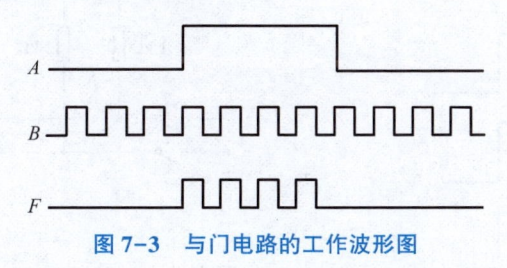

图 7-3 与门电路的工作波形图

2）或逻辑关系及门电路

图 7-4（a）所示为或逻辑关系图，在电路中，两开关 A、B 并联后控制指示灯 Y，只要 A 或 B 有一个接通（为"1"），灯 Y 就亮（为"1"），而 A、B 全断开时（全为"0"）Y 才不亮（为"0"），Y 与 A、B 的这种关系称为或逻辑。或逻辑关系又称逻辑加，其表达式为

$$Y=A+B \tag{7-2}$$

实现或逻辑关系的电路称为或门电路，简称或门。

图 7-4（b）所示为由二极管组成的或门电路。图 7-4（c）所示为或门的逻辑符号。或门的真值表见表 7-2。根据表 7-2，可画出或门逻辑功能波形图，如图 7-5 所示。

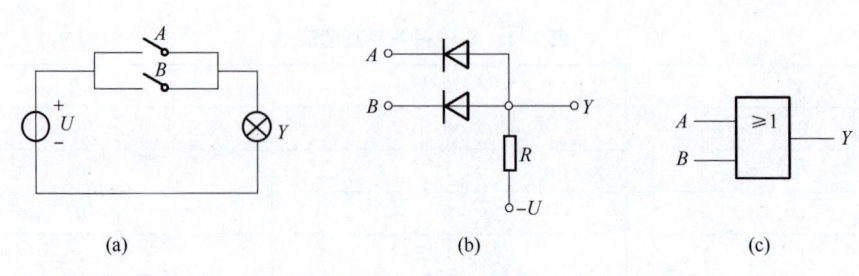

图 7-4 或门电路

(a) 或逻辑关系图；(b) 由二极管组成的或门电路；(c) 或门逻辑符号

表 7-2 或门逻辑状态真值表

| A | B | Y |
| --- | --- | --- |
| 0 | 0 | 0 |
| 0 | 1 | 1 |
| 1 | 0 | 1 |
| 1 | 1 | 1 |

由或门真值表和逻辑表达式，可得出逻辑加的运算规律为

$$0+0=0,\ 0+1=1,\ 1+0=1,\ 1+1=1$$

逻辑功能总结为"有 1 出 1，全 0 出 0"。

同样，或门输入变量可以是多个，如

$$Y=A+B+C+\cdots$$

或门电路举例：常用于两路防盗报警电路。如图 7-6 所示，$S_1$ 和 $S_2$ 为微动开关，可装在门和窗上，门和窗都关上时，$S_1$ 和 $S_2$ 闭合接地，报警灯不亮。当门或窗任何一个被打开时，相应的微动开关断开，接高电平，使报警灯亮；若在输出端接音响电路，则可实现声光同时报警。

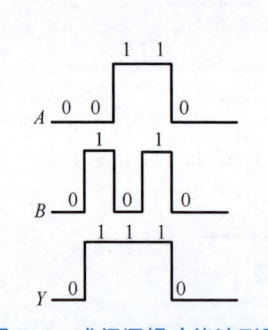

图 7-5 或门逻辑功能波形图

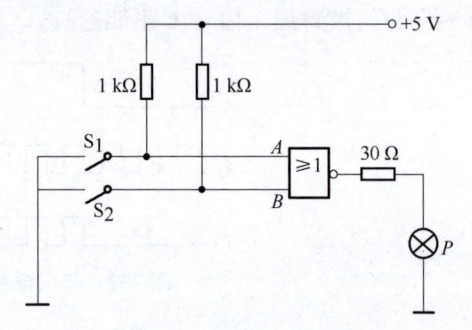

图 7-6 或门应用举例

目前常用的或门集成电路有 74LS32，它的内部有四个二输入的或门电路，图 7-7 所示为其外引脚和逻辑图符号。

3）非逻辑关系及门电路

图 7-8（a）所示为非逻辑关系图，开关 A 与电灯 Y 并联。当开关 A 接通（为"1"）时，灯 Y 不亮（为"0"）；当 A 断开（为"0"）时，灯 Y 亮（为"1"），即 Y 与 A 的状态相反，这种关系称为非逻辑。非逻辑关系又称逻辑非，其表达式为

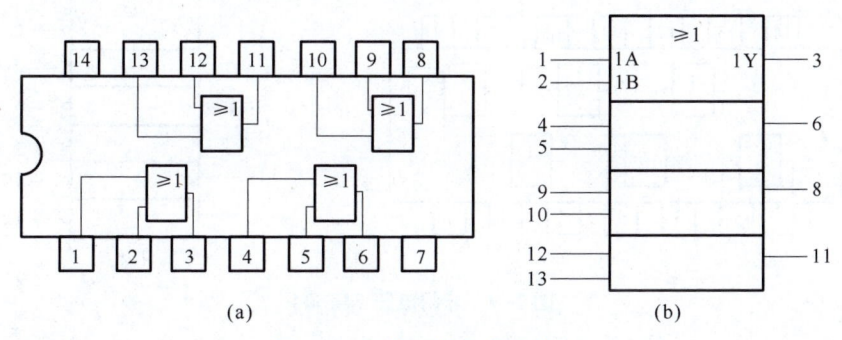

图 7-7　四个二输入或门电路

$$Y = \overline{A} \tag{7-3}$$

图 7-8（b）所示为由晶体管组成的非门电路。在电路中，晶体管工作在饱和状态或截止状态。当 A 为低电平时，晶体管截止，相当于开路，输出端 Y 为接近 U 的高电平，即为 1；当 A 为高电平即 1（一般为 3 V）时，晶体管处于饱和状态，饱和电压 $U_{CES}=0.3$ V，C、E 间相当于短路，输出端 F 为 0。

图 7-8（c）所示为非门逻辑符号，非门逻辑状态真值表见表 7-3。

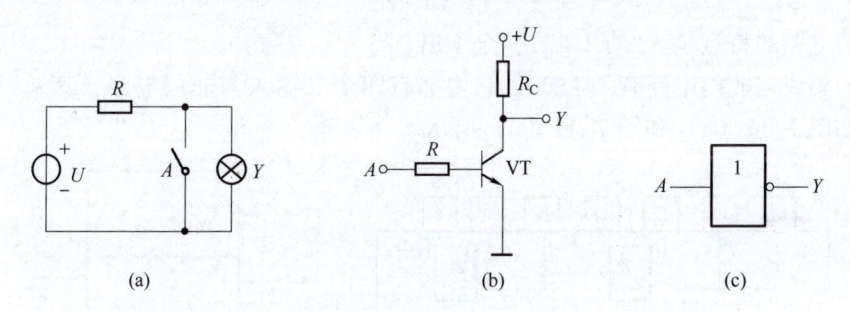

图 7-8　非门电路
(a) 非逻辑关系图；(b) 由晶体管组成的非门电路；(c) 非门逻辑符号

表 7-3　非门逻辑状态真值表

| A | Y |
| --- | --- |
| 0 | 1 |
| 1 | 0 |

由式（7-3），可得出逻辑非的运算规律，即 $\overline{0}=1$，$\overline{1}=0$。

非门电路常用于对信号波形的整形和倒相的电路中。常用的非门电路有 74LS04，图 7-9 所示为其内部结构及引脚和逻辑符号。

### 2. 复合门电路及门电路

在实际使用中，可以将上述的基本逻辑门电路组合起来，构成常用的组合逻辑电路，以实现各种逻辑功能。如将与门、或门、非门经过简单组合，可构成一些复合逻辑门。常用的

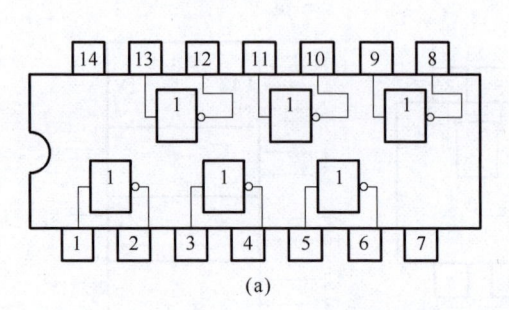

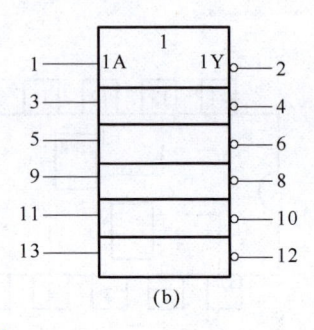

图 7-9 非门电路 74LS04

复合逻辑门有与非门、或非门、异或门等。

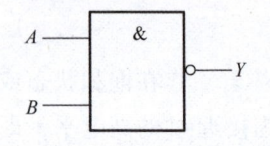

1) 与非门

在一个与门的输出端接一个非门，即可完成"与"和"非"的复合运算（先求"与"，再求"非"），即与非运算。实现与非复合运算的电路，称为与非门。与非门的逻辑符号如图 7-10 所示。

图 7-10 与非门逻辑符号

与非门的逻辑表达式为

$$Y=\overline{A \cdot B} \tag{7-4}$$

与非门电路的特点是："有 1 出 1，全 1 出 0"。

常用的集成与非门电路有 74LS00，它内部有四个二输入与非门电路，其外引脚图和逻辑图分别如图 7-11（a）和图 7-11（b）所示。

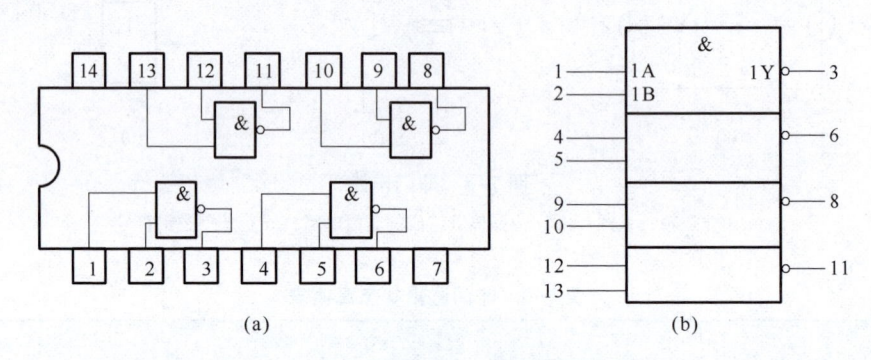

图 7-11 四个二输入与非门 74LS00

（a）外引脚图；（b）逻辑图

2) 或非门

在一个或门的输出端接一个非门，则可构成实现或非复合运算的电路，称为或非门。或非门的逻辑符号如图 7-12 所示。或非门的逻辑运算表达式为

$$Y=\overline{A+B} \tag{7-5}$$

或非门电路的特点是："有 1 出 0，全 0 出 1"。

常用的集成或非门电路有 74LS02，它内部有四个二输入或非门电路，其外引脚图如图 7-13 所示。

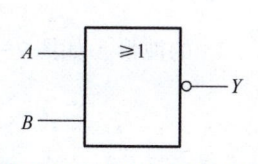

图 7-12　或非门逻辑符号

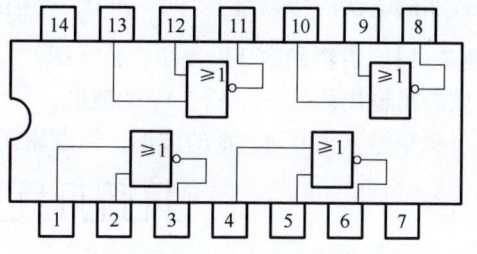

图 7-13　四个二输入或非门电路外引脚图

3）异或门

式 $Y=\overline{A}B+A\overline{B}$ 的逻辑运算称异或运算，记作

$$Y=A\oplus B=A\overline{B}+\overline{A}B \tag{7-6}$$

其逻辑符号如图 7-14 所示。图 7-14（a）所示为异或门电路，图 7-14（b）所示为其逻辑符号。

(a)

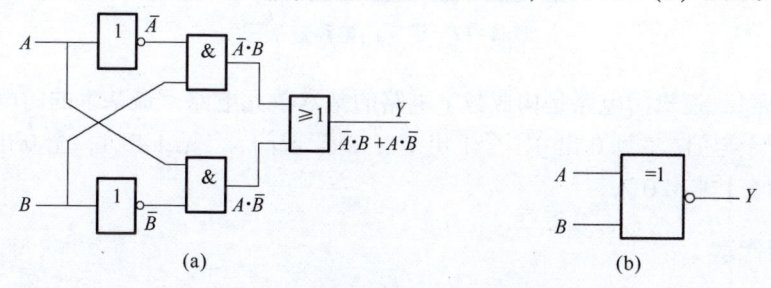

(b)

图 7-14　异或门电路及逻辑符号

异或门电路的特点是："同则出 0，不同出 1"。

4）同或门

同或与异或运算相反，其运算符号为"⊙"，同或运算的逻辑表达式为

$$Y=A\odot B=\overline{A}\overline{B}+AB \tag{7-7}$$

同或门电路的特点是："同则出 1，异则出 0"。可见同或逻辑与异或逻辑互补。

$$A\odot B=\overline{A\oplus B} \quad A\oplus B=\overline{A\odot B}$$

同或逻辑是异或非，因此，它的逻辑功能一般采用异或门和非门来实现，其逻辑符号如图 7-15 所示。

5）与或非门

与或非门运算的逻辑表达式为

$$Y=\overline{AB+CD} \tag{7-8}$$

实现与或非复合运算的电路是与非门，与或非门的逻辑符号如图 7-16 所示。

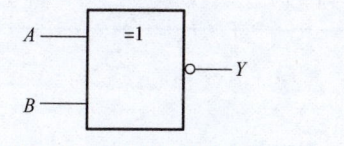

图 7-15　同或门逻辑符号

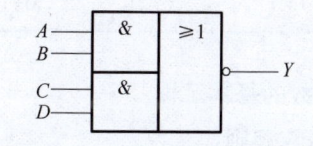

图 7-16　与或非门的逻辑符号

与或非门电路的特点是:"同 1 出 0, 否则出 1"。

【例 7-1】 逻辑函数 $Y_1=A+B$,$Y_2=\overline{AB}$,$Y_3=A\oplus B$,若输入信号 $A$、$B$ 的波形如图 7-17 所示。试画出输出函数 $Y_1$、$Y_2$、$Y_3$ 的波形。

**解** 根据输入信号 $A$、$B$ 的波形,由逻辑函数可得 $Y_1$、$Y_2$、$Y_3$ 的波形,如图 7-17 所示。

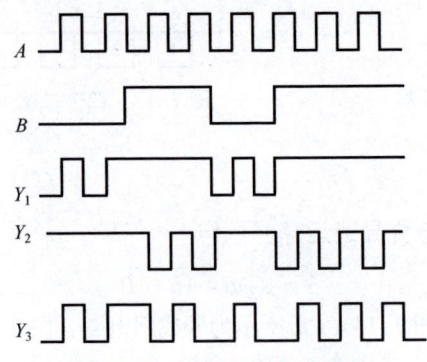

图 7-17 逻辑门电路波形图

【案例点评】 逻辑门电路是构成数字电路的基本单元电路。最基本的门电路有与、或、非门电路。对于与门,"见 0 出 0,全 1 出 1";对于或门,"见 1 出 1,全 0 出 0";对于非门,"0 非出 1,1 非出 0"。

### 7.1.2 逻辑代数

逻辑代数又称布尔代数,它是分析和设计数字电路的基本数学工具。

逻辑代数与普通代数一样,也是用字母表示变量,但是变量的取值只有 1 和 0 两个值,这时的 1 和 0 已不再表示具体的数量大小,而只是表示两种不同的逻辑状态:"开"与"关","是"与"非","高"与"低"等。

逻辑代数的取值简单,因此运算法则也简单,其中有一些与普通代数运算规律不同,在学习和应用时应注意区别。

**1. 逻辑代数运算法则**

在数字系统中,逻辑电路种类繁多、功能各异,但是它们的逻辑关系只进行逻辑乘(与)、逻辑加(或)和求反(非)三种基本运算。逻辑代数的运算法则见表 7-4。

表 7-4 三种基本运算法则

| 与 | 或 | 非 |
|---|---|---|
| $0·0=0·1=1·0=0$ | $0+0=0$ | $\overline{0}=1$ |
| $1·1=1$ | $0+1=1+0=1+1=1$ | $\overline{1}=0$ |

**2. 逻辑代数的基本定律**

1) 基本运算规则

$A+0=A$    $A+1=1$    $A·0=0·A=0$    $A·1=A$

$A+\overline{A}=1$    $A+A=A$    $A·\overline{A}=0$    $AA=A\overline{\overline{A}}=A$

2）基本代数规律

交换律：$A+B=B+A$；$A \cdot B = B \cdot A$。

结合律：$A+(B+C)=(A+B)+C=(A+C)+B$；$A \cdot (B \cdot C) = (A \cdot B) \cdot C$。

分配律：$A(B+C)=A \cdot B+A \cdot C$；$A+(B \cdot C)=(A+B)(A+C)$。

3）吸收规则

（1）原变量的吸收。

$$A+AB=A$$

证明：$A+AB=A(1+B)=A \cdot 1=A$

利用运算规则可化简逻辑式，例如：

$$AB+CD+AB\overline{D}(E+F)=AB+CD$$

（2）反变量的吸收。

$$A+\overline{A}B=A+B$$

证明：$A+\overline{A}B = A+AB+\overline{A}B$

$$=A+B(A+\overline{A})=A+B$$

例如：$A+\overline{A}BC+DC=A+BC+DC$

（3）混合变量的吸收。

$$AB+\overline{A}C+BC=AB+\overline{A}C$$

证明：$AB+\overline{A}C+BC$

$$=AB+\overline{A}C+(A+\overline{A})BC$$

$$=AB+\overline{A}C+ABC+\overline{A}BC$$

$$=AB+\overline{A}C$$

例如：$AB+\overline{A}C+BCD$

$$=AB+\overline{A}C+BC+BCD$$

$$=AB+\overline{A}C+BC$$

$$=AB+\overline{A}C$$

（4）反演定理。

$$\overline{A \cdot B} = \overline{A} + \overline{B}$$

$$\overline{A+B} = \overline{A} \cdot \overline{B}$$

## 7.1.3 集成门电路

上面介绍的门电路，如果用分立元件构成时，不但连接线和焊点较多，电路的体积也很大，可靠性较差。随着电子技术的飞速发展和集成工艺的规模化生产，数字集成电路得到了广泛的应用。本部分主要介绍双极型 TTL 和单极型 CMOS 集成逻辑门电路。

### 1. 基本集成门电路

TTL 集成与非门电路在实际中应用非常广泛，如一个由与非门构成的多数表决器，电路输入输出间的逻辑关系如图 7-18 所示，其真值表见表 7-5。

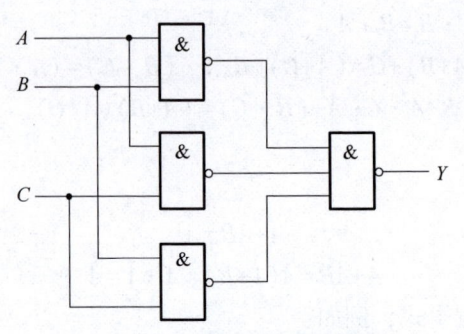

图 7-18　多路表决器逻辑图

表 7-5　多路表决器真值表

| A | B | C | Y |
|---|---|---|---|
| 0 | 0 | 0 | 0 |
| 0 | 0 | 1 | 0 |
| 0 | 1 | 0 | 0 |
| 0 | 1 | 1 | 1 |
| 1 | 0 | 0 | 0 |
| 1 | 0 | 1 | 1 |
| 1 | 1 | 0 | 1 |
| 1 | 1 | 1 | 1 |

1) 电路组成

如图 7-19 (a) 所示，TTL 集成与非门电路由输入级、中间级和输出级三部分组成，其逻辑符号如图 7-19 (b) 所示。

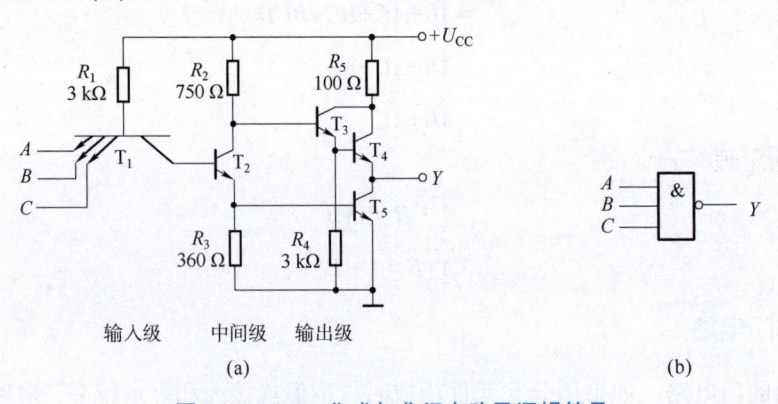

图 7-19　TTL 集成与非门电路及逻辑符号

(a) 电路；(b) 逻辑符号

(1) 输入级。

输入级由多发射极管 $T_1$ 和电阻 $R_1$ 组成，其作用是对输入变量 A、B、C 实现逻辑与，它相当于一个与门。从逻辑功能上看，如图 7-20（a）所示的多发射极三极管可以等效为如图 7-20（b）所示的形式。

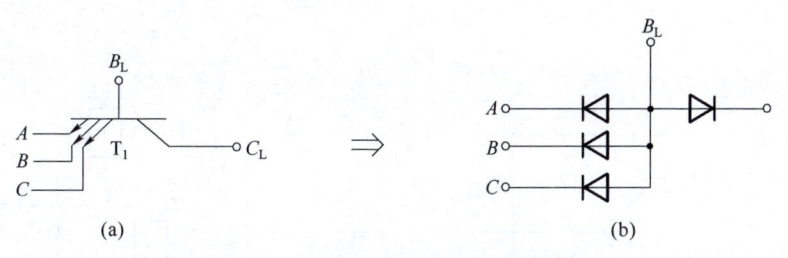

**图 7-20 多发射极三极管及其等效形式**
（a）多发射极三极管；（b）等效形式

（2）中间级。

中间级由 $T_2$、$R_2$ 和 $R_3$ 组成。$T_2$ 的集电极和发射极输出两个相位相反的信号，作为 $T_3$ 和 $T_5$ 的驱动信号。

（3）输出级。

输出级由 $T_3$、$T_4$、$T_5$ 和 $R_4$、$R_5$ 组成，这种形式的电路称为推拉式电路。

2）工作原理

（1）输入全部为高电平。当输入 A、B、C 均为高电平，即 $U_{IH}=3.6\ \text{V}$ 时，$T_1$ 的基极电位足以使 $T_1$ 的集电结和 $T_2$、$T_5$ 的发射结导通。而 $T_2$ 的集电极压降可以使 $T_3$ 导通，但它不能使 $T_4$ 导通。$T_5$ 由 $T_2$ 提供足够的基极电流而处于饱和状态，因此输出为低电平，即

$$U_O = U_{OL} = U_{CE5} \approx 0.3\ \text{V}$$

（2）输入至少有一个为低电平。当输入至少有一个（A）为低电平，即 $U_{IL}=0.3\ \text{V}$ 时，$T_1$ 与 A 端连接的发射结正向导通，$T_1$ 集电极电位 $U_{C1}$ 使 $T_2$、$T_5$ 均截止，而 $T_2$ 的集电极电压足以使 $T_3$、$T_4$ 导通，因此输出为高电平，即

$$U_O = U_{OH} \approx U_{CC} - U_{BE3} - U_{BE4} = 5 - 0.7 - 0.7 = 3.6(\text{V})$$

总结：当输入全为高电平时，输出为低电平，这时 $T_5$ 饱和，电路处于开门状态；当输入端至少有一个为低电平时，输出为高电平，这时 $T_5$ 截止，电路处于关门状态。由此可知，输入全为 1 时，输出为 0；输入有 0 时，输出为 1。因此，电路的输出与输入之间满足与非逻辑关系，即

$$Y = \overline{A \cdot B \cdot C} \tag{7-9}$$

**2. CMOS 集成门电路**

MOS 集成逻辑门是采用 MOS 管作为开关元件的数字集成电路，它具有工艺简单、集成度高、抗干扰能力强、功耗低等优点。MOS 门有 PMOS、NMOS 和 CMOS 三种类型，CMOS 电路又称互补 MOS 电路，它突出的优点是静态功耗低、抗干扰能力强、工作稳定性好、开关速度高，是性能较好且应用较广泛的一种电路。

1）与非门

图 7-21 所示为一个两输入的 CMOS 与非门电路。

当 A、B 两个输入端均为高电平时，$T_1$、$T_2$ 导通，$T_3$、$T_4$ 截止，输出为低电平。

当 A、B 两个输入端中只要有一个为低电平时，$T_1$、$T_2$ 中必有一个截止，$T_3$、$T_4$ 中必有一个导通，输出为高电平。

与非门电路的逻辑关系为

$$Y = \overline{A \cdot B} \tag{7-10}$$

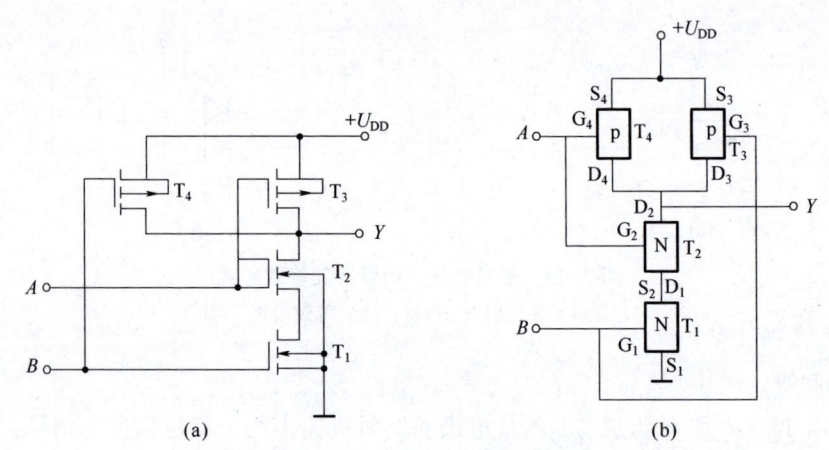

图 7-21　CMOS 与非门电路

2）或非门

CMOS 或非门电路如图 7-22 所示。

当 $A$、$B$ 两个输入端均为低电平时，$T_1$、$T_2$ 截止，$T_3$、$T_4$ 导通，输出 $Y$ 为高电平。

当 $A$、$B$ 两个输入中有一个为高电平时，$T_1$、$T_2$ 中必有一个导通，$T_3$、$T_4$ 中必有一个截止，输出为低电平。

或非门电路的逻辑关系为

$$Y = \overline{A + B} \tag{7-11}$$

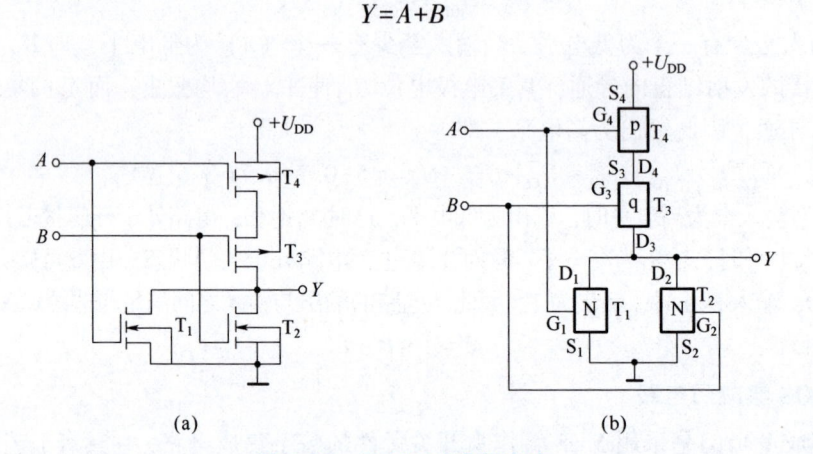

图 7-22　CMOS 或非门电路

3）CMOS 传输门

传输门是数字电路用来传输信号的一种基本单元电路，其电路和逻辑符号如图 7-23 所示。

当控制信号 $C = 1(U_{DD})$（$\overline{C} = 0$）时，输入信号 $U_1$ 接近于 $U_{DD}$，则 $U_{GS1} \approx -U_{DD}$，故 $T_1$ 截止、$T_2$ 导通；如输入信号 $U_1$ 接近 0，则 $T_1$ 导通、$T_2$ 截止；如果 $U_1$ 接近 $U_{DD}/2$，则 $T_1$、$T_2$ 同时导通。所以，传输门相当于接通的开关，通过不同的管子连续向输出端传送信号。

反之，当 $C = 0$（$\overline{C} = 1$）时，只要 $U_1$ 在 $0 \sim U_{DD}$ 之间，则 $T_1$、$T_2$ 都截止，传输门相当于断开的开关。

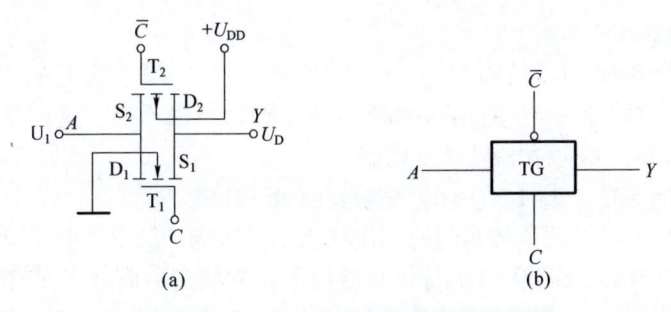

图 7-23 CMOS 传输门电路及逻辑符号
(a) 电路;(b) 逻辑符号

因为 MOS 管的结构是对称的,源极和漏极可以互换使用,所以 CMOS 传输门具有双向性,又称双向开关,用 TG 表示。

### 7.1.4 触发器

触发器是时序电路中的基本单元。触发器又称双稳态电路,因为它的输出状态能够保持两种不同的稳定工作状态。

触发器的输出状态在输入端控制信号作用下可以发生变化,但是与组合逻辑电路不同,这种电路在输入信号去除后,触发器能够保持信号作用时所具有的输出状态,这种特性称为具有保持或具有记忆的特性。因此,时序逻辑电路又称为具有记忆功能的电路。

时序逻辑电路在某个时刻的输出状态不仅与该时刻的输入信号情况有关,还与这个电路在信号作用之前电路所具有的状态有关,这种特性又称时序电路具有存储的逻辑功能。

触发器可以实现的逻辑功能有计数功能、置数功能〔置 1、置 0)和保持功能。本部分里主要介绍触发器的工作原理,以及各种类型触发器所具有的逻辑功能和触发器输出端状态改变与输入控制端作用的控制信号之间的关系,即触发器触发方式等有关触发器使用的问题。

**1. R-S 触发器**

具有置 1、置 0 功能的触发器称为 R-S 触发器。

1)基本 R-S 触发器

(1)结构。

将两个或非门(或者两个与非门)首尾相接、交叉耦合便构成一个基本的双稳态触发器,如图 7-24 所示,此电路有两个输入控制端 $\overline{S}$ 端和 $\overline{R}$ 端,两个输出端 $Q$ 端和 $\overline{Q}$ 端。在正常工作情况下输出端 $Q$ 和输出端 $\overline{Q}$ 的电平总是相反的。

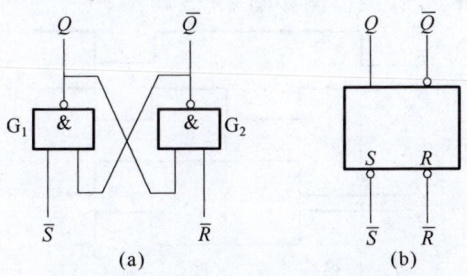

图 7-24 基本 R-S 触发器
(a) 逻辑原理图;(b) 国家标准符号

(2) 工作原理。

① 当 $S=1$、$R=0$ 时，$G_2$ 门输出 $Q=1$，反馈到 $G_1$ 门，输入均为 1，$\bar{Q}=0$，反馈到 $G_2$ 门，保证 $Q=1$。此时即使 $R=0$ 的信号撤掉，触发器状态也不变，这就是触发器的记忆功能。当 $\bar{Q}=0$、$Q=1$ 时，称触发器处于 0 状态。

② 当 $S=0$、$R=1$ 时，$\bar{Q}=1$、$Q=0$，称触发器处于 1 状态。

③ 当 $S=1$、$R=1$ 时，两个与非门的工作状态不受影响，触发器保持原来的状态不变。

④ 当 $S=0$、$R=0$ 时，$Q=\bar{Q}=1$，是触发器的不正常状态。而且当 $S=0$、$R=0$ 时，信号同时由 0 变为 1，由于门电路翻转速度的不确定性，触发器的状态将不能确定。因此，在使用中应避免这种情况出现。

(3) 基本 R-S 触发器的状态转化表。

如果用 $Q^n$ 表示触发器原来的状态（称为原态）、$Q^{n+1}$ 表示新的状态（称为次态），则可以列出基本 R-S 触发器的逻辑状态转换表，见表 7-6 和表 7-7。

表 7-6　R-S 触发器的逻辑状态表

| $S$ | $R$ | $Q^n$ | $Q^{n+1}$ |
|---|---|---|---|
| 0 | 0 | 0 | 不定 |
| 0 | 0 | 1 | 不定 |
| 0 | 1 | 0 | 1 |
| 0 | 1 | 1 | 1 |
| 1 | 0 | 0 | 0 |
| 1 | 0 | 1 | 0 |
| 1 | 1 | 0 | 0 |
| 1 | 1 | 1 | 1 |

表 7-7　基本 R-S 触发器的逻辑状态转换表

| $S$ | $R$ | $Q^{n+1}$ |
|---|---|---|
| 0 | 0 | 不定 |
| 0 | 1 | 1 |
| 1 | 0 | 0 |
| 1 | 1 | $Q^n$ |

(4) 基本 R-S 触发器的工作波形图如图 7-25 所示。

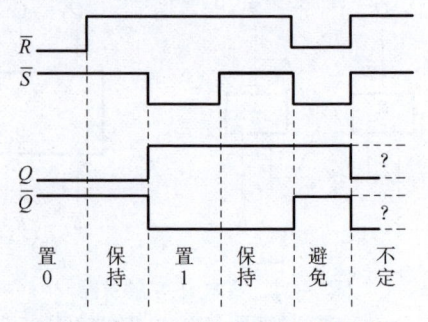

图 7-25　R-S 触发器工作波形图

(5) 基本 R-S 触发器结论。

① 触发器的输出有两个稳态：$Q=0$、$\bar{Q}=1$ 和 $Q=1$、$\bar{Q}=0$。这种有两个稳态的触发器通常称为双稳态触发器。若令 $S=1$、$R=1$，则触发器的状态就可以保持，说明双稳态触发器具有记忆功能。

② 利用加于 $S$、$R$ 端的负脉冲可使触发器由一个稳态转换为另一稳态，加入的负脉冲称触发脉冲。

③ 可以直接置位。当 $R=0$、$S=1$ 时，$Q=0$，所以 $R$ 端称为置 0 端或复位端；而当 $R=1$、$S=0$ 时，$Q=1$，所以 $S$ 端称为置 1 端或置位端。$R$、$S$ 上方的"—"（非号）表示加负脉冲（低电平）时有效。在图形符号中，$R$ 和 $S$ 引线靠近方框处的小圆圈也表示该触发器是用低电平触发的；$\bar{Q}$ 引线靠近方框处的小圆圈表示该端状态和 $Q$ 端相反。

### 2. 同步 R-S 触发器和 D 锁存器

在数字系统中往往要求触发器的动作时刻与其他部件相一致，这就必须有一个同步信号，以协调触发器和触发器、触发器和其他数字逻辑部件的动作。同步信号是一种脉冲信号，通常称为时钟脉冲（Clock Pulse，CP）。

具有时钟脉冲的触发器叫同步触发器。

1) 同步 R-S 触发器

（1）结构及作用。

在图 7-26 中，$R$、$S$ 端为数据输入端，$CP$ 端为时钟脉冲输入端，$R_d$、$S_d$ 分别为直接复位、置位输入端。

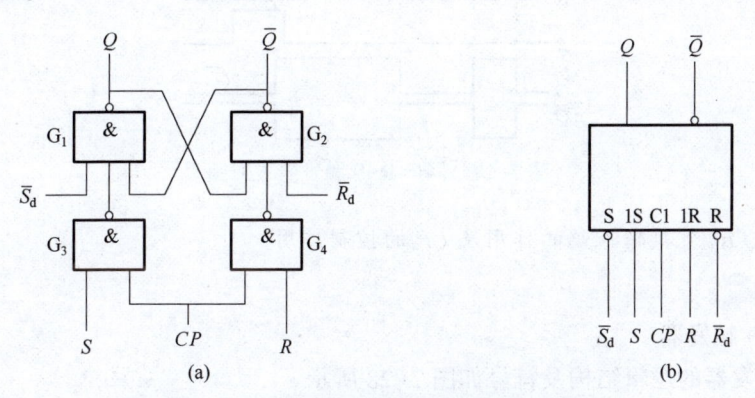

图 7-26 同步 R-S 触发器的逻辑结构及符号

（a）逻辑结构；（b）逻辑符号

$R_d$、$S_d$ 的作用：$S_d$、$R_d$ 常用来设置所需要的初始状态，一般应在时钟脉冲到来之前设定触发器的初始状态。不作用时，$S_d$ 和 $R_d$ 都应设置成高电平。

（2）工作原理。

① 当 $CP=0$ 时，$R$ 和 $S$ 被封锁，触发器的状态不会改变；当 $CP=1$ 时，触发器状态根据 $S$、$R$ 端的输入而改变，这就是同步的作用。

② 当 $CP=1$ 时，若 $S=0$、$R=1$，则 $Q=0$；若 $S=1$、$R=0$，则 $Q=1$；若 $S=R=0$，则状态不变；但如果 $S=R=1$，则当 $C$ 由 1 变 0 时，$Q$ 的状态不定。

同步 R-S 触发器逻辑功能状态表见表 7-8，同步 R-S 触发器波形图如图 7-27 所示。

表 7-8  同步 R-S 触发器逻辑功能状态表

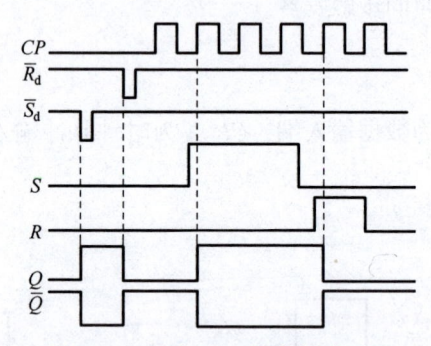

| CP | R | S | $Q^{n+1}$ | 注 |
|---|---|---|---|---|
| 0 | × | × | $Q^n$ | 保持 |
| 1 | 0 | 0 | 0 | 保持 |
| 1 | 0 | 0 | 1 | |
| 1 | 0 | 1 | 1 | 置 1 |
| 1 | 0 | 1 | 1 | |
| 1 | 1 | 0 | 0 | 置 0 |
| 1 | 1 | 0 | 0 | |
| 1 | 1 | 1 | 不用 | 不允许 |
| 1 | 1 | 1 | 不用 | |

图 7-27  同步 R-S 触发器波形图

注意：$S_d$、$R_d$ 直接输入端的作用及 $CP$ 的控制作用。

**3. D 触发器**

1）同步 D 触发器

（1）D 触发器的逻辑结构及符号如图 7-28 所示。

(a)

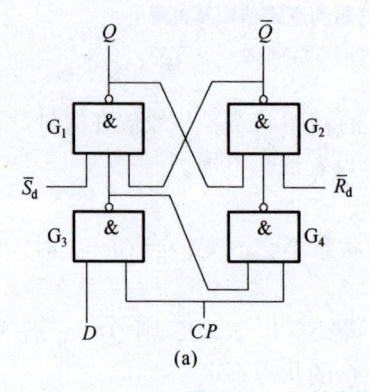

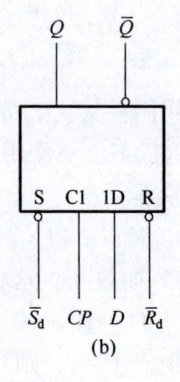

(b)

图 7-28  D 触发器的逻辑结构及符号
（a）逻辑结构；（b）逻辑符号

(2) 工作原理。

① 当 $CP=0$ 时，$D$ 输入端被封锁，数据不能传入，D 锁存器状态不变。

② 当 $CP=1$ 时，D 锁存器输出状态由 $D$ 输入端电平决定，若 $D=1$，则 $Q=1$；若 $D=0$，则 $Q=0$。一旦 $CP$ 重新变为 0，D 数据就被锁存。

(3) 特性方程。

同步 D 触发器的逻辑函数表达形式（特性方程）为

$$Q^{n+1}=D \tag{7-12}$$

由于 D 锁存器的状态只有在 $CP=1$ 时才能改变，故把这种触发方式称为电平触发方式。电平触发方式的优点是结构简单、动作较快；缺点是当 $CP=1$ 时，输入状态的变化会引起输出状态的变化。因此，电平触发方式的触发器不能用于计数，只能用于锁存数据。

边沿触发是指触发器的次态仅由时钟脉冲的上升沿或下降沿来到时的输入信号决定，在此以前或以后输入信号的变化不会影响触发器的状态。

边沿触发器分为正边沿（上升沿）触发器和负边沿（下降沿）触发器两类。

2) 正边沿 D 触发器

在图 7-29 中，方框内 C1 处符号"∧"，表示 C1 的输入由 0 变 1（上升沿）时，1D 的输入才起作用。

在 TTL 集成电路中，CT74LS74、CT74LS273 等都属于正边沿触发的 D 触发器。

D 触发器的波形图如图 7-30 所示。

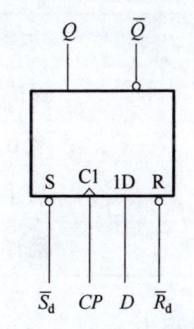

图 7-29 D 触发器逻辑符号

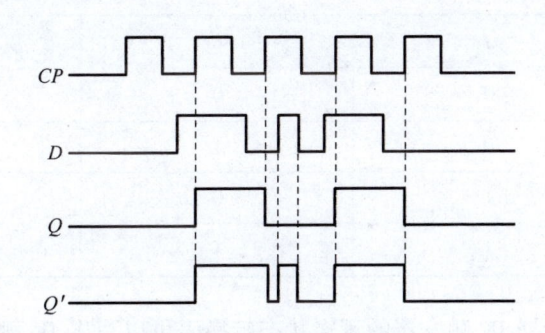

图 7-30 D 触发器波形图

$Q$—正边沿 D 触发器的波形；$Q'$—高电平触发的 D 锁存器的波形

正边沿 D 触发器的逻辑函数表达形式为

$$Q^{n+1}=D \tag{7-13}$$

3) 负边沿触发的 JK 触发器

(1) 在图 7-31 (b) 中，$J$、$K$ 各有两个输入端（也可能为多个输入端），它们之间是与逻辑关系，即 $J=J_1J_2$，$K=K_1K_2$。

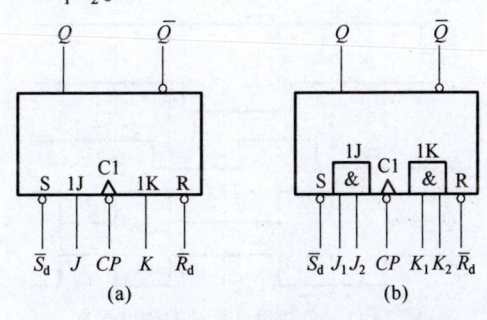

(a)　　　　(b)

图 7-31　负边沿触发的 JK 触发器逻辑符号

（2）$S_d$ 是直接置位端，$R_d$ 是直接复位端。

（3）CP 是时钟脉冲输入端。CP 端方框处小圆圈和符号"∧"，表示 CP 信号从高电平到低电平时有效，即下降沿触发。

JK 触发器的逻辑状态表及简化形式分别见表 7-9 和表 7-10。

表 7-9　JK 触发器的逻辑状态表

| J | K | $Q^n$ | $Q^{n+1}$ |
|---|---|---|---|
| 0 | 0 | 0 | 0 |
| 0 | 0 | 1 | 1 |
| 0 | 1 | 0 | 0 |
| 0 | 1 | 1 | 0 |
| 1 | 0 | 0 | 1 |
| 1 | 0 | 1 | 1 |
| 1 | 1 | 0 | 1 |
| 1 | 1 | 1 | 0 |

表 7-10　JK 触发器的逻辑状态表简化形式

| J | K | $Q^{n+1}$ | 功能 |
|---|---|---|---|
| 0 | 0 | $Q^n$ | 保持 |
| 0 | 1 | 0 | 置 0 |
| 1 | 0 | 1 | 置 1 |
| 1 | 1 | $\overline{Q^n}$ | 翻转 |

根据 JK 触发器的逻辑状态转换表可以写出 JK 触发器的特性方程为

$$Q^{n+1} = \overline{J}\,\overline{K}Q^n + J\overline{K}Q^n + \overline{J}K\overline{Q^n} + JK\overline{Q^n}$$

$$= (\overline{J}\,\overline{K} + J\overline{K})Q^n + (\overline{J}K + JK)\overline{Q^n}$$

$$= J\overline{Q^n} + \overline{K}Q^n \tag{7-14}$$

负边沿 JK 触发器的波形图如图 7-32 所示。

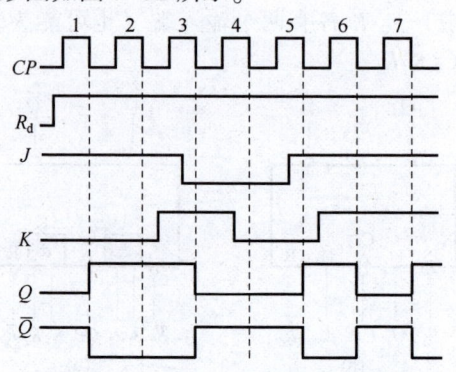

图 7-32　负边沿 JK 触发器波形图

【例 7-1】 分析图 7-33 所示电路的逻辑功能。

解 由图 7-33 可以求得

$$D = \overline{\overline{J+Q^n}+\overline{KQ^n}} = \overline{(J+Q^n)} \cdot \overline{KQ^n}$$
$$= (J+Q^n)(\overline{K}+\overline{Q^n})$$
$$= J\overline{K}+J\overline{Q^n}+\overline{K}Q^n$$
$$= J\overline{K}(Q^n+\overline{Q^n})+J\overline{Q^n}+\overline{K}Q^n$$
$$= J\overline{Q^n}(\overline{K}+1)+\overline{K}Q^n(J+1)$$
$$= J\overline{Q^n}+\overline{K}Q^n$$

所以 $Q^{n+1}=D=J\overline{Q^n}+\overline{K}Q^n$

如果把 JK 触发器的 J、K 端连在一起,输入端用 T 表示,则称为 T 触发器,其逻辑功能图如图 7-34 所示。

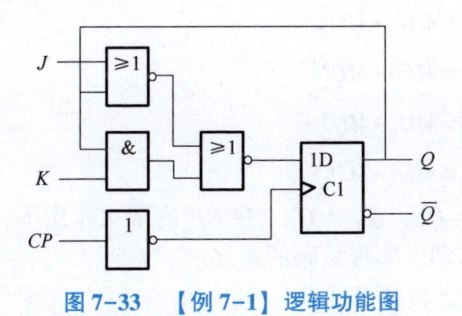

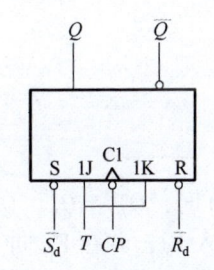

图 7-33 【例 7-1】逻辑功能图

图 7-34 T 触发器逻辑功能图

T 触发器的特性方程:

$$Q^{n+1} = T\overline{Q^n}+\overline{T}Q^n$$

当 $T=1$ 时,$Q^{n+1}=\overline{Q^n}$(又称为 T′触发器),CP 每次作用,触发器都翻转;当 $T=0$ 时,Q 状态保持不变。T(T′)触发器常用于计数电路中。

## 7.1.5 时序逻辑电路

**1. 时序逻辑电路的特点**

(1) 由触发器或触发器加组合逻辑电路组成。
(2) 时序逻辑电路的输出不仅与当前时刻的输入状态有关,而且与电路原来状态(触发器的状态)有关。
(3) "时序"即指电路的状态与时间顺序有密切的关系。

**2. 时序逻辑电路的分类**

根据时钟脉冲加入方式的不同,分为同步时序逻辑电路和异步时序逻辑电路。
时序逻辑电路的分析步骤:
(1) 分析电路的组成。了解哪些是输入量、哪些是输出量;了解各触发器之间的连接方法和组合电路部分的结构(在不少时序逻辑电路中,都含有组合逻辑电路的部分)。
(2) 写出组合逻辑电路对外输出的逻辑表达式,即输出方程。若没有,则不写。

(3) 写出各个触发器输入端的逻辑函数表达式,即驱动方程。

(4) 把各个触发器的驱动方程代入触发器的特性方程,得出各触发器的状态方程。

(5) 根据状态方程和输出方程,列出逻辑状态转换表,画出波形图,确定该时序电路的状态变化规律和逻辑功能。

【例 7-2】 分析如图 7-35 所示时序逻辑电路的功能。

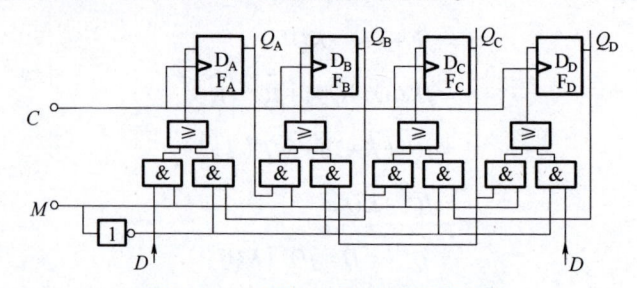

图 7-35 【例 7-2】时序逻辑电路

$$Q_A^{n+1} = D_A = MD_R + \overline{M}Q_B^n$$

$$Q_B^{n+1} = D_B = MD_A^n + \overline{M}Q_C^n$$

$$Q_C^{n+1} = D_C = MD_B^n + \overline{M}Q_D^n$$

$$Q_D^{n+1} = D_D = MD_C^n + \overline{M}Q_L$$

当 $M=0$ 时,$Q_A^{n+1}=Q_B^n$,$Q_B^{n+1}=Q_C^n$,$Q_C^{n+1}=Q_D^n$,$Q_D^{n+1}=Q_L$,在 $CP$ 的依次作用下,$D_L$ 端的数码依次存入 $F_D$,并在 $F_D$ 向 $F_A$ 方向逐位移动,实现数码的左移。

当 $M=1$ 时,【例 7-2】时序逻辑电路状态转换表见表 7-11。

表 7-11 【例 7-2】时序逻辑电路状态转换表(一)

| 输入 $D_R$ | 现态 | | | | 次态 | | | |
|---|---|---|---|---|---|---|---|---|
| | $Q_A^n$ | $Q_B^n$ | $Q_C^n$ | $Q_D^n$ | $Q_A^{n+1}$ | $Q_B^{n+1}$ | $Q_C^{n+1}$ | $Q_D^{n+1}$ |
| $D_0$ | 1 | 0 | 1 | 0 | $D_0$ | 1 | 0 | 1 |
| $D_1$ | $D_0$ | 1 | 0 | 1 | $D_1$ | $D_0$ | 1 | 0 |
| $D_2$ | $D_1$ | $D_0$ | 1 | 0 | $D_2$ | $D_1$ | $D_0$ | 1 |
| $D_3$ | $D_2$ | $D_1$ | $D_0$ | 1 | $D_3$ | $D_2$ | $D_1$ | $D_0$ |

(b) 当 $M=0$ 时,【例 7-2】时序逻辑电路状态转换表见表 7-12。

表 7-12 【例 7-2】时序逻辑电路状态转换表(二)

| 输入 $D_L$ | 现态 | | | | 次态 | | | |
|---|---|---|---|---|---|---|---|---|
| | $Q_A^n$ | $Q_B^n$ | $Q_C^n$ | $Q_D^n$ | $Q_A^{n+1}$ | $Q_B^{n+1}$ | $Q_C^{n+1}$ | $Q_D^{n+1}$ |
| $D_0$ | 1 | 0 | 1 | 0 | 0 | 1 | 0 | $D_0$ |
| $D_1$ | 0 | 1 | 0 | $D_0$ | 1 | 0 | $D_0$ | $D_1$ |
| $D_2$ | 1 | 0 | $D_0$ | $D_1$ | 0 | $D_0$ | $D_1$ | $D_2$ |
| $D_3$ | 0 | $D_0$ | $D_1$ | $D_2$ | $D_0$ | $D_1$ | $D_2$ | $D_3$ |

因此，这是一个可进行移位方向控制的双向移位寄存器，$M$ 为移位方向控制端，$D_R$ 和 $D_L$ 分别为右移和左串行数据输入端。

【例 7-3】 分析如图 7-36 所示时序逻辑电路的功能，假设初始状态为 $Q_3Q_2Q_1Q_0=0000$。

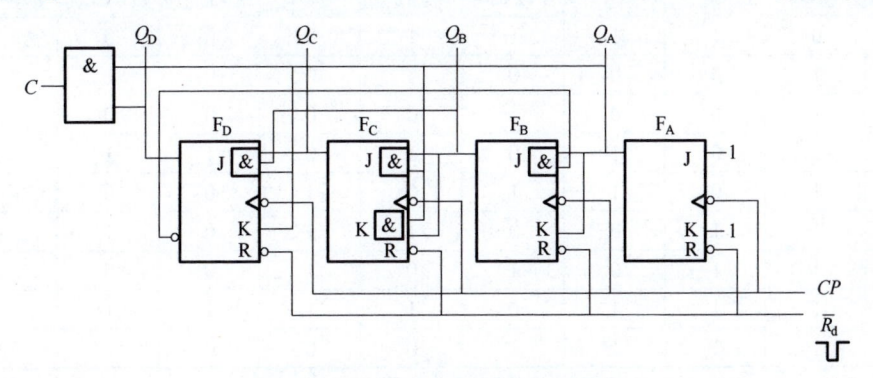

图 7-36 【例 7-3】时序逻辑电路

**解** （1）分析电路结构：该时序逻辑电路由四个 JK 触发器 $F_A$、$F_B$、$F_C$ 和 $F_D$ 组成，它们受同一个时钟脉冲 $CP$ 控制，因此是同步时序电路。

（1）列出各触发器的驱动方程为

$$J_A = K_A = 1$$
$$J_B = Q_A^n Q_D^n, K_B = Q_A^n$$
$$J_C = K_C = Q_A^n Q_B^n$$
$$J_D = Q_A^n Q_B^n Q_C^n, K_D = Q_A^n$$

（3）各触发器的状态方程为

$$Q_A^{n+1} = \overline{Q_A^n}$$
$$Q_B^{n+1} = Q_A^n Q_D^n \overline{Q_B^n} + \overline{Q_A^n} Q_B^n$$
$$Q_C^{n+1} = Q_A^n Q_B^n \overline{Q_C^n} + \overline{Q_A^n Q_B^n} Q_C^n$$
$$Q_D^{n+1} = \overline{K_C} = \overline{Q_A^n Q_B^n Q_C^n Q_D^n} + \overline{Q_A^n} Q_D^n$$

（4）输出方程为

$$C = Q_D^n Q_A^n$$

（5）【例 7-3】时序逻辑电路状态转换表见表 7-13。

表 7-13 【例 7-3】时序逻辑电路状态转换表

| 序号 | 现在状态 ||||  下一个状态 |||| 进位 |
|---|---|---|---|---|---|---|---|---|---|
| | $Q_D^n$ | $Q_C^n$ | $Q_B^n$ | $Q_A^n$ | $Q_D^{n+1}$ | $Q_C^{n+1}$ | $Q_B^{n+1}$ | $Q_A^{n+1}$ | $C$ |
| 0 | 0 | 0 | 0 | 0 | 0 | 0 | 0 | 1 | 0 |
| 1 | 0 | 0 | 0 | 1 | 0 | 0 | 1 | 0 | 0 |
| 2 | 0 | 0 | 1 | 0 | 0 | 0 | 1 | 1 | 0 |
| 3 | 0 | 0 | 1 | 1 | 0 | 1 | 0 | 0 | 0 |
| 4 | 0 | 1 | 0 | 0 | 0 | 1 | 0 | 1 | 0 |
| 5 | 0 | 1 | 0 | 1 | 0 | 1 | 1 | 0 | 0 |
| 6 | 0 | 1 | 1 | 0 | 0 | 1 | 1 | 1 | 0 |

续表

| 序号 | 现在状态 ||||下一个状态||||进位 |
|---|---|---|---|---|---|---|---|---|---|
| | $Q_D^n$ | $Q_C^n$ | $Q_B^n$ | $Q_A^n$ | $Q_D^{n+1}$ | $Q_C^{n+1}$ | $Q_B^{n+1}$ | $Q_A^{n+1}$ | $C$ |
| 7 | 0 | 1 | 1 | 1 | 1 | 0 | 0 | 0 | 0 |
| 8 | 1 | 0 | 0 | 0 | 1 | 0 | 0 | 1 | 0 |
| 9 | 1 | 0 | 0 | 1 | 0 | 0 | 0 | 0 | 1 |
| 10 | 1 | 0 | 1 | 0 | 1 | 0 | 1 | 1 | 0 |
| 11 | 1 | 0 | 1 | 1 | 0 | 1 | 0 | 0 | 1 |
| 12 | 1 | 1 | 0 | 0 | 1 | 1 | 0 | 1 | 0 |
| 13 | 1 | 1 | 0 | 1 | 0 | 1 | 0 | 0 | 1 |
| 14 | 1 | 1 | 1 | 0 | 1 | 1 | 1 | 1 | 0 |
| 15 | 1 | 1 | 1 | 1 | 0 | 0 | 0 | 0 | 1 |

### 7.1.6 寄存器

寄存器分为数码寄存器和移位寄存器。

**1. 数码寄存器**

数码寄存器暂时存放参与运算的数据和运算结果。一位触发器可寄存一位二进制数，需要存放多少位数，就需要用多少个触发器。

由四个 D 触发器组成的四位数码寄存器如图 7-37 所示。

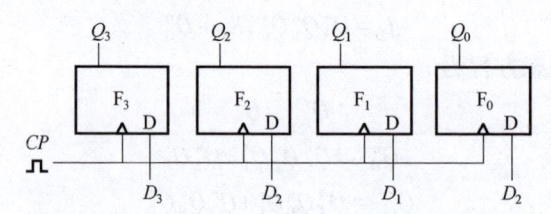

图 7-37 四个 D 触发器组成的四位数码寄存器

如图 7-37 所示，$D_3D_2D_1D_0$ 为待寄存的四位二进制数码，当 CP 端加入一个正脉冲后，四位二进制数码就存入四个触发器。

移位寄存器的功能：存放数码和移位。

移位：在移位脉冲的作用下，使得寄存器的数码向左或向右移位。通过数码移位，可以实现两个二进制数的串行相加、相乘和其他的算术运算。

移位寄存器可分为单向移位寄存器和双向移位寄存器；按输入方式的不同，可分为串行输入和并行输入；按输出方式的不同，可分为串行输出和并行输出。

单向移位寄存器：分右移寄存器和左移寄存器。数码自左向右移称为右移寄存器；数码自右向左移称为左移寄存器。

**2. D 触发器组成的四位数码右移寄存器**

由 D 触发器组成的四位数码右移寄存器如图 7-38 所示，其输入只加至触发器 $F_A$ 的 D 端，故是串行输入方式。四位数码输出可以从四个触发器的 Q 端得到，即并行输出；也可从最后一个触发器 $F_D$ 的 $Q_D$ 端得到，即串行输出。

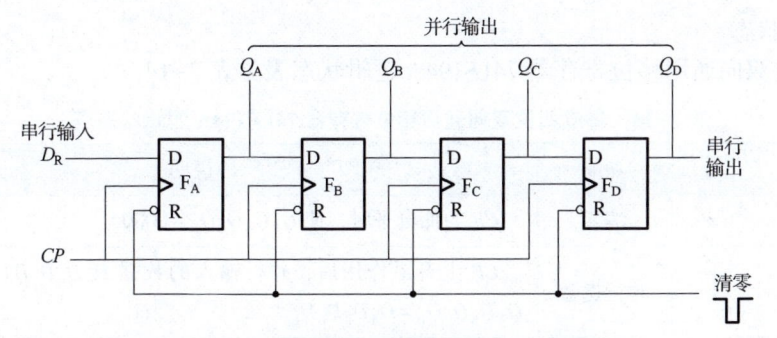

图 7-38　D 触发器组成的四位数码右移寄存器

D 触发器组成的四位数码右移寄存器的状态方程为

$$Q_A^{n+1}=D_R,\ Q_B^{n+1}=Q_A^n,\ Q_C^{n+1}=Q_B^n,\ Q_D^{n+1}=Q_C^n \tag{7-15}$$

由 D 触发器组成的四位数码右移寄存器的波形图如图 7-39 所示。

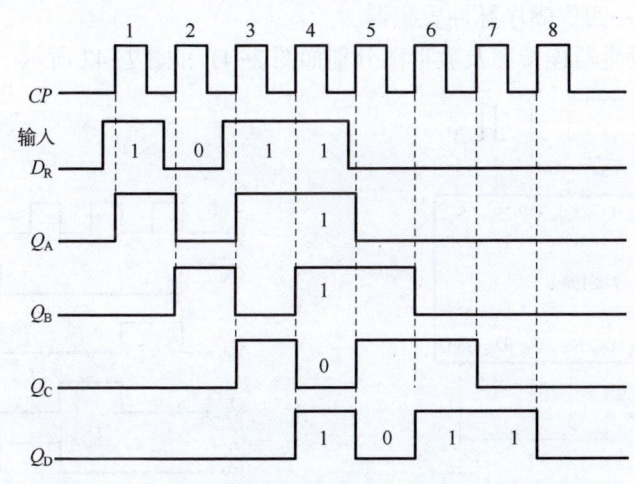

图 7-39　D 触发器组成的四位数码右移寄存器的波形图

### 3. 双向移位寄存器

集成四位双向通用移位寄存器 74LS194A。

1）外引线排列图（见图 7-40）

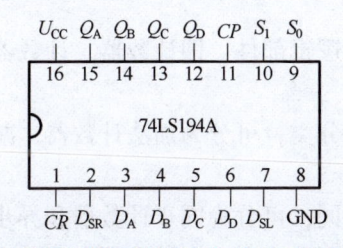

图 7-40　集成四位双向通用移位寄存器 74LS194A 外引线排列图

在图 7-40 中：

$D_A$、$D_B$、$D_C$、$D_D$ 为并行输入端；$Q_A$、$Q_B$、$Q_C$、$Q_D$ 为对应的并行输出端；$D_{SR}$ 和 $D_{SL}$ 分别为右移和左移串行输入端；$\overline{CR}$ 为直接清零端；$S_1$、$S_0$ 为工作模式控制端。

2) 逻辑状态

集成四位双向通用移位寄存器 74LS194A 逻辑状态表见表 7-14。

表 7-14  集成四位双向通用移位寄存器 74LS194A 逻辑状态表

| CR | $S_1$ | $S_0$ | 功能 | 说明 |
|---|---|---|---|---|
| 0 | × | × | 清零 | $CR$ 为低电平时，使 $Q_A Q_B Q_C Q_D = 0000$ |
| 1 | 1 | 1 | 并行送数 | $CP$ 上升沿作用后，并行输入的数据 $D_A D_B D_C D_D$ 送入寄存器，$Q_A Q_B Q_C Q_D = D_A D_B D_C D_D$ |
| 1 | 0 | 1 | 右移 | 串行数据送到右移输入端 $D_{SR}$，在 $CP$ 上升沿进行右移 |
| 1 | 1 | 0 | 左移 | 串行数据送到左移输入端 $D_{SL}$，在 $CP$ 上升沿进行左移 |
| 1 | 0 | 0 | 保持 | $CP$ 作用后寄存器内容不变 |

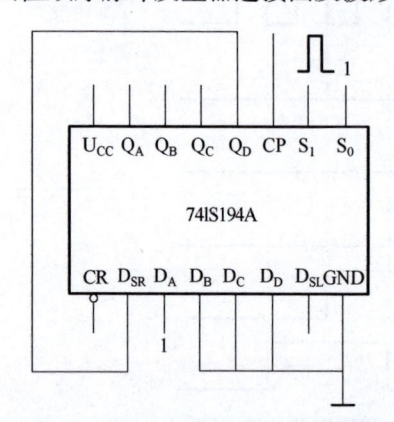

3) 应用电路——四位顺序脉冲发生器

四位顺序脉冲发生器连接图及波形图分别如图 7-41 和图 7-42 所示。

图 7-41  四位顺序脉冲发生器连接图

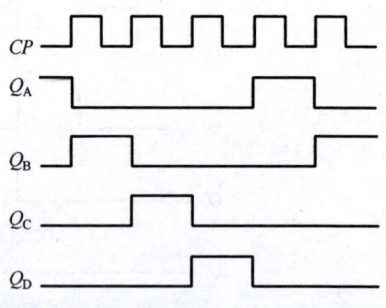

图 7-42  四位顺序脉冲发生器波形图

工作前首先在 $S_1$ 端加预置正脉冲，使 $S_1 S_0 = 11$，在移位脉冲的作用下，$Q_A Q_B Q_C Q_D = 1000$。预置脉冲过后，$S_1 S_0 = 01$，寄存器处于右移状态。

### 7.1.7 计数器

能对脉冲的个数进行计数的逻辑部件，即计数器。计数器除了具有计数功能以外，还可用于分频和定时等。

计数器按数字的增加或减小分类，可分为加法计数器、减法计数器和既能做加法又能做减法的可逆计数器。

计数器按脉冲引入方式的不同，可分为同步计数器和异步计数器。

计数器按计数进制分类，又可分为二进制计数器和非二进制计数器。

**1. 二进制计数器**

四个 JK 触发器组成的异步四位二进制加法计数器。

1) 逻辑图（见图 7-43）

二进制计数器的状态转换表见表 7-15。

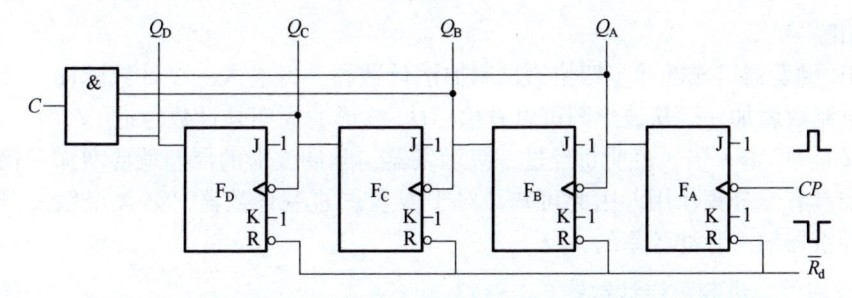

图 7-43　四个 JK 触发器组成的异步四位二进制加法计数器逻辑图

表 7-15　二进制计数器的状态转换表

| CP | $Q_D$ | $Q_C$ | $Q_B$ | $Q_A$ | C |
|---|---|---|---|---|---|
| 0 | 0 | 0 | 0 | 0 | 0 |
| 1 | 0 | 0 | 0 | 1 | 0 |
| 2 | 0 | 0 | 1 | 0 | 0 |
| 3 | 0 | 0 | 1 | 1 | 0 |
| 4 | 0 | 1 | 0 | 0 | 0 |
| 5 | 0 | 1 | 0 | 1 | 0 |
| 6 | 0 | 1 | 1 | 0 | 0 |
| 7 | 0 | 1 | 1 | 1 | 0 |
| 8 | 1 | 0 | 0 | 0 | 0 |
| 9 | 1 | 0 | 0 | 1 | 0 |
| 10 | 1 | 0 | 1 | 0 | 0 |
| 11 | 1 | 0 | 1 | 1 | 0 |
| 12 | 1 | 1 | 0 | 0 | 0 |
| 13 | 1 | 1 | 0 | 1 | 0 |
| 14 | 1 | 1 | 1 | 0 | 0 |
| 15 | 1 | 1 | 1 | 1 | 1 |
| 16 | 0 | 0 | 0 | 0 | 0 |

2）波形图（见图 7-44）

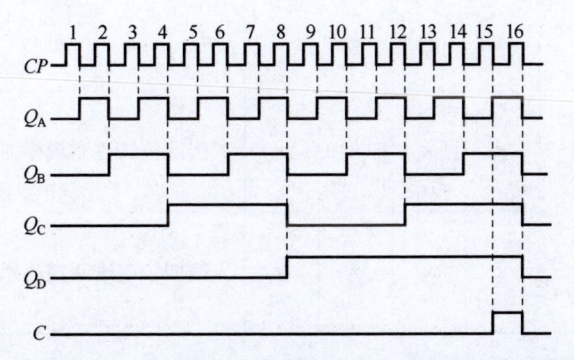

图 7-44　四个 JK 触发器组成的异步四位二进制加法计数器波形图

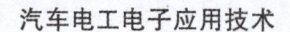

3）结论

四个 JK 触发器组成的异步四位二进制加法计数器，每输入一个计数脉冲，计数器输出的四位二进制数就加一。从波形图可以看出，$Q_A$ 波形的周期是计数脉冲 $CP$ 的一倍，$Q_B$ 波形的周期又是 $Q_A$ 的一倍，说明每经过一级触发器，脉冲波形的周期就要增加一倍，因此二进制计数器具有二分频作用。由此可知，对于 $N$ 位二进制计数器，第 $N$ 个触发器的输出脉冲频率为计数器输入脉冲频率的 $N/2$。

**2. 集成四位二进制可逆计数器 74LS193**

1）引脚排列图（见图 7-45）

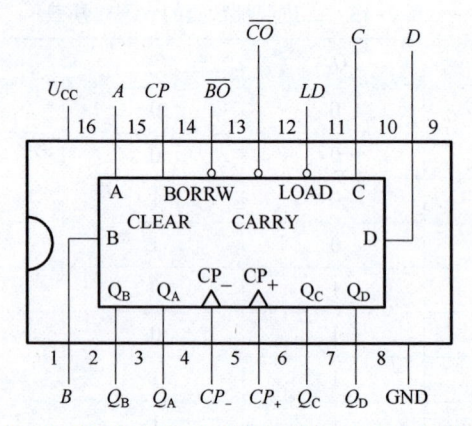

图 7-45 集成四位二进制可逆计数器 74LS193 引脚排列图

在图 7-45 中，A、B、C、D 为预置数置入端；CLEAR 为清零（复位）端；时钟输入端 $CP_+$、$CP_-$ 分别可使计数器实现加计数和减计数；CARRY 为进位端，当加数到 1111 时发出一个负脉冲；BORRW 为借位端，当减数到 0000 时发出一个负脉冲。

2）功能表（见表 7-16）

表 7-16 集成四位二进制可逆计数器 74LS193 逻辑状态表

| 输入 ||||||||| 输出 |||| 说明 |
|---|---|---|---|---|---|---|---|---|---|---|---|---|
| $CP$ | $LD$ | $CP_+$ | $CP_-$ | $D$ | $C$ | $B$ | $A$ | $Q_D$ | $Q_C$ | $Q_B$ | $Q_A$ | |
| ⎍ | × | × | × | × | × | × | × | 0 | 0 | 0 | 0 | 清零 |
| 0 | ⎌ | × | × | $d$ | $c$ | $b$ | $a$ | $d$ | $c$ | $b$ | $a$ | 置数 |
| 0 | 1 | ⎍ | 1 | × | × | × | × | 按四位二进制规律加 1 |||| 加计数 |
| 0 | 1 | 1 | ⎍ | × | × | × | × | 按四位二进制规律减 1 |||| 减计数 |

## 任务实施

| 任务场景 | 电工电子实训室 |
|---|---|
| 任务分组 | 在任务实施过程中，采取分组的方式进行，每3~5人一组，通过自荐或推荐的方式选出组长，负责本组任务实施的组织工作，实施过程中小组成员要互相帮助，共同完成任务 |
| 实施过程 | 各小组根据以上任务描述，完成以下任务的实施过程。<br>1. 获取信息：操作前需要掌握理解数字电路的定义、特点和分类，明确数字电路与模拟电路的主要区别，以及触发器（如RS触发器、JK触发器、D触发器等）的特性和工作原理、基本的逻辑运算等相关知识，各组搜集相关资料。<br>2. 任务准备：明确任务内容，准备相关资料。<br>3. 任务实施：能熟练运用基本的逻辑运算（如与、或、非、异或等），理解其在数字电路中的应用；能够根据实际需求，设计简单的数字电路系统，包括选择合适的元件、确定电路连接方式等。<br>4. 考核评价：各组展示任务完成情况，配合指导教师完成考核评价表 |
| 任务要求 | 1. 安全操作：确保实验环境整洁、干燥，避免潮湿或积水导致的触电风险。<br>2. 明确任务目标：学生需要明确任务的目标，即掌握、理解数字电路的定义、特点和分类；明确数字电路与模拟电路的主要区别，以及触发器（如RS触发器、JK触发器、D触发器等）的特性和工作原理、基本的逻辑运算等相关知识。<br>3. 强调自主学习与探究：鼓励学生通过查阅资料、观看教学视频、参加线上讨论等方式自主学习数字电路的相关知识；引导学生通过探究触发器的工作原理，培养其独立思考和解决问题的能力。<br>4. 注重实践技能培养：在任务实施过程中，注重培养学生的实践技能，如设计简单的数字电路系统，包括选择合适的元件、确定电路连接方式等操作技能。<br>5. 鼓励学生进行实际操作：如使用仿真软件对设计的数字电路进行仿真验证，分析和解决仿真过程中出现的问题。<br>6. 记录与报告：记录并对发现的问题进行说明，提出建议 |
| 任务反思 | 1. 基本逻辑关系。<br>2. 逻辑代数运算法则。<br>3. 基本集成门电路的电路组成及工作原理 |

## 考核评价

| 序号 | 评价项目 | 评价指标 | 分值 | 自评（20%） | 互评（20%） | 师评（60%） | 合计 |
|---|---|---|---|---|---|---|---|
| 1 | 知识目标（30分） | 理解数字电路的定义、特点和分类，明确数字电路与模拟电路的主要区别，以及触发器的特性和工作原理 | 10 | | | | |
| | | 掌握基本的逻辑运算，理解其在数字电路中的应用 | 10 | | | | |
| | | 学会数字电路设计的基本步骤 | 10 | | | | |

续表

| 序号 | 评价项目 | 评价指标 | 分值 | 自评（20%） | 互评（20%） | 师评（60%） | 合计 |
|---|---|---|---|---|---|---|---|
| 2 | 能力目标（50分） | 能够分析数字电路的功能和工作原理，理解电路中各元件的作用和相互之间的关系 | 10 | | | | |
| | | 能够根据实际需求，设计数字电路系统 | 10 | | | | |
| | | 能够使用仿真软件对设计的数字电路进行仿真验证 | 30 | | | | |
| 3 | 素质目标（20分） | 具备学习的严谨性，注重细节和精确性 | 5 | | | | |
| | | 能够进行创新性思考和实践 | 5 | | | | |
| | | 具备主动学习和探索新知识的能力 | 5 | | | | |
| | | 具有能够自觉查找和学习相关资料的能力 | 5 | | | | |

**拓展阅读**

森林中有一条河流，河水湍急，不停地打着漩涡，奔向远方。河上有一座独木桥，窄得每次只能容一人经过。某日，东山上的羊想到西山上去采草莓，而西山的羊想到东山上去采橡果，结果两只羊同时上桥，到了桥中心，彼此挡住了，谁也走不过去。

东山的羊见僵持的时间已经非常长了，而西山的羊照样没有退让的意思，便冷冷地说道："喂，你的眼睛是不是长在屁股上了，没见我要去西山吗？"

"我看你是干脆连眼都没长吧，要不，怎么会挡我的道？"西山的羊反唇相讥。

"你让还是不让？不让开，我就闯。"东山的羊摇了一下头，那意思是：看到没有，我的犄角就像两把利剑，它正想尝尝你的一身肥肉是否鲜美呢。

"哼，跟我斗，没门！"西山的羊仰天长哞一声，便低头用犄角去顶东山的羊。

"好小子，我看你是不想活了。"东山的羊边骂边低头迎上西山的羊。

"咔"，这是两只羊犄角相互碰撞的声音。

"扑通"，这是两只羊失足同时落入河水中的声音。森林里安静下来，两只羊跌入河心以后淹死了，尸体很快就被河水冲走了。

【启示】

谦让是一种美德。你若处处争强好胜，便会处处碰壁。而不懂得谦让所带来的恶果，有时是当事者自己都难以预料到的，当恶果发生时，再想后悔可能都来不及了。

## 7.2 数字电路在汽车转向灯中的应用

### 任务导入

在现代汽车工业中，数字电路技术扮演着至关重要的角色，随着汽车电子技术的飞速发展，数字电路被广泛应用于汽车的各种控制系统中，汽车转向灯控制系统就是其中之一，该系统通过数字电路的控制，使转向灯能够按照预设的模式进行闪烁，以清晰地传达驾驶员的行驶意图。汽车转向灯是车辆安全行驶的重要组成部分，它能在车辆转弯或变道时提供必要的指示，以提醒其他道路使用者，从而减少交通事故的发生。

### 学习目标

【知识目标】
1. 掌握数字电路的基本原理和基本概念。
2. 了解汽车转向灯控制系统的基本原理和工作流程。
3. 熟悉数字电路在汽车转向灯控制系统中的应用。

【能力目标】
1. 能够根据汽车转向灯控制系统的需求，设计出合适的数字电路方案。
2. 能够利用仿真软件（如 Multisim14、Proteus 等）对设计的数字电路进行仿真验证，确保电路的正确性和可靠性。
3. 能够根据仿真结果对电路进行调试和优化，以达到预期的控制效果。

【素质目标】
1. 培养良好的团队合作精神和沟通能力，能够在团队中发挥自己的优势，共同解决问题。
2. 培养独立思考和解决问题的能力，能够在遇到问题时主动寻求解决方案，并不断优化和改进设计。
3. 培养严谨的科学态度和创新精神，能够在设计中注重细节和精确性。
4. 提高对汽车电子技术的兴趣和热情，为未来的学习和工作打下坚实的基础。

### 知识准备

#### 7.2.1 汽车左转弯灯控制电路

**1. 汽车左转弯灯控制电路原理**

汽车左转弯灯控制电路原理如图 7-46 所示。

**2. 电路的组成**

1）脉冲产生电路 555

555 电路又称时基电路，它是一种将数字电路和模拟电路结合制作在同一片硅片上的混

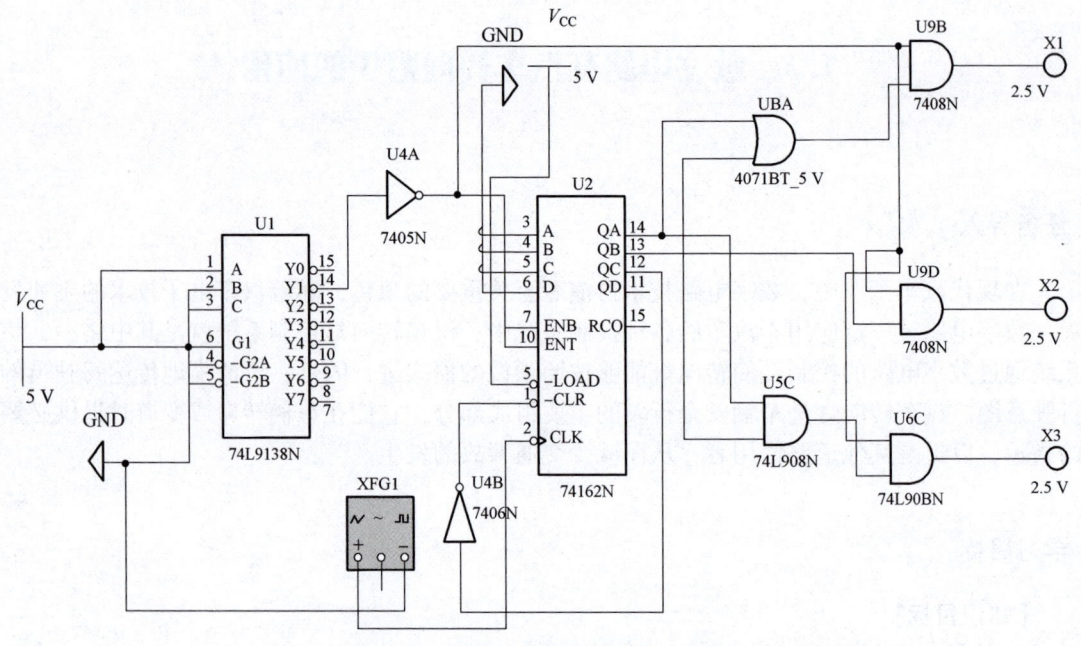

图 7-46　汽车左转弯灯控制电路原理

合集成电路，在许多领域中都有广泛的应用，它是一种非常通用的功能电路。下面简单介绍 555 电路的工作原理和一些应用。

（1）555 电路内部结构。

555 电路类型有双极型和 CMOS 型两大类，两者的工作原理和结构相似且逻辑功能和引脚排列完全相同，易于互换。

555 电路的内部电路图如图 7-47 所示。它含有两个电压比较器、一个基本 R-S 触发器、一个放电开关 $T_D$，比较器的参考电压由三个 5 kΩ 的电阻器构成分压，它们分别使高电平比较器 $C_1$ 同相比较端和低电平比较器 $C_2$ 反相输入端的参考电平为 $\dfrac{2V_{CC}}{3}$ 和 $\dfrac{V_{CC}}{3}$。$C_1$ 和 $C_2$ 的输出端控制 R-S 触发器状态和放电管开关状态。当输入信号输入并超过 $\dfrac{2V_{CC}}{3}$ 时，触发器复位，555 的输出端 3 脚输出低电平，同时

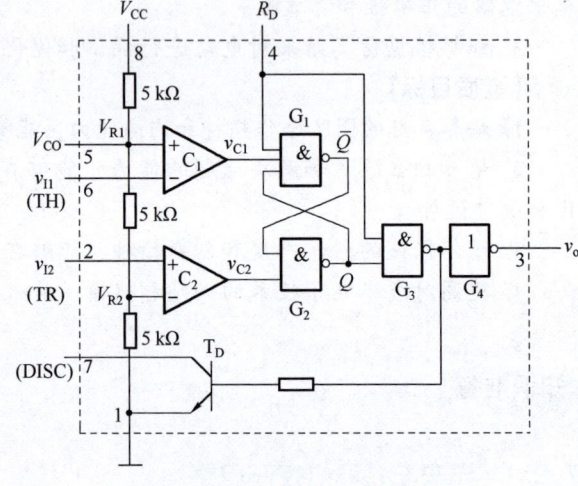

图 7-47　555 电路的内部电路图

放电，开关管导通；当输入信号自 2 脚输入并低于 $\dfrac{V_{CC}}{3}$ 时，触发器置位，555 的 3 脚输出高电平，同时放电，开关管截止。

（2）引脚功能。555 电路的引脚如图 7-48 所示。

1 脚：外接电源负端 $V_{SS}$ 或接地，一般情况下接地。

2 脚：低触发端。

3 脚：输出端 $V_0$。

4 脚：直接清零端。当此端接低电平时，则时基电路不工作，此时不论 TR、TH 处于何电平，时基电路输出为"0"。该端不用时应接高电平。

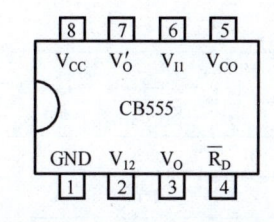

5 脚：其对应的 $V_{CO}$ 为控制电压端。若此端外接电压，则可改变内部两个比较器的基准电压；当该端不用时，应将该端串入一只 0.01 μF 电容接地，以防引入干扰。

图 7-48  555 电路的引脚

6 脚：TH 高触发端。

7 脚：放电端。该端与放电管集电极相连，用作定时器时电容的放电。

15 脚：外接电源 $V_{CC}$，双极型时基电路 $V_{CC}$ 为 4.5~16 V，CMOS 型时基电路 $V_{CC}$ 为 3~115 V，一般用 5 V。

在 1 脚接地，5 脚未外接电压，两个比较器 $A_1$、$A_2$ 基准电压分别为 $\frac{1}{3}V_{CC}$ 与 $\frac{2}{3}V_{CC}$ 的情况下，555 时基电路的功能表如表 7-17 所示。

表 7-17  555 时基电路的功能表

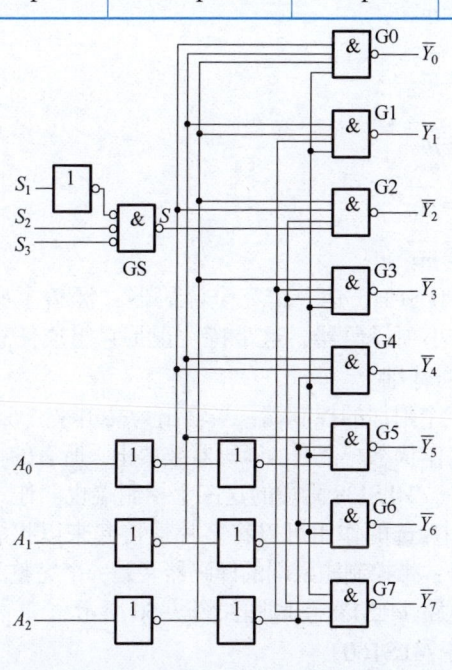

| 清零端 | 高触发端 TH | 低触发端 | Q | 放电管 T | 功能 |
| --- | --- | --- | --- | --- | --- |
| 0 | × | × | 0 | 导通 | 直接清零 |
| 1 | 0 | 1 | × | 保持上一状态 | 保持上一状态 |
| 1 | 1 | 0 | 1 | 截止 | 置 1 |
| 1 | 0 | 0 | 1 | 截止 | 置 1 |
| 1 | 1 | 1 | 0 | 导通 | 清零 |

2）译码电路 74LS1315

用与非门组成的 3 线-15 线译码器 74LS1315，共有 54/74LS1315 和 54/74LS1315 两种线路结构形式，其工作原理如下：

当一个选通端（G1）为高电平，另两个选通端 [（G2A）和/（G2B）] 为低电平时，可将地址端（A、B、C）的二进制编码在一个对应的输出端以低电平译出。

利用 G1、/（G2A）和/（G2B），可将 74LS1315 级联扩展成 24 线译码器，若外接一个反相器，还可级联扩展成 32 线译码器。

若将选通端中的一个作为数据输入端，74LS1315 还可作数据分配器。

3 线-15 线译码器 74LS1315 的功能表见表 7-18。

图 7-49  用与非门组成的 3 线-15 线译码器 74LS1315

表 7-18　3 线-15 线译码器 74LS1315 的功能表

| \multicolumn{5}{c|}{输入} | \multicolumn{8}{c}{输出} |
|---|---|---|---|---|---|---|---|---|---|---|---|---|
| $S_1$ | $\overline{S_2}+\overline{S_3}$ | $A_2$ | $A_1$ | $A_0$ | $\overline{Y_0}$ | $\overline{Y_1}$ | $\overline{Y_2}$ | $\overline{Y_3}$ | $\overline{Y_4}$ | $\overline{Y_5}$ | $\overline{Y_6}$ | $\overline{Y_7}$ |
| 0 | × | × | × | × | 1 | 1 | 1 | 1 | 1 | 1 | 1 | 1 |
| × | 1 | × | × | × | 1 | 1 | 1 | 1 | 1 | 1 | 1 | 1 |
| 1 | 0 | 0 | 0 | 0 | 0 | 1 | 1 | 1 | 1 | 1 | 1 | 1 |
| 1 | 0 | 0 | 0 | 1 | 1 | 0 | 1 | 1 | 1 | 1 | 1 | 1 |
| 1 | 0 | 0 | 1 | 0 | 1 | 1 | 0 | 1 | 1 | 1 | 1 | 1 |
| 1 | 0 | 0 | 1 | 1 | 1 | 1 | 1 | 0 | 1 | 1 | 1 | 1 |
| 1 | 0 | 1 | 0 | 0 | 1 | 1 | 1 | 1 | 0 | 1 | 1 | 1 |
| 1 | 0 | 1 | 0 | 1 | 1 | 1 | 1 | 1 | 1 | 0 | 1 | 1 |
| 1 | 0 | 1 | 1 | 0 | 1 | 1 | 1 | 1 | 1 | 1 | 0 | 1 |
| 1 | 0 | 1 | 1 | 1 | 1 | 1 | 1 | 1 | 1 | 1 | 1 | 0 |

无论是从逻辑图还是从功能表中我们都可以看到 74LS1315 的八个输出引脚，任何时刻要么全为高电平 1（芯片处于不工作状态），要么只有一个为低电平 0，其余 7 个输出引脚全为高电平 1。如果出现两个输出引脚同时为 0 的情况，则说明该芯片已经损坏。

当附加控制门的输出为高电平（$S=1$）时，可由逻辑图写出：

$$\begin{cases}\overline{Y_0}=\overline{\overline{A_2}\,\overline{A_1}\,\overline{A_0}}=\overline{m_0}\\ \overline{Y_1}=\overline{\overline{A_2}\,\overline{A_1}\,A_0}=\overline{m_1}\\ \overline{Y_2}=\overline{\overline{A_2}\,A_1\,\overline{A_0}}=\overline{m_2}\\ \overline{Y_3}=\overline{\overline{A_2}\,A_1\,A_0}=\overline{m_3}\\ \overline{Y_4}=\overline{A_2\,\overline{A_1}\,\overline{A_0}}=\overline{m_4}\\ \overline{Y_5}=\overline{A_2\,\overline{A_1}\,A_0}=\overline{m_5}\\ \overline{Y_6}=\overline{A_2\,A_1\,\overline{A_0}}=\overline{m_6}\\ \overline{Y_7}=\overline{A_2\,A_1\,A_0}=\overline{m_7}\end{cases}$$

根据以上输出表达式，从中可以看出译码器 74LS1315 是一个完全译码器，涵盖了所有三变量输入的最小项，所以也把这种译码器叫作最小项译码器，这个特性正是它组成任意一个组合逻辑电路的基础。

74LS138 有三个附加的控制端，当输出为高电平（$S=1$）时，译码器处于工作状态。否则，译码器被禁止，所有的输出端被封锁在高电平。74LS138 附加的这三个控制端也叫作"片选"输入端，利用片选的作用可以将多片连接起来以扩展译码器的功能。此外，带控制输入端的译码器又是一个完整的数据分配器。译码电路 74LS138 引脚图如图 7-50 所示。

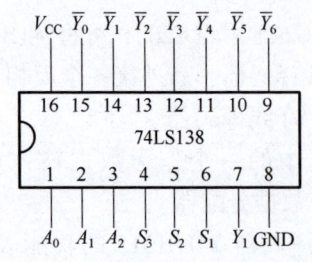

图 7-50　译码电路 74LS138 引脚图

3）计数电路 74LS160

74LS160 是中规模集成同步十进制加法计数器，具有异步清零和同步预置数的功能。使用 74LS160 通过置零法或置数法可以实现任意进制的计数器，其引脚图如图 7-51 所示。

74LS160 计数器的逻辑功能见表 7-19。

(1) 异步清零：当 $\overline{R_D}=0$ 时，$Q_0=Q_1=Q_2=Q_3=0$。

(2) 同步预置：当 $\overline{LD}=0$ 时，在时钟脉冲 $CP$ 上升沿的作用下，$Q_0=D_0$，$Q_1=D_1$，$Q_2=D_2$，$Q_3=D_3$。

(3) 锁存：当使能端 $EP \cdot ET=0$ 时，计数器禁止计数，为锁存状态。

(4) 计数：当使能端 $EP=ET=1$ 时，为计数状态。

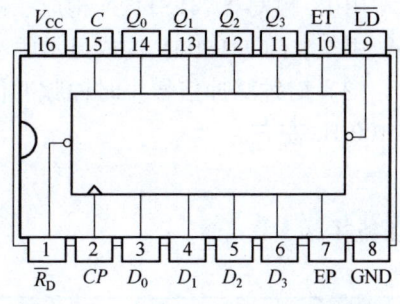

图 7-51 计数电路 74LS160 引脚图

表 7-19 74LS160 的逻辑功能表

| 时钟 $CP$ | 异步清除 $\overline{R_D}$ | 同步置数 $\overline{LD}$ | $EP$ | $ET$ | 工作状态 |
|---|---|---|---|---|---|
| × | 0 | × | × | × |  |
| ↑ | 1 | 0 | × | × |  |
| × | 1 | 1 | 0 | 1 |  |
| × | 1 | 1 | × | 0 |  |
| ↑ | 1 | 1 | 1 | 1 |  |

### 3. 工作原理

用 74LS1315 译码器对输入信号进行译码，从而得到一个低电平输出，再由这个低电平控制一个计数器 74LS160，当计数器输出为高电平时就点亮不同的尾灯（这里用发光二极管模拟），从而控制尾灯按要求点亮。

$$\begin{cases} \overline{Y_0} = \overline{\overline{K_1}\,\overline{Q_1}\,\overline{Q_0}} \\ \overline{Y_1} = \overline{\overline{K_1}\,\overline{Q_1}\,Q_0} \\ \overline{Y_2} = \overline{\overline{K_1}\,Q_1\,\overline{Q_0}} \\ \overline{Y_3} = \overline{K_1\,\overline{Q_1}\,\overline{Q_0}} \\ \overline{Y_4} = \overline{K_1\,\overline{Q_1}\,Q_0} \\ \overline{Y_5} = \overline{K_1\,Q_1\,\overline{Q_0}} \end{cases}$$

显示驱动电路输出信号的逻辑表达式为

$$\begin{cases} D_0 = A\overline{Y_0} \\ D_1 = A\overline{Y_1} \\ D_2 = A\overline{Y_2} \\ D_3 = A\overline{Y_3} \\ D_4 = A\overline{Y_4} \\ D_5 = A\overline{Y_5} \end{cases}$$

用 JK 触发器 74LS112N 构成三进制计数器；用 3 线–8 线译码器 74LS138N 构成译码电路；用与非门 74LS00N 构成显示驱动电路。

（3）时钟脉冲信号。时钟脉冲信号源选用 Multisim 14 中的时钟电压源，振荡频率设置在 100 Hz 左右。

## 任务实施

| 任务场景 | 电工电子实训室 |
| --- | --- |
| 任务分组 | 在任务实施过程中，采取分组的方式进行，每 3~5 人一组，通过自荐或推荐的方式选出组长，负责本组任务实施的组织工作，实施过程中小组成员要互相帮助，共同完成任务 |
| 实施过程 | 各小组根据以上任务描述，完成以下任务的实施过程。<br>1. 获取信息：操作前需要掌握汽车转向灯控制系统的基本原理和工作流程，熟悉数字电路在汽车转向灯控制系统中的应用等相关知识，各组搜集相关资料。<br>2. 任务准备：明确任务内容，准备工具、设备及相关资料，做好现场防护。<br>3. 任务实施：根据汽车转向灯控制系统的需求，设计出合适的数字电路方案；利用仿真软件（如 Multisim14、Proteus 等）对设计的数字电路进行仿真验证，确保电路的正确性和可靠性；根据仿真结果对电路进行调试和优化，以达到预期的控制效果。<br>4. 考核评价：各组展示任务完成情况，配合指导教师完成考核评价表 |
| 任务要求 | 1. 安全操作：在进行电路设计和仿真验证时，务必遵守相关的安全操作规程，确保人身和设备的安全；在完成电路设计和仿真验证后，及时关闭电源，避免长时间通电导致设备损坏或安全隐患。<br>2. 设计汽车转向灯控制系统数字电路方案：明确设计目标，确保转向灯控制系统操作简便、稳定可靠、能耗低且安全性高；选择合适的电路元件，选用符合要求的开关电路、定时器电路、闪烁器电路和指示灯电路等组成部分；设计电路图，根据设计目标选择合适的电路元件，并绘制出详细的电路图。<br>3. 利用仿真软件对设计的数字电路进行仿真验证。<br>选择仿真软件：如 Multisim14、Proteus 等，这些软件具有丰富的元器件库和强大的仿真分析能力。<br>搭建仿真电路：根据电路图在仿真软件中搭建出对应的电路。<br>设置仿真参数：根据实际需求设置仿真参数，如电压、电流、频率等。<br>运行仿真并分析结果：运行仿真并观察电路的工作状态，检查是否符合设计要求。<br>4. 根据仿真结果对电路进行调试和优化。<br>分析仿真结果：对仿真结果进行详细分析，找出电路存在的问题和不足之处。<br>进行调试：针对电路存在的问题进行调试，调整电路参数或更改电路结构。<br>优化设计：根据调试结果对电路进行优化设计，提高电路的性能和稳定性。<br>5. 记录与报告：在整个实验过程中，需要做好详细记录，并在实验后编写报告，对发现的问题进行说明并提出建议 |
| 任务反思 | 1. 汽车左转弯灯控制电路原理。<br>2. 彩灯控制器的原理框图。<br>3. 汽车尾灯控制电路的原理框图 |

## 考核评价

| 序号 | 评价项目 | 评价指标 | 分值 | 自评（20%） | 互评（20%） | 师评（60%） | 合计 |
|---|---|---|---|---|---|---|---|
| 1 | 知识目标（30分） | 掌握数字电路的基本原理和基本概念 | 10 | | | | |
| | | 了解汽车转向灯控制系统的基本原理和工作流程 | 10 | | | | |
| | | 熟悉数字电路在汽车转向灯控制系统中的应用 | 10 | | | | |
| 2 | 能力目标（50分） | 能够根据汽车转向灯控制系统的需求，设计出合适的数字电路方案 | 10 | | | | |
| | | 能够利用仿真软件（如 Multisim14、Proteus 等）对设计的数字电路进行仿真验证，确保电路的正确性和可靠性 | 10 | | | | |
| | | 能够根据仿真结果对电路进行调试和优化 | 30 | | | | |
| 3 | 素质目标（20分） | 具备良好的团队合作精神和沟通能力 | 5 | | | | |
| | | 具备独立思考和解决问题的能力 | 5 | | | | |
| | | 具备严谨的科学态度和创新精神 | 5 | | | | |
| | | 具有对汽车电子技术的兴趣和热情 | 5 | | | | |

## 拓展阅读

赫拉克勒斯小的时候，碰见了恶德女神和美德女神。

恶德女神对他说："孩子，跟我走吧！包你有享不完的荣华富贵！你要什么，我一定满足你什么！"

美德女神对他说："孩子，跟我走吧！我将教会你如何勇往直前，而你也必将在战胜艰险的过程中变得坚强无比！"

赫拉克勒斯毅然跟了美德女神。

后来，他成了英雄。

其实成为英雄的方法很简单，跟着美德女神走就可以了。

世界万物中，唯有他人的盛名最能激起自己的雄心，昂然奋起。选择英雄豪杰作为你的榜样，并与他竞赛，超过他，干一番属于自己的事业。

# 参考文献

[1] 翟秀军. 汽车电工电子技术 [M]. 北京：北京邮电大学出版社, 2000.
[2] 冯渊. 汽车电工与电子技术基础 [M]. 北京：机械工业出版社, 2002.
[3] 魏家轼, 黄金花, 等. 电工技术基础 [M]. 武汉：华中科技大学出版社, 2002.
[4] 薛涛. 电工基础 [M]. 北京：高等教育出版社, 2001.
[5] 程周. 电工与电子技术 [M]. 2版. 北京：高等教育出版社, 2006.
[6] 陈栗宋. 电工与电子技术基础 [M]. 北京：化学工业出版社, 2006.
[7] 张春化, 等. 汽车电器与电路 [M]. 北京：人民邮电出版社, 2003.
[8] 姜久春. 电动汽车充电技术及系统 [M]. 北京：交通大学出版社, 2017.
[9] 冯津, 钟永刚. 新能源汽车电力电子技术 [M]. 北京：机械工业出版社, 2020.
[10] 常鹤, 吕娜, 马书亮. 新能源汽车电力电子技术 [M]. 西安：西北工业大学出版社, 2023.